Allitera Verlag

edition monacensia
Herausgeber: Monacenisa
Literaturarchiv und Bibliothek
Dr. Elisabeth Tworek

Ludwig Thoma

Der Ruepp

Roman

Textrevision und Nachwort von

Bernhard Gajek

Allitera Verlag

Weitere Informationen über den Verlag und sein Programm unter:
www.allitera.de

November 2015
Allitera Verlag
Ein Verlag der Buch&media GmbH, München

Umschlaggestaltung: Johanna Conrad, Augsburg
Printed in Europe · ISBN 978-3-86906-821-3

Inhalt

Nachwort

ERSTES KAPITEL

Ein Sonntag mitten in der Ernte wäre eigentlich zum Ausruhen gut gewesen, denn es lag viel Arbeit hinter Mensch und Vieh, und nicht weniger stand bevor. Wenn man durch Weidach ging, breitete sich auch diese feiertägliche Rast wohltuend um die Bauernhöfe aus; ein altes Weibl saß auf der Hausbank und stopfte an einem blitzblauen Socken herum, daneben stand die Junge im Putz bei der Nachbarin; sie hatte sich nach dem Rosenkranz noch nicht ausgezogen, weil sie ein langer, ausgiebiger Ratsch aufhielt.

In den Ställen herrschte die friedlichste Stille; wer so einem Ochsen zuschaute, wie er auf dem Stroh lag und nachdenklich wiederkäute, der konnte glauben, dass das Vieh den Genuss des Ausrastens am besten verstand. Jedenfalls viel besser wie die Bauern, die in der rauchigen Wirtsstube hockten und soviel tranken, dass ihnen die Frühstunde am Montag die wehleidigste der ganzen Woche werden musste.

Die jungen Burschen und Knechte lärmten in der Kegelstatt neben dem Wirtshaus. Vor einer die Kugel auf den Laden setzte, fluchte er; warf er wenig Kegel um, fluchte er, und warf er viele um, fluchte er auch.

Ein paar Mädeln gingen auf der Straße, steckten die Köpfe zusammen und taten so, als bekümmerten sie sich kein bissel um die Burschenschaft, obgleich sie bloß derentwegen vorbeischlichen.

Ein Knechtl tat ihnen den Gefallen und pfiff gellend durch die Finger.

»D' Ecker Zenzi! Und d' Liebhardt Nanni. Da geht's zuawa! Herrgottsaggerament! Wiah, macht's amal, geht's zuawa!«

Ein paar andere pfiffen durch die Zähne und schnackelten.

»Höi! Zuawa da!«

Die Mädeln gingen zögernd hin, nippten an den Bierkrügen, die ihnen zugeschoben wurden, und kicherten über die kecken Reden, die sie hören mussten.

Am lautesten war der Wenger Hartl, ein rothaariger Bursch mit einem blatternarbigen Gesicht, ein schiecher Kerl, aber ein gefürchteter Raufer und das frechste Maul weitum.

Er verstand es am besten mit den Mädeln, und lachte selber am meisten über seine zotigen Sprüche.

»Du spinnst im höchsten Grad«, sagte die Liebhardt Nanni zu ihm und wischte sich mit dem Handrücken den Bierschaum ab.

»Lass mi no eini in d' Kamma, na spinn i dir dein Flachs owa ... was is?«

»Da Seppi hat an Kranz g'schoben.«

»Ah, Hergottsaggera, der Bluatshund, der miserablige ...«

In der Wirtsstube horchten sie hie und da auf, wenn es draußen überlaut wurde, und es schüttelte auch einmal einer den Kopf.

Früher war das anders, meinte er, und sich gar so auslassen durfte man als junger Mensch nicht.

Die Alten hätten's nicht gelitten und hätten sich Ruh verschafft. Aber jetzt sollte es einmal einer probieren und den Jungen was sagen; wie sich die aufgemanndelt hätten! Und wie einem jeder Knecht schon das Maul anhing und gleich die Arbeit vor die Füße hin schmiss.

Früher ließ man so einen gehen und stellte einen andern ein, aber die Sache war jetzt so, dass man froh sein musste um einen schlechten. Wenigstens in der Ernte.

Bald gab man in der Wirtsstube nicht mehr auf den Lärm acht, der von der Kegelstatt hereindrang, da es drinnen selber lebendig wurde.

Der Ruepp von der Leiten hatte sich seinen gewohnten Sonntagsrausch angetrunken und nahm den Stadelscheck, einen kleinen Häuselmann, in die Arbeit.

Wenn der Ruepp einen vor hatte, hörte er nicht mehr auf, bis der andere ging, oder auch, bis er selber hinausgeschmissen wurde.

»Dei Vata hat von dem mein zwoahundert Guld'n z' leicha g'habt.«

»Net wahr is.«

»Net is wahr? Hat ma's mei Vata net hundertmal g'sagt, der alt Stadelscheck, hat er g'sagt, hat mir zwoahundert Guld'n wega g'schwor'n, aba, hat er g'sagt, dem müass'n seine Schwurfinga derfäul'n.«

»Du lüagst ... ...«

»I? Hat ma's mei Vata net g'sagt?«

»Der ko g'sagt hamm, was er mög'n hat, der Leutbetrüaga!«

»A's Grab eini tatst du mein Vata schimpf'n, du ... ... du ...«

Der Stadelscheck schlug auf den Tisch, dass die Krüge hoch sprangen.

»Leutbetrüaga ... hab i g'sagt ... Lump hab i g'sagt ...«

»Sagst du?«

»Der nämli, wia du, akkrat als wia du ...«

»Jetza, Manndei, hast was hör'n lassen. Jetza kriag i di ...«

»Hört's amal auf mit enkern G'schroa! Es san ander Leut aa no da«, sagte der Lukas, der neben dem Stadelscheck saß.

Der Kleinhäusler ließ sich durch den barschen Ton einschüchtern, denn der Lukas in Buch war der angesehenste Bauer in der Gemeinde.

Aber wie hätte der Ruepp von der Leiten auf seinen heimlichen Feind und Nachbarn was geben sollen?

»Mi bekümmern die andern Leut gar nix«, schrie er.

»Dös werd si nacha scho aufweisen. Mir woll'n unsern Ruah hamm.«

»Durchaus gar nix bekümmern mi d' Leut. Und du scho gar net.«

»Is scho recht.«

Der Lukas hatte eine Ruhe, die den andern ganz auseinander brachte.

»Is vielleicht it wahr, dass ma du vor der Arndt an Knecht ausg'spannt hoscht?«

»Geh, red it!«

»Jo, red i. Der Eckl Kaschpar waar zu mir kemma, und er hat ma's scho g'hoassen, und na hoscht ma'n du wega g'redt, du Falschhauser!«

»Überleg dir's a weng, was d' redtst.«

»Wahr is! An Sunntag vor Jakobi bist beim Eckl hiebei g'wen. Hat ma di scho g'sehgn, Manndei, wann'st as aa no so hoamli machst. Di kenn i guat, di!«

»I di aa, Ruepp. Und deswegn gib i mi net ab mit dir. Net amal wann's d' nüachtern bist.«

»Du protz di vor de andern, aber net gegen meiner! Von dir woaß i allerhand ...«

»So viels d' magst. Kellnerin, zahl'n!«

»Zwegn was hat denn selbigsmal dös Hüatermensch so gschwind furt müassen bei enk? Soll i da's sag'n, was d' Leut g'sagt hamm?«

»Red zua ...«

»Du Feinspinner, du schlitzohreter! Möcht er oiwei der gar ander sei und s' Muster für de ganz Gmoa, und derweil hat eahm sei Bäurin 's Hüatermensch außi g'haut ...«

Der Lukas hatte gezahlt und stand auf.

Dabei sagte er mit einer Verachtung, die den Ruepp schmerzhafter traf wie jedes erregte Schimpfwort:

»I kannt di jetzt verklag'n, net? Aber du bist der Letzt, mit dem i mi vor's G'richt hi'stell'n möcht. Und weil's d' scho g'sagt hast, du woaßt allerhand, oans woaßt du do net: Wia's dir selm helfen solltst.«

»Brauch i di dazua?«

»I waar net zum brauchen. Pfüad Good beinand!«

Und damit ging der Lukas zur Stube hinaus.

Der Ruepp war einen Augenblick still geworden und schaute stier vor sich hin.

Die paar Worte mussten einen schlimmen Sinn haben, der ihn nachdenklich machte.

»Brauch i den dazua?« murrte er und schob seinen Bierkrug weg. »Den Falschhauser, den scheinheiligen?«

Nun schrie er schon wieder.

»Überhaupts bin i vielleicht wem was schuldi da hierin? Sollt oana hergeh und sag'n, dass i eahm was schuldi bin. Und dei glumpeter Vata hat si wega g'schwor'n von de zwoahundert Guld'n ...«

»Dös sagst net nomal!«

»Dös sag i tausad mal.«

»Na hascht dös dafür!«

Der Stadelscheck gab dem Ruepp einen Faustschlag ins Gesicht, dass der betrunkene Mensch rücklings vom Stuhl fiel.

Er raffte sich mühselig vom Boden auf und keuchte:

»Jetzt muasst sterb'n ...«

Ein paar Leute hielten ihn, als er nach einem Bierkrug langen wollte.

Der Wirt kam schnell an den Tisch.

»Werd koa Ruah? Da hätt i ja an jeden Sunntag de b'suffene Gaudi. Du machst, dass d' außi kimmst, Stadelscheck!«

»Was braucht denn er mi ...«

»Is scho ausg'redt. Rafft's draußen, aber net bei mir herin! Außi, sag i!«

Der Metzgerbursch fasste den Kleinhäusler unsanft an und drehte ihn durch die Stube zur Türe hinaus.

Derweil nahm der Wirt den Ruepp beim Arm.

»Außi beim Loch!«

Der Ruepp wollte sich sträuben.

»Dem kimm i g'richtsmaßi ... dem Haderlump ...« stöhnte er.

»Heut nimmer. Dös ko'st morg'n toa. Und jetzt wasch di am Brunna hint ab ...«

Aus der Nase floß dem Betrunkenen Blut und tropfte auf Janker und Gilet herunter.

Er ging schimpfend neben dem Wirt her, der ihn in den Hof hinaus führte und an den Brunnentrog stellte.

Eine Küchenmagd, die neugierig nachgelaufen war, musste Wasser pumpen, mit dem sich der Ruepp oberflächlich abwusch.

Etliche Buben standen um ihn herum.

»Ah, der blüat! Dem hat oana d' Nas'n ausanand g'haut. Der bsuffa Ruepp is ...«

»Macht's it, dass weida kemmt's?« schalt der Wirt. »Muass i d' Goaßel hol'n und enk hoamjag'n?«

Sie wichen ein paar Schritte zurück.

Derweil richtete sich der Ruepp brummend und schimpfend auf und ging hinter den Nachbarhäusern herum einem Feldweg zu, der durch Kornfelder am Dorfe vorbei führte.

Er war nüchterner geworden und hätte darüber nachdenken können, wie gut es einem verheirateten Manne, der erwachsene Kinder hatte, anstand, wie ein Handwerksbursche verprügelt und aus der Wirtschaft hinausgeschmissen zu werden.

Stellte der Lukas daheim und in der Gemeinde nicht ganz was anderes vor? Bei seiner Bäuerin, bei den Kindern und den Ehhalten galt bloß das, was er sagte. Drunten im Dorf geschah nichts gegen seine Meinung, für die er immer gute Gründe vorbrachte.

Und er, der Ruepp? Seine Afra war ein gutes Leut und hatte es nicht mit Schimpfen und Keifen, sooft er ihr auch Ursache dazu gab. Aber weil sie hinter seinem Rücken oft was gutmachen musste, merkte er wohl, dass sich die richtigen Dienstboten mit ihr gegen ihn verstanden, und dass er dabei schon lang sein Ansehen verloren hatte.

Die Kinder waren ihm von klein auf aus dem Weg gegangen, wenn er angetrunken heimkam, und blieben scheu gegen ihn, auch wenn er nüchtern war.

Jetzt, wo sie erwachsen waren, zeigten sie deutlich, dass sie nichts auf ihn hielten, und der Älteste, der Kaspar, hatte ihm geradeheraus gesagt, dass er das gute Sach heruntergebracht habe.

Die Tochter, die Leni, war ja alleweil mit der Mutter zusammen gesteckt und wusste es schon als Schulmädel nicht anders, als dass sie mitjammern musste über sein Wirtshauslaufen und Geldausgeben. Jetzt, als resches Frauenzimmer, das in Haus und Stall die meiste Arbeit traf, war sie schärfer wie die Alte, und er ging ihr gern aus dem Wege.

Am besten stand der Ruepp noch mit seinem Jüngsten, dem Michel, der in der Studi war, auf dem Freisinger Gymnasium, um geistlich zu werden.

Wenn der Ruepp zuweilen an einem geschmerzten Tag fand, dass man ihn in der Gemeinde nicht genug schätzte, malte er sich aus, wie ihm die Leute einmal doch alle Ehren erweisen mussten, nämlich an dem Tage, wo man die Primiz seines Michel feiern würde. Wenn er als Vater des hochwürdigen jungen Herrn beim Altar hiebei stünde, müsste der Lukas, so geschwollen er sonst tat, neben ihm verschwinden.

Ob der Ruepp jetzt auf dem Heimweg, wo er unsicher bald einmal links und bald einmal rechts in einen Kornacker trat und dann wieder stehen blieb, um sich seine blutende Nase abzuputzen, an das schöne Zukunftsbild dachte?

Jedenfalls erinnerte er sich dunkel daran, dass sein Michel gerade heute in die Vakanz heimkommen sollte, und dabei überkam ihn aufs neue die Wut über den Stadelscheck, der ihn so zugerichtet hatte.

Aber er wollt's ihm schon eintränken, dem Fretter, dem glumpeten!

Gleich den andern Tag, oder nein, den nächsten Mittwoch, wollte er nach Dachau fahren und die Geschichte advokatisch machen.

Und ins Amtsgericht wollte er hineingehen, damit dass der grobe Herr Oberamtsrichter, der ein wenig hässlich auf ihn war und ihn schon einmal eine bsuffene Sau genannt hatte, damit dass er den Schmerzensmann selber anschauen konnte mit seinen Spuren der Misshandlung. Wann er die Arbeit sah, die wo der hundshäuterne Kleinhäusler verrichtet hatte, musste er erkennen, auf welcher Seite die Gewalt und auf welcher das Leiden gewesen war.

»Bürschei, zahl'n lass i di, dass d' schwarz werst …« sagte der Ruepp vor sich hin und stolperte über den Feldrain.

Er fiel mit dem Gesicht ins Kornfeld und wollte sich aufraffen.

Dabei überkam ihn eine große Müdigkeit, und da es ihm in den hochstehenden Ähren kühl und angenehm vorkam, drehte er sich um und wollte schlafen.

Ein paar Grillen zirpten neben ihm, eine Hummel, die er durch seinen groben Fall aufgescheucht hatte, brummte unwillig um ihn herum.

Vom Dorf herauf drang das Donnern der Kegelkugel, die an die Hinterwand der Bahn krachte.

Ein paarmal öffnete und schloss der Ruepp seine Augen. Dann schlief er ein.

ZWEITES KAPITEL

Die Eisenbahn macht von Schwabhausen einen langen Umweg, um den altberühmten Markt Indersdorf nicht auf der Seite liegen zu lassen, und die Bedeutung des Ortes kommt jedem Fahrgast zum Bewusstsein, wenn der Zug dort dreimal so lang hält wie auf den kleinen Stationen.

Und ein ungeduldiger Fahrgast, der aufatmet, weil die Lokomotive, die wie eine Straßenwalze ausschaut, endlich anzieht, muss gleich darauf sehen, dass er die Wichtigkeit von Indersdorf alleweil noch unterschätzt hat, denn die Maschine reut es wieder, dass sie wegfahren soll, und sie pfeift noch einmal einen Willkommgruß und läuft zurück.

Das macht sie zweimal und dreimal, und erst wenn es gar nicht mehr anders geht, nimmt sie Abschied, aber man hört ihr den Zorn darüber an, denn sie pfaucht und schnauft und reißt die Wagen so unwillig nach, dass die Fahrgäste von ihren Sitzen rutschen.

An diesem Sonntag in der Erntezeit konnte sie damit kaum jemand ärgern, denn die alte Puchrainerin von Weidach war eine gottergebene Austraglerin, die man mit einer Grobheit nicht aus der Fassung bringen konnte, weil sie nichts anderes gewohnt war.

Und der Ruepp Michel, oder, um mit mehr Respekt von ihm zu reden, der Studiosus litterarum Michael Umbricht, hatte bei dem langen Aufenthalt in Indersdorf noch einen Abschiedstrunk mit seinem Kommilitonen Gregor Finkenzeller gehalten, und war überhaupt so froh über die lange Trennung von der Freisinger Gelehrsamkeit, dass er sich alles gerne gefallen ließ.

Er war ein hoch aufgeschossener Jüngling, dem die Freisinger Schule, wenn sie das überhaupt vermag, nichts von seinem bäuerlichen Wesen abgeschliffen hatte.

Sein rundes, etwas sommersprossiges Gesicht zeigte nichts Vergeistigtes, und der Zwicker mit Fenstergläsern, den der Michel auf die breite Nase klemmte, um sich im Coupéfenster zu bespiegeln, machte nichts besser. Im Gegenteil, er hob zugleich das Bäuerliche stärker hervor und verschandelte es, wenigstens für den feineren Kenner der menschlichen Physiognomie, zu denen der Studiosus litterarum noch nicht gehören konnte.

Er hatte eine ungetrübte Freude an seinem forschen Aussehen und zog die Krempe seines Hutes auf der einen Seite möglichst weit herunter, weil das seinem Gesichte einen unternehmenden Ausdruck gab.

Es war eine Mode, die in Altbayern absonderlich von Hilfslehrern und anderen geistig höher stehenden Jünglingen gepflegt wurde.

Leider war niemand im Wagen, der den Michel in seinem Glanze hätte bewundern können. Die alte Puchrainerin sah ihn nicht, weil sie durch eine Scheidewand von ihm getrennt war, und es ist auch noch die Frage, ob ihr der weltliche Reiz an einem jungen Menschen, der auf geistlich studierte, gefallen hätte.

Die alten Weiber sind mehr für das Heiligmäßige und erbauen ihr Gemüt an den Herren, die im Eisenbahnwagen das Brevier herausziehen und beim Lesen die Lippen deutlich bewegen.

So wäre unser Studiosus gänzlich unbeachtet in der Heimat angelangt, wenn nicht in Arnbach zwei dralle Bauernmädeln eingestiegen wären, von denen ihn die eine mit freundlichem Lachen begrüßte.

»Ah, der Michi! Kimmst in d' Vakanz hoam?«

»Ja, Stasi! Wie geht's allaweil?«

»Guat. Arbet gibt's in der Arndt. Da kunntst mithelfa ...«

»Recht gern ...«

»Sagt ma, aber de G'studierten mög'n si net plag'n.«

Die Stasi war eine Tochter vom Lukas und eine Schulkameradin vom Michael.

Wenn auch die Alten nicht gut miteinander standen, so hatten doch die Kinder bei dem täglichen Schulgang gute Freundschaft geschlossen.

Der Weg von den beiden Höfen ins Dorf hinunter war weit und im Winter oft mühsam genug. Da stapften sie miteinander durch den Schnee oder standen in einem Holzschuppen unter, wenn es der Wind zu arg trieb. Ging es aber auf Frühjahr und Sommer zu, dann brauchten sie noch länger zum Heimweg, denn es gab unterwegs allerhand zum Sehen und Bewundern.

Keiner von den Buben kletterte flinker auf die Bäume, um Krähennester auszuheben, wie der Michel, keiner sprang lustiger im Mühlbach herum, um die Forellen aus ihren Schlupfwinkeln herauszujagen, und die Stasi hielt bei ihm aus, wenn auch die andern ihr Gewissen heimtrieb. So blieben sie ein Jahr ums andere Kameraden, bis der Ruepp auf den

Gedanken kam, aus seinem zweiten Buben einen Geistlichen zu machen, obwohl der Herr Pfarrer davon abriet.

Er hatte weder ein hervorragendes Talent noch einen mächtigen Lerntrieb beim Michel bemerken können und sagte, man solle doch nicht glauben, es ließe sich aus jedem Holze was Besonderes schnitzen.

So ein lebfrischer Bub, der es gar nicht mit den Büchern habe, solle wieder ein Bauer werden; dazu brauche es auch einen aufgeweckten Kopf. Das Studium sei ein langer Weg, auf dem schon viele umgekehrt seien, und so was Halbes und Unfertiges lasse sich dann selten noch zu was Ganzem richten.

Der Ruepp ließ ihn reden und glaubte fest, dass ihm der Pfarrer die Ehre, die auch ihm daraus erwachsen werde, nicht gönne.

So musste der Michel an einem Herbsttag fort, und den Abend zuvor nahm er an der Lukasleiten von der Stasi, die dort die Gänse hüten musste, Abschied.

Seine treue Kameradin wollte ihn auch wegen seines Aufstiegs zur hohen Gelehrsamkeit bewundern, aber sie kam nicht dazu, denn der Michel fing gottesjämmerlich zu weinen an, und da blieb ihr nichts übrig, als mitzutun.

Er zählte die Freuden auf, die er nun nicht mehr mit erleben durfte, das Nussknacken beim Lukas und beim Schuechl, die Jagd in Weidach, wo er als Treiberbub mitgegangen war, den Kirta mit seinen Genüssen, und bei jedem schmerzlichen Verluste, der ihm vor Augen trat, schluchzte er aufs Neue, und nichts konnte ihn trösten, auch nicht das Versprechen der Stasi, dass sie ihm gewiss und wahr ihre Kirtanudeln schicken wolle.

Das gute Mädel vergaß vor lauter Mitleid, dass es spät wurde, und sie kam ohne ihre Gänse heim, denn die waren nicht so weichherzig, dass sie sich in ihrer Ordnung hätten stören lassen, und waren allein und ziemlich unwillig schnatternd heimgewatschelt.

Aber wenn die beiden Kinder auch den Schmerz so ehrlich teilten wie ehedem Äpfel und Birnen, die der Michel überall gefunden hatte, so war doch jener Abend auch der Abschied von ihrer Kameradschaft.

Die Zeit bringt allerhand, aber nichts, was sie einmal genommen hat, und wie der Lateinschüler zum ersten Mal in die Vakanz heimkam, sah er wohl etliche Male die Stasi, aber Gewohnheit, die sie einmal verbunden hatte, trennte sie jetzt.

Sie waren freundlich zueinander, doch der Michel fand auf seinem neuen Wege andere Leute und andere Dinge und verlor die Erinnerung an die Kinderzeit aus dem Sinne.

Jetzt saß er unbeholfen und befangen dem saubern Bauernmädel gegenüber, das mit jedem gleichalterigen Burschen vom Dorf kecker und lustiger gewesen wäre als mit ihrem alten Spielkameraden.

»Die G'studierten mögen si net plagen«, sagte sie, aber der Michel gab ihr kein Scherzwort zurück, sondern versicherte beinahe feierlich, dass er die landwirtschaftliche Arbeit für eine Erholung anschaue.

Dadurch verlor auch die Stasi den Faden und redete mit dem andern Mädel.

Die zwei kicherten und lachten, obwohl ihre Unterhaltung gar nicht lustig klang.

Wenn die Stasi sagte: »Der Gidi is beim Kramer hiebei g'stand'n«, hielt sich die Mariann ihre große Hand vors Maul und lachte hinein, und wenn die Mariann sagte: »Am End hat er auf wen g'wart'«, schüttelte es die Stasi her.

Da überkam den Michel schier ein Mitleid mit der Dummheit dieser Weibsbilder, und er zog den Zwicker aus der Gilettasche, um ihn auf der Nase festzuklemmen. Er sah jetzt durch die Fenstergläser, was er vorher nicht gleich beachtet hatte, dass seine Schulkameradin ein festes Trumm Frauenzimmer geworden war mit bemerkenswerten Potenzen, wie die Freisinger Studenten zu sagen pflegen, wenn sie sich ahnungsvoll von der Weiblichkeit unterhalten.

Er überlegte, wie er einen verfänglichen Diskurs mit den Mädeln beginnen solle, aber es ging ihm wie jedem, der darüber erst lange nachdenken muss. Es fiel ihm kein rechter Anfang ein, und wenn er schon den Mund öffnete, um was Keckes zu sagen, überkamen ihn wieder Bedenken, ob er damit nicht übel ankomme.

So schwieg er, und die Stasi glaubte, dass er stolz geworden sei, denn sie wusste ja nicht, zu was für einem Lattierl das Seminar einen rüstigen Bauernbuben erzieht.

Der Studiosus nahm sich vor, auf dem Heimweg von der Bahnstation seine Kühnheit zu steigern, und malte sich einige Redensarten aus, mit denen er das Gefecht eröffnen wollte. Aber wie sie alle in Erdweg ausstiegen, fasste die Puchrainerin unsern Michel ins Auge und rief:

»Du bischt ja gar an Ruepp der sei?«

Er musste ihr Rede und Antwort stehen und musste es leiden, dass die Alte neben ihm her hatschte, indes die Mädeln frischer vorangingen.

Und dabei wandte die Stasi öfters den Kopf nach ihm um und schien ihn durch ihre lustigen Blicke zum Mitkommen aufzufordern.

»Jetzt ko's na do nimmer lang hergeh, bis du de erschten Weicha kriagst?«, fragte die zähe Puchrainerin.

»Z'erscht muass i mit'n Gymnasium ferti wer'n«, antwortete der Michel unwirsch.

»Mit'n Gimnasi? Ja, wia lang hoscht'n da no z' toa?«

»Zwoa Jahr allaweil no ...«

»Zwoa Jahr! Marand Josef, und bischt scho so lang auf da Studi!«

Die Puchrainerin konnte berechnen, wieviel Zeit es brauche, um ein Kalb zur nützlichen Kuh herzuzügeln, aber sie machte sich keinen richtigen Begriff von der Ewigkeit, die es dauert, bis man aus einem Buben einen Hochwürden schnitzelt.

Auch wusste sie nicht und brauchte es nicht zu wissen, dass dem Ruepp der seinige in diesem Jahre zum zweiten Male hocken bleiben musste und jetzt mit bald einundzwanzig Jahren der würdige Senior der Bildungsanstalt war.

»I woaß no guat«, sagte sie, »wia's d' in d' Studi kemma bist. Dös is selbigs Jahr g'wen, wo's beim Langgörgl brennt hat. Ja, mei Gott, wia lang is jetzt dös scho wieda her!«

Es war freilich schon lang her, und die Schindeln auf dem neuen Dach vom Langgörl hatten mehr Moos wie der Michel Gelehrsamkeit angesetzt.

»Ja, jetzt pfüad di«, sagte er und wollte den Mädeln nacheilen.

Aber die Puchrainerin hielt ihn mit einer neuen Frage zurück.

»Es werd na do scho it wahr sei, was d' Pfarraköchin g'sagt hat?«

»Was hat s' g'sagt?«

»Ja, dass du gar it firti machst. Und d' Weidacher, hat s' g'sagt, kinnan auf di länger wart'n wia d' Juden auf'n Messias, sagt s' und hat s' g'sagt, de Kaibin, wo zu dera Primiz g'hör'n soll'n, de wer'n allsammete als Ochsen überstandi ...«

»Sagst ihr an schön Gruaß von mir«, erwiderte der Michel.

Das heißt, er sagte es natürlich anders, so wie es in bonis artibus et litteris nicht zu finden ist.

Die Puchrainerin erschrak aber nicht über die gröbliche Redensart; sie hatschte eifriger neben dem jungen Menschen her, dem sie noch einiges zu versetzen hatte.

»Na, pass auf! Sie sagt, dös gibt's ihra Lebtag it, dass du mit dem selln

Gimnasi firti werst, und, sagt s', da Hochwürden da Herr Pfarra hat's glei g'sagt, dass du dös it dermachst, dass du z' schwach bischt für dös, hat s' g'sagt, und sagt s', er hat's dein Vatern scho gnua g'sagt, aber der hat ja it hör'n woll'n, und, sagt s', grad mit Fleiß hat er it nachgeb'n, weil er si eahm dös ei'bild't hat ...«

»Was pass denn i auf enkern Schmarrn auf?«, sagte der Michel jetzt grob und ging so schnell voran, dass die Alte nicht mehr mitkommen konnte.

Sie schrie ihm nach: »Moanst do, du werst no?«, und dann blieb sie stehen und verschnaufte sich.

Der schwache Student holte die Mädeln ein, aber zu dem Anfang, den er sich ausgedacht hatte, fehlte ihm jetzt wieder die gute Laune, denn was ihm die Austraglerin vielleicht arglos in ihrer Sorge um die Heiligung des Ortes Weidach, vielleicht auch boshaft nach Altweiberart zu hören gegeben hatte, hinterließ einen Stachel in seiner Brust.

»Du hast as aba gnädi g'habt mit der alten Wab'n«, sagte Stasi.

»Der ihra dumm's G'red hätt i gern herg'schenkt ...«, knurrte Michel.

»Ja, schau, de alt'n Betschwestern hamm's halt mit die geischlinga Herrn ...«

»Na soll s' wart'n, bis i oaner bin.«

»Vielleicht g'langen ihr drei Viertel, wann sie's net ganz hamm ko. Über unsern Koprater bist du scho weit außi g'wachsen ...«

»Geh, red'n ma von was andern; i hab mir von dem alt'n Weibsbild scho gnua g'hört.«

»Am End g'freut's di gar nimma, 's Geischtli wer'n?«

»Woaßt denn du, ob's mi scho amal g'freut hat?«

»Für was waarst'n nacha furt in d' Studi?«

»I bin net g'fragt wor'n ...«

Michel gab der Stasi mit einem Zeichen zu verstehen, dass er in Gegenwart der Mariann nichts mehr darüber sagen wolle, und sie erzählte nun, dass sie auf Besuch bei einem Basel in Flinsbach gewesen sei, und die Mariann hätte ihr Gesellschaft geleistet.

Ob er denn die nicht kenne? Sie sei vom Boz in Schwaigen, aber freilich, er sei in der Studi ein wenig stolz geworden und habe sich ja kaum mehr um die Nachbarschaft bekümmert, da kenne er nicht viel Leute.

Michel wehrte sich dagegen.

Von Stolz könnt man wirklich nicht reden, aber er sei halt wenig herumgekommen in der kurzen Zeit, wo er daheim gewesen sei. Er fragte so nebenher, um das Gespräch in Gang zu halten, wie das Basel in Flinsbach heiße, aber da musste er unversehens auf etwas ganz Lustiges gestoßen sein.

Die Mädeln schauten einander an und brachen in ein schallendes Gelächter aus, und wenn die Stasi zu einer Antwort ansetzte, konnte sie nach den ersten paar Worten nicht mehr weiter reden, weil die Mariann vor Lachen beinah erstickte und sich gar nicht mehr zu helfen wusste.

Es stellte sich nach und nach heraus, dass die Stasi wegen einer Art Brautschau in Flinsbach gewesen war. Die Christlin, ihr Basel, hatte ihr den Scharl Gidi von Kemoden vermeint und hatte ihr eine Botschaft zukommen lassen, sie solle auf einen Sonntag herüberkommen und sich den Gidi einmal anschauen. Der war aber den Weg und das Fahrgeld nicht wert gewesen.

Er hatte einen Wasserkopf und konnte kaum ein paar Worte lallen, und er wär für den schönsten Bauernhof im ganzen Bezirk eine Dreingabe gewesen, die den Handel unmöglich gemacht hätte.

Die Christlin hatte der Stasi schon im Voraus zu verstehen gegeben, dass sie ein Aug zudrücken und ein christliches Nachsehen haben müsse, aber wie dann der Gidi in die Stube hereinträppelte und das Maul aufsperrte und für nichts und wieder nichts zu lachen anfing, und wie er hernach sagte: »De dan dauberne Dindel«, da war's aus.

Die Christlin übersetzte es und sagte, es heiße: »Dös san saubere Deandel«, aber es half nichts mehr, dass sie der Stasi erklären wollte, was für ein begehrenswerter Brocken der Gidi trotz der paar Fehler sei.

Die Mariann hatte ihre Kameradin mit dem Ellenbogen angestoßen, und wie sie nun alle zwei zu lachen anfingen, da patschte der Scharl wie ein kleiner Bub in die Hände und kreischte vor Freuden mit.

Die Mädel nahmen schneller Abschied, als es der Christlin recht war, und die Stasi dankte ihrem Basel nicht einmal für die gute Meinung.

Als sie zum Hause hinausgingen, lief ihnen der Gidi nach, und wie sie sich umdrehten, sahen sie ihn beim Kramer stehen, in die Hände patschen und Grimassen schneiden.

Sie erzählten jetzt dem Michel ihr Erlebnis, und bald nahm die Mariann und bald die Stasi das Wort.

»Na, so was! Wia'r a bei der Tür eina is! I ho g'moant, mi haut's vom Stuhl owa …«

»Und woaßt, wia der zahnt hat, und na sagt a: De dan dauberne Dindel …«

Sie blieben stehen und lachten hell auf.

Bei einem Feldweg, der nach Schwaigen hinüberführte, nahm die Mariann Abschied, und Michel ging nun allein neben seiner alten Schulkameradin her.

»Bist du scho öfter auf solchene B'suach g'wen?«, fragte er.

»Ja, was glaabst denn? I laff do de Mannsbilder it nach ...«

»Aber ...«

»Dös is do natürli, bal mir mein Basel schreibt, dass sie mir a guate Heiret wisst, dass ma da amal nachi schaugt. Da plagt oan na do scho d' Neugier ...«

»I hätt mir denkt ...«

Der Herr Studiosus stockte.

»Was nacha?«

»I hätt mir denkt, du hast scho lang an Schatz ...«

»Host dir du dös denkt?«

»Hast koan?«

»Du bist guat, was du allssammete wissen mögst.«

»Sag mir's halt!«

»So fragt ma d' Leut aus. Was is denn na mit dir?«

»Ja, mit mir! Dös woaßt ja a so.«

»Da woaß i gar nix.«

»No, halt, dass i Student bin und in an Seminar.«

»Was is nacha dös?«

Michel erzählte, wie sie in Freising unter Aufsicht wären.

»Dös is ja wia in an Zuchthaus!«, rief Stasi mitleidig aus. »Da glaub i's freili ...«

»Was glaabst?«

»A so halt ...«

»Na, dös muasst mir sag'n ...«

»I sag's net.«

»Geh, Stasi, jetzt kenna mir uns so lang, und früher hättst mir alls g'sagt ...«

»Ja, früher! ...«

»Dös ko ma do wieda auffrisch'n, wenn's aa scho lang her is. Schau, i hab mir z'erscht aa net richtig red'n traut, und jetzt, weil ma so mit anand dischkriern, geht's ganz leicht, und mir kimmt's a so vor, als wenn's nia anderst g'wesen waar ...«

»Aber in da Eisenboh bist drin g'hockt und hast koa richtig's Wartl füra bracht.«

»Grad desweg'n schau, weil i's gar net g'wöhnt bin, und weil i net g'wisst hab, ob's dir recht is.«

»Dös is do amal g'wiss, dass ma si gern unterhalt, und i hab mir denkt, mir san dir am End net g'scheidt gnua, dass d' gar it red'n magst mit ins.«

»Ja freili, was moanst denn? Für so was muasst mi scho net o'schaug'n.«

»I hab's aa net gern glaabt, weil mir do mit anand in d' Schul ganga san.«

»Natürli und überhaupts. Aber woaßt, i hab mir denkt, wia groß du wor'n bist und ... und so sauber ...«

»Geh, du!« Stasi rannte Michel mit dem Ellenbogen an. »Jetzt kam er mit dem daher! Dös sagst grad a so ...«

»Na, g'wiss is wahr. Dös hab i mir denkt, und da hat's mir d' Red verschlag'n.«

»Ah, du bist oana! Z'erscht sagt er gar nix, und jetzt kam er a so daher!«

»Und schau, vor der andern hätt i scho gar net red'n kinna ...«

»De hätt di aa it bissen ...«

»Freili net, aber wenn ma's halt net g'wohnt is. Jetzt red i mi viel leichter.«

»Dös scheint si a so.«

»Derf i dös net sagen, dass d' so sauber wor'n bist?«

Das Mädel lachte, und Michel bekam einen roten Kopf. Er sah seine Begleiterin auch nicht herausfordernd an, sondern ganz zaghaft, als fürchtete er, dass sie über seine Verwegenheit entrüstet sein könnte.

Das war aber zum Glück nicht der Fall, im Gegenteil, Stasi drehte nekkisch den Oberkörper herum und streifte ihn mit dem Ellenbogen.

»Dös hast g'wiss scho mehra g'sagt?«

»G'wiss net.«

»Dass di nacha gar nia um mi bekümmert hast, wenn'st dahoam g'wen bist?«

»A so halt. Schau, gar so lang war i net dahoam, und es hat si halt net troffa. 's letzt Jahr woaß i gar net, dass i di amal g'sehg'n hätt ...«

»Jo. Amal bist im Berglbauern Holz hinter meiner g'wen, aber na bist steh blieb'n und bist mir nimma nachi kemma ...«

»Dös woaß i scho no, ja. Da is aba da Hülfslehra daher kemma, auf den han i g'wart' ... dass du dös no woaßt?«

»I ho mir's halt g'mirkt, und wia's d' heut in der Eisenboh aa net dergleichen to hast, han i mir denkt, weil du geischtli werst, am End derfst mit an Madel gar it red'n?«

»Redt do da Pfarra aa mit enk!«

»Vielleicht bal s' älter san, derfan s' wieda. Aba da Koprata hebt an Kopf aa glei auf d' Seit'n und schaugt weg. Vielleicht dass dös a Vorschrift is?«

Michel wollte der Stasi schon umständlich erklären, dass es auch für die Alumnen keine solchene Vorschrift nicht gebe, und dass er überhaupt noch gar kein Alumne nicht sei, da merkte er aber an ihren lustigen Augen, dass es ihr mit diesen Ansichten nicht so ernst war.

»I glaab, du mögst mi dablecka ...«

»Na. Aber i kenn mi do it aus mit die geischtlinga Herrn ...«

»Geh, hör auf! Du woaßt recht guat, dass i no koana bin ...«

»Aber wer'n tuast oana ...«

»Dös is aa no net g'wiss. Extra g'freu'n tuat's mi net.«

»So? Na, hamm d' Leut do recht!«

»Mit was?«

»Sie sag'n halt aa, dass di 's G'studieren net g'freut.«

Michel sah seine Begleiterin misstrauisch an. Wollte sie es ihm auch wie die Puchrainerin hinreiben, dass man dem Ruepp den seinigen nicht für gescheit genug halte?

Aber die Stasi schaute viel zu gutmütig aus, als dass man ihr eine versteckte Bosheit hätte zutrauen können.

Sein Blick blieb wohlgefällig an dem stattlichen Mädel hängen, das von Kraft und Gesundheit strotzte. Er fasste sie am Arm und fühlte, fast erschreckend über seine Kühnheit, ihr pralles Fleisch.

Sie wurde nicht unwillig und ließ sich die Liebkosung gefallen.

Trotzdem wurde der Studiosus nicht kühner, sondern gab ihr schüchtern die Hand, die sie nach einem derben Drucke in der ihren behielt. So gingen sie eine Zeitlang schweigend nebeneinander her, und die Kornähren streiften auf dem schmalen Weg ihre Gesichter.

»Dös sell hast mir no net g'sagt«, bat Michel nach einer Weile.

»Was?«

»No voring. Du hast g'sagt, nacha glaabst du's freili, und hast g'lacht. Jetzt muasst d' ma's sag'n ...«

»Ah, dös woaß i scho nimma ...«

»Du woaßt as recht guat ... geh, sag ma's ...«

»So halt, weil du verzählt hast, dass ös eing'spirrt seid's und überhaupts mit koan Madel it z'red'n kemmt's, und da han i mir denkt, nacha glaab i's scho ... no ja, halt ... dass di du a wenig dappig'stellst ...«

»Glaabst dös jetzt no?«

Wenn Stasi recht ehrlich hätte sein wollen, hätte sie doch ja sagen müssen, denn so keck, wie sich der Michel selber vorkam, konnte er ihr nicht erscheinen.

Aber sie hatte Nachsicht mit ihrem alten Schulkameraden und dachte vielleicht, dass man ihn auf dem Wege zur Besserung nicht entmutigen dürfe.

Deswegen gab sie zu, dass er ihr jetzt lange nicht mehr so dappig vorkomme.

»D' Mariann glaabet's jetzt a nimma«, fügte sie hinzu.

»Hat sie g'redt über dös?«

Stasi nickte lustig mit dem Kopfe.

»Sie hat g'sagt, der muass si scho gar it auskenna, und dös is a rechta Trauminet, hat s' g'sagt.«

»Bal ma oane net kennt, woaß ma net glei, was ma red'n soll.

Bei dir is dös ganz anders.«

»Warum nacha grad bei mir?«

»Weil'st ma du viel besser g'fallst«, hätte der Michel sagen sollen, wenn er erfahren gewesen wäre, und er hätte es auch beinah gesagt, aber er schluckte es wieder hinunter, weil er nach seiner Meinung an diesem Tag schon weit genug gegangen war.

»A so halt ... und weil mir do alte Bekannte san ...«

»Denkst no a diam dro, wia mir mitanand in d' Schul ganga san?«

»Freili woaß i's no guat.«

»Wia's du mit'n Zotz'n Peter g'rafft host, weil er mi schier in Bach eini g'rennt hot?«

»Und wia 's d' ma du dei Kletzenbrod g'schenkt hast, weil mi da Lehra so herg'haut hat ...«

»Und wia du den letzten Tag, vor 's d' in d' Studi hast müassen, an der Leit'n bei mir g'wen bist. Woaßt no, wia 's d' selbigsmal g'woant host?«

Und so gingen sie nebeneinander her, und die alte Zeit stieg vor ihnen auf; sie hielten sich noch immer bei den Händen, und wenn sie an eine Erinnerung kamen, die ihnen besonders gefiel, schlenkerten sie sie lustig und vertraut.

Mit einemmal blieb Stasi fast erschrocken stehen und rief: »Da liegt wer!«

Zwei Schaftstiefel schauten aus den Halmen hervor, und mit einem scheuen Blick darauf gingen die jungen Leute schneller vorwärts.

Nach etlichen Schritten sagte das Mädel: »Am End feit oan was?« Da kehrte Michel um und ging ein paar Schritte ins Kornfeld hinein.

Als er die Halme zurückbog, sah er seinen Vater schlafend auf dem Rücken liegen. Das Gesicht war verschwollen und mit Blut beschmiert.

Er bückte sich erschrocken nieder und rüttelte den Schlafenden an der Schulter.

»Vata! Feit dir was?«

Der Ruepp schlug langsam die Augen auf und blinzelte im Halbschlaf. Er konnte sich nicht gleich zurechtfinden.

»Han? Was is? Ah, du bischt's? Wia kimmst denn du daher?«

»Von da Station halt. Aba was is denn mit dir? Du bist ja voller Bluat!«

»Han? I? Ah so ... ja ... Auf d' Nas'n bin i halt g'fallen ...«

Er raffte sich mühsam auf und torkelte noch ein wenig.

»Herrschaftsaggera! Is scho so spat? Jetzt han i glei gar g'schlafa. Ja, wia kimmst denn du auf oamal da her?«

»I bin grad mit'n Zug kemma und bin da aufa ganga. Willst dir net's G'sicht a weng abputzen?«

»Is ja koa Wassa it da; dös hat Zeit, bis i dahoam bin ...«

Stasi, die den Ruepp erkannte, wandte sich um und ging allein ihren Weg weiter, indes ihr Michel mit Bedauern über die Störung nachsah.

»Was is denn dös für a Weibsbild da vorn?«, fragte der Ruepp mürrisch und verschlafen.

»Dös? D' Lukas-Stasi ...«

»So? Was tuat denn de da?«

»Sie is aa von da Bahn aufa ganga ...«

Dem immer noch halb Betrunkenen dämmerte sein Streit mit dem Lukas auf, und er knurrte:

»Bist du mit dera ganga?«

»Ja. Mir hamm ins halt troffa.«

»Mit de Leut will i überhaupts gar nix z' toa hamm. Durchaus gar it, dös mirkst da ...«

»Red'n werd ma na do no derfa damit.«

»Durchaus gar it, sag i. Von dem g'schwollkopfat'n Lukas will amal nix hör'n ...«

Er brummte noch allerhand Unverständliches vor sich hin.

Die allerletzten Beleidigungen tauchten langsam in seiner Erinnerung auf.

Geradeso unlustig wie sein Vater tappte auch der Michel auf dem Feldweg weiter.

Er sah die Stasi sich immer weiter entfernen; ihr Kopftüchel tauchte zwischen den Halmen auf und verschwand wieder, und mit ihr ging die Freude an der Heimkehr fort, und alle Verdrießlichkeiten, die er daheim so oft verlassen und pünktlich wieder gefunden hatte, standen ihm vor Augen. Die Kümmernisse der Mutter, die zornigen Reden der Geschwister, Streitereien mit den Dienstboten, und da torkelte der Vater halb betrunken vor ihm her und brachte wieder neuen Verdruss zum alten ins Haus.

Herrgott, wenn er nicht so angebunden gewesen wäre, sondern auch ein lustiger Bauernbursch wie die andern, da hätte er mit der Stasi heimgehen oder sie wieder einmal treffen können.

Aber so – –

Der Ruepp blieb stehen und wollte seinem innerlichen Zorn ein wenig Luft machen.

»Was is nacha mit dir?«, fragte er grob. »Bist jetzt firti wor'n, dass d' do amal d' Weicha kriagst?«

»Firti! Dös woaßt du do, Vater, dass i no net firti sei ko mit'n Gymnasium.«

»Nix woaß i, als dass d' ma du 's Geld koscht, und dass mi d' Leut dablecka, weil du so lang brauchscht …«

»Hättst mi halt net zwunga …«

»Himmi … Herrschaftseiten! A so muass ma red'n. Bal ma's a so guat moant mit an Menschen und möcht'n was wer'n lassen, nacha schmeißast ma's du no für. Hättst mi net zwunga, sagt a, der Lapp, der nixnutzete …«

»I bin koa Bua nimmer, Vater, dass ma so mit oan redt …«

»Was bist'n nacha? Koa geischtlinger Student amal g'wiss net, wia'r oana sei soll. Hat's net da Pfarra zu mir g'sagt?«

»Über dös soll'n mir jetzt net dischkriern …«

»Net? Warum nacha net? Hat er net g'sagt, Ihner Michel, sagt er, hat nicht das richtinge Zeug zum Schtudieren, hat er g'sagt. Muass ma'r i dös sag'n lassen und ho neun Jahr zahlt wia 'r a Schmied? Ihnen Ihr Michel, sagt a, Ihnen Ihr Sohn, sagt a, der hat nicht das richtinge Zeug. I gib dir nacha scho 's Zeug. Moanst, i fuatter di umasunst neun Jahr her?«

»Vata, lass's jetzt guat sei! Mir san jetzt glei dahoam, und es waar do besser, du tatst dir z'erscht 's G'sicht o'waschen, sunst derschreckt d' Muatta wieder …«

»I derschrick, bal i di siech und über dös nachdenk, dass i di am End neun Jahr umasinscht her g'fuattert ho. Aber dös sag i dir, jetzt will i bald amal was inne wer'n, dass du de erschten Weicha kriagst, sinscht is gar mit'n Zahl'n …«

Michel antwortete nicht; sie waren bei einem kleinen Stauweiher angelangt, der unter dem Hofe lag, und er tauchte sein Sacktuch ins Wasser und gab es dem Vater, der sich brummend das Gesicht abputzte.

Es blieben aber immer noch Blutspuren zurück, so dass die Rueppin nach der ersten Begrüßung ihren Michel fragte: »Was is denn scho wieder mit'n Vata g'wen?«

»I woaß net. Er sagt, er is auf d' Nas'n g'fall'n. I hab'n in an Kornacker g'fund'n, wia 'ra g'schlafen hat …«

»O mei Bua, is dös a Kreuz! Bei uns geht da Vadruss net aus …«

DRITTES KAPITEL

In dem kleinen Austraghäusel, das vom Vater des Ruepp an den Hof angebaut und ehedem von ihm bewohnt worden war, hauste jetzt eine alte Magd, Apollonia Amesreiter.

Sie war vor Jahren aus Orthofen zum Ruepp gekommen, als die erkrankte Bäurin sie um Aushilfe gebeten hatte.

Sie wurde in dieser Zeit der Rueppin so unentbehrlich, dass sie sie nicht mehr ziehen lassen wollte, und weil auch der Bauer zugeben musste, dass die Loni die brauchbarste und billigste Helferin war, überredete man das brave Frauenzimmer zum Bleiben.

Das war vor mehr als zwanzig Jahren gewesen, und in all der Zeit bewies die Loni, dass man auf dem Ruepphofe mit ihr den besten Treffer gemacht hatte.

Den Kindern war sie im Herwachsen eine treue Hüterin gewesen, und sie galt ihnen für eine zweite Mutter. Am stärksten hing der Michel an ihr, denn er war weichmütiger wie der Kaspar und viel zutulicher wie die Leni, die in den häuslichen Kämpfen gallbitter geworden war.

Seit etlichen Wochen lag die alte Loni krank, und die müden Augen in ihrem magern, gelblichen Gesicht verrieten, dass sie wenig Hoffnung auf Gesundwerden haben durfte.

Sie selber hatte keine, und sie glaubte nicht wehleidig, dass ihr zulieb ein Wunder geschehen müsste.

Sie hatte ihr Bündel geschnürt, und am Ende war es nicht groß ausgefallen, denn was sich in fünfzig Jahren harter und treuer Bauernarbeit an Sünden begehen ließ, war nicht gar so viel.

Wenn die Loni über die schwere, blaukarrierte Bettdecke hinweg nachdenklich zum Fenster hinsah, wo ein paar Blumenstöcke standen, die sie immer liebevoll behütet hatte, oder wenn sie stundenlang aufmerksam zur Weißdecke hinaufblickte, und wenn sie dabei in Gedanken ihr Erdenleben vorüber wallen ließ, erinnerte sie sich kaum an was anderes, als ans Frühaufstehen und Arbeiten bis in die sinkende Nacht.

Auch die freundlichen Bilder waren nicht frei von Müh' und Plag'.

Kinderwarten. Zwischen aller Arbeit in ein paar gestohlenen Stunden den kleinen Wagen unter den Ahornbaum hinterm Haus schieben, dem Michel den Diezel ins Maul stecken und die Fliegen von ihm abwehren. Und dabei gewann sie den winzigen Kerl lieb, der sie aus seinen dicken Backen heraus vergnügt anlachte und seine Finger um ihre Nase krallte.

Über eine Weile kroch er schon auf allen vieren in der Stube herum, wenn sie die Socken stopfte und die Bauernhemden flickte und daneben Acht gab, dass der Michel, der alles ins Maul steckte, was ihm unterkam, nichts Unrechtes verschluckte. Wieder vergingen etliche Jahre mit Schneien, Regnen und Sonnenschein und der kleine Kerl saß auf dem Schemel neben ihr und heftete seine erstaunten Augen auf sie, wenn sie ihm Geschichten erzählte. Bauernmärchen handeln nicht von verwunschenen Prinzen und erlösten Prinzesslein, sondern von den Wundern, die die Heiligen gewirkt haben und immer noch wirken.

Dabei ergeht es ihnen nicht immer gut, wenn sie auf Erden wallen und Umschau nach den Leuten halten. Der heilige Petrus kriegt einmal Prügel bei einem habgierigen Bauern, weil er nicht gleich zum Arbeiten aufstehen will, und er kriegt Prügel von Zimmerleuten, die ihn für einen Spielmann halten und erbost sind, weil er ihnen nicht zum Tanz aufspielen will.

Aber der Petrus ist kein sanfter Heiliger, der alles demütig hinnimmt. Der Bauer wird für seinen harten Geiz gestraft, indem er aus Dummheit seine eigene Scheune anzündet, und für die Zimmerleute müssen alle Nachfolger büßen, denn zur Strafe für ihre Grobheit wachsen die harten Äste an den Bäumen, die noch heute so viel Arbeit machen.

Vom heiligen Leonhard, dem Schutzpatron des Viehes, gibt es viele erbauliche Geschichten und vom heiligen Koloman und vom Korbinian, dem ein Bär das Gepäck bis auf Rom tragen musste, nachdem er das Pferd des Heiligen aufgefressen hatte.

Der Loni gingen die Geschichten, so viele sie auch wusste, immer noch eher aus wie dem Michel die Wissbegierde, und wenn sie meinte, es wär' genug, lehnte der Kleine seinen Kopf schmeichelnd an sie und bat:

»Nonimuatta, no was!«

Dafür war er aber auch zufrieden und aufmerksam, wenn sie eine alte Geschichte von vorne anfing, und seine Fragen blieben sich geradeso gleich wie ihre Erzählungen.

Ob der Bauer den Petrus mit einem Stecken oder mit der Geißel gehauen habe, und ob es weh getan habe?

Darin zeigte sich auch seine Bubenart, dass er kein Mitleid mit dem Heiligen hatte, sondern herzhaft lachte, wenn ihm die Loni vormachte, wie schmerzhaft der Bauer zugeschlagen, und wie jämmerlich der Petrus Acherl und Auweh geschrieen habe.

Im Bauernhof entwächst ein gesunder Wildfang schnell der weiblichen Hut, und auch der Michel wusste sich bald im Stall und draußen bei den Knechten, wo er reiten oder das Leitsell heben durfte, schönere Freuden zu finden als in der Stube. Er kehrte aber immer gerne auf kurze Zeit zur Loni zurück und nahm stets eine backene Nudel frisch aus der Pfanne mit Anerkennung an.

Und als der Abcschütz den ersten, bitteren Gang zur Schule antreten musste, schnallte ihm die Loni den Ranzen zu, fuhr ihm noch einmal mit der Bürste über den Janker und schaute ihm nach, wie er, viel langsamer als sonst, den Hügel hinunter schlich.

Drunten am Weiher blieb der Michel stehen und schaute zu dem Hause zurück, aus dem ihn zum allerersten Mal eine unumgängliche Pflicht herausgerissen hatte. Es war ihm weinerlich zumut, und ebenso war die Alte bedrückt, denn wenn sie auch nicht lange und klug darüber nachdachte, so fühlte sie es doch, dass jede Trennung einen Riss gibt, den die Zeit erweitert und nie mehr zusammenflickt. Das musste sie ja erst recht erfahren, als der Bauer seinen Michel in die Studi fort haben wollte.

Die Loni war ehrfürchtig gegen die Diener der Kirche und hätte den Michel wohl gerne in dieser schönsten Laufbahn gesehen, aber sie hatte auch helle Augen und einen klugen Sinn, der ihr sagte, dass ein Bub, der jedes Ross im Dorf kannte und sich keine größere Freude wusste, als bei der Arbeit draußen mitzuhelfen, nicht zum studierten Herrn passte.

Und was ihr der Bub anvertraute, wenn er mit schlechten Noten heimkam, wie so gar freudlos sein Leben in der Schulstube sei, das gab ihr Recht.

Manchmal redete sie mit der Rueppin darüber und meinte, sie solle es beim Bauern durchsetzen, dass der Michel ausgespannt werde, aber die Bäurin stellte ihr vor, dass ihre Bitten den Ruepp bloß noch halsstarriger machen würden, und sie wusste, dass es nicht anders war.

An all das dachte die Loni jetzt in den langen Stunden, die der Tag für die Kranke hatte, und die Zukunft des Buben machte ihr Kümmernisse. Je älter er wurde, desto schwerer war die Umkehr, und am Ende war er dann der Arbeit so entwöhnt, dass er nichts mehr Rechtes anzufangen wüsste.

Und was hatte er für Aussichten? Niemand wusste besser wie die Loni, dass der Ruepp schlecht stand, denn etliche Jahre vorher hatte sie ihm auf sein Ersuchen dreitausend Mark geliehen und hätte ihm später noch einmal ein paar Tausend leihen sollen.

Da hatte sie es ihm aber abgeleugnet, dass sie noch zweitausendfünfhundert Mark erspartes und ererbtes Geld in ihrem Schranke versteckt hielt, und sie hatte sein Drängen damit beantwortet, dass sie sich um das alte Darlehen besorgter stellte, als sie war.

Wenn sie nun auf dem Krankenbette über das Fortkommen Michels nachsinnierte, stieg der Wunsch in ihr auf, dem Buben ihr verstecktes Geld und die Forderung an den Ruepp zu vermachen.

Der nächste Verwandte, den sie hatte, war auch noch ein weitschichtiger Vetter und lebte als Schreiber in der Stadt.

Sie wollte von ihm nichts mehr wissen, seit er vor langen Jahren einmal wegen einer Schlechtigkeit ins Gefängnis gesteckt worden war.

Der Mensch hatte sie einmal aufgesucht und wäre ihr gar liebreich gekommen, aber sie hatte ihm gleich gesagt, dass sich die neu erwachte Liebe nicht austrage, weil sie einem unehrlichen Menschen nichts geben würde, und wenn sie noch so viel Geld hätte.

Der Herr Aktuar Pfleiderer, so schrieb er sich, war ihr seitdem aus den Augen und aus dem Sinn entschwunden.

Darum wusste sie nicht, was sie hindern hätte können, den Michel zu ihrem Erben zu machen, und sie nahm sich's vor, das in Ordnung zu bringen.

Gleich in den ersten Tagen ihrer Krankheit bat sie die Rueppin, man möchte ihr doch den Notar von Dachau kommen lassen. Aber da gerade die Ernte begann, redete sich der Ruepp, der wegen seiner Schuld die gerichtsmäßige Schreiberei scheute, darauf aus, dass vom Hof niemand wegkönne, und dass man jeden Gaul notwendig brauche. Es habe ja wohl Zeit bis auf etliche Wochen später, denn so schlimm sei die Loni nicht daran.

Die Alte ließ sich vertrösten, aber wie ihr die Füße stärker anschwollen, kam sie in große Unruhe und bat die Bäurin wiederholt, dass man's nicht länger hinausschieben möchte.

Die Rueppin ging ihren Bauern darum an, aber der wurde grob.

»Was hat denn de Alt' für a Bengserei weg'n ihre paar Markl? Moanat ma scho, sie lasset den größten Bauernhof z'ruck, dass no ja da Notari g'schwind kimmt. Dös kunnt a Testament wer'n!«

Die Rueppin schaute ihn an, und er verstand ihren Blick.

»Is scho recht! Ja. Woaß scho. Was i von ihr hab, dös werd ihr z'letzt sicher gnua sei. Waar übrigens aa schö, wenn sie 's Geld dort lasset, wo sie zwanz'g Jahr dös best Leb'n g'habt hat. I pfeif ihr ja drauf, aba ma sagt bloß ...«

»Vielleicht will sie's da lassen ...«

»So? Hat sie was g'sagt von dem?«

»Na, aba ihran Reden nach, moan i, möcht sie's an Michel zuaschreib'n ...«

»An Michi? Dem braucht s' as net zuaschreib'n. Der hat wohl gnua von mir kriagt für sei Schtudi ...«

»Wenn sie's eahm geb'n will, wer'n s' do mir it hindern? Sinscht irbt's am End der sell Schreiber, der lüaderliche ...«

»Aba dös sag i dir glei, bal sie an Michi de Schuld vermacht, na rech'n i z'samm mit eahm.«

»No ja, er hat do aa was von uns zum kriag'n, und dös lasst si ja alls amal spater richt'n, aba jetzt muass ma do der Loni ihr'n Will'n toa ...«

»Sagst ihr, bal der Woaz herin is, spann i auf da Stell ei und fahr selm auf Dachau eini und bring an Notari mit ...«

»Sie glaabt halt, es pressiert ...«

»Auf de paar Täg geht's it z'samm. Zerscht muass d' Arwat g'schehg'n sei.«

Der Ruepp war nie großspuriger, als wenn er von der Arbeit redete, und schon gar, wenn er etliche Tage selber mitgetan hatte.

Dann musste man ihn neben dem Wagen hergehen sehen, wie er gewichtig einherschritt und mit der Geißel schnalzte und den Hut bis ins Genick zurückschob, damit es jeder merkte, wie sich der Ruepp mit der Arbeit erhitzt hatte.

»Also sagst ihr, bal da Woaz herin is, fahr i selm eini. Wird schö gnua sei ...«

Die Rueppin richtete es aus, und die Loni verstand, dass man ihretwegen nicht die Arbeit hint lassen wollte, obgleich sie wusste, dass der Bauer schon um Geringeres, etwa um ein Vergnügen oder eine Saufpartie, einen Tag ausgesetzt hatte. Aber ihre Bescheidenheit ließ sie es nicht unbillig finden, dass sie warten musste. Dabei plagte sie aber eine innere Unruhe, von der sie gegen die Rueppin kein Hehl machte.

»Bal i's no derwart«, sagte sie. »A diam moan i scho, 's Wassa druckt mir geng a's Herz aufa, und na kannt's sei, dass i 's gar nimma beinand hätt, bal da Notari kimmt.«

»Ah geh, muasst it so verzagt sei. Wer woaß, ob's d' net wieda aufstehst. Da Dokta hat's aa g'sagt. Da ko ma gar nix wiss'n, hat er 's letzt Mal g'sagt. Solchane Leut, sagt er, hamm oft a merkwürdige Kraft ...«

»Ja, freili, a Kraft! Wo han denn i a Kraft? Dös kenn i selm bessa, wia da Dokta. Mit mir geht's dahi, und is nimma z'fruah aa. An Michi tat i wohl no gern sehg'n.«

»Den siehgst scho; der kimmt ja morg'n.«

»Morg'n?«

Ein Lächeln flog über das welke Gesicht.

»Bal er morg'n kimmt, na glaab i's aa, dass ma no mitanand z'dischkriern kemma. Hat er dir g'schrieb'n?«

»Ja. Am Sunntag den acht'n Auguscht kimmt er, hat er mir z'wissen g'macht.«

»Woaß er's?«

»Was? Dass du krank bischt?«

»Dass 's halt dahi geht.«

»Na, er woaß nix davo, dass di du leg'n hast müass'n. Schau, mir san halt aa net zum Schreib'n kemma.«

»Freili. In der Arndt. Aba bal er nur morg'n kimmt!«

Und dann kam der Michel.

Wie sich die Mutter erst ihren Kummer über den Vater ein wenig vom Herzen heruntergeredet hatte, sagte sie ihm, dass die Loni drüben in ihrer Kammer liege und recht schlecht daran sei, und auch, dass sie so hart auf ihn gewartet habe.

Er ging gleich hinüber, und hatte er auch noch keinen Menschen im Auslöschen gesehen, so erkannte er doch in ihren verfallenen Zügen die deutlichen Zeichen des herannahenden Todes.

Das griff ihm ans Herz, und er legte den Kopf auf den Bettrand und weinte.

»Was hoscht denn? Muasst it woana, Bua ...«

»Dass s' mir nix g'schrieben hamm ...«

»Ah schau, sie hamm si halt denkt, dass i di scho no derwart, und jetzt bist ja da. Wia geht's dir denn, Michi?«

»Ah mei, mir! Wenn's nur dir besser gang.«

»I bin an alt's Leut, und amal muass dös sei, dass 's an End nimmt. Da brauchscht do it woana, Bua ...«

»Weil i net dahoam bleib'n hab derfa, und weil i furt sei muass, und jetzt find i di a so ...«

»No ja, schau, weil's d' no jetzt da bist; mir könnan do richti bfüad Good nehma von anand ...«

»Und na hab i gar neamd mehr ...«

»Hast do d' Muatta, Michi, und deine G'schwister ...«

»Du woaßt ja selm ...«

Ach ja, die Alte wusste es, wie leer das Haus da drüben war, ohne Freude, ohne Zusammenhalten. Die Bäurin zermürbt von den Sorgen, die Jungen verdrossen und erbittert über den Zustand, dem auch emsige Arbeit keine Heilung brachte.

»Schtudierst halt weita«, tröstete sie. »Und na hockst di amal in a guate Pfarrei eini, und ...« sie stockte, »und wann's da amal schlecht außi gang, nacha kunntst am End d' Muatta no zu dir nehma ...«

»Ah mei ...«

»Was denn? Geht's it recht damit? Hoscht allawei no koa Freud zu da Schtudi?«

»I hab no koan Tag oani g'habt.«

»Ja ... ja ... I hab scho viel nachdenkt über dös, Michi, und mir is nia recht g'wen, dass man di zwunga hat.«

»Hätten s' mi dahoam lassen! I waar eahna jetzt a Hülf, oder wenn's da net ganga waar, hätt i an Platz als a richtiger Knecht, und i lasset mi g'wiss it o'schaug'n und tat mei Sach. Aba so ...«

»Hoscht ja allaweil a Freud g'habt zu da Bauernarwat ...«

»Ja, und nacha hat's aber sei müass'n, dass i auf Freising kimm und mi abracker und do nix füri bring.«

»Derpackst as gar it, moanst?«

»Na, Lonimuatta, mit dir kann i über dös red'n. I wer gar nia a Geischtlicher, gar nia! Und wann's aa mit'n Schtudieren leichter gang, und wann i scho firti waar mit'n Gymnasium, i werat do koana. In da letzten Stund kehrat i no um ...«

»Aber Bua, gar so hart muasst d'as do it nehma! A Pfarra hat wohl des schönste Macha ...«

»Vielleicht. I woaß net. Wem's g'fallt, für den ko's ganz schö sei. Aber i pass amal net dazua.«

»I han's wohl denkt, i han's oft denkt.«

»Schau, wann so g'redt werd unter de Schulkameraden, und der oa woaß dös und der ander dös, was eahm g'fallt bei da Geischtlichkeit, und auf was er si g'freut, na is mir grad, als wenn s' was redet'n, was mi von da Welt aus nix o'geht. Aber wann mir spaziern gengan aus der Stadt außi, und i siech oan ackern am Feld draußd, na moan i, i derheb mi nimma, i muass weg laffa von de Schulbuab'n, und wann i oan auf an Fuhrwerk siech, möcht i aufspringa und wegfahr'n, no grad weit weg, dass i nix mehr hörat und sehgat von dem Schmarrn ...«

»Geh, Michi, muasst di net versündigen ...«

»Na, i moan's net a so, dass i was Unrechts sag'n möcht, I moan de Marterei mit'n Schtudieren. Aba dös ander, woaßt, dös bring i aa net z'samm. I hab's net mit dera Heiligkeit. Oft denk I mir, ob anderne, de wo i kennt hab am Gymnasium, und de jetzt scho drinna san im Priesterseminar, ob's dena wirkli so ernst is. I will eahna nix nachsag'n, aber i versteh's amal net. Mir kimmt's allaweil so vor, als wann i unserm Herrgott mit da Bauernarbet liabasei müasst ...«

Die Loni schaute ihn ernst und bekümmert an und strich mit ihrer magern Hand über die Decke.

»Uber so was han i wohl no weni nachdenkt«, sagte sie, »und da bin i mir net g'scheidt gnua, dass i dir was rat'n kunt. Aber freili, dös sell han i scho lang kennt, dass du für an geischlinga Herrn net passt ...«

»Ganz und gar net«, bekräftigte Michel.

»Ma sollt's bei die Leut aa kenna, zu was dass s' g'hör'n ...« fuhr die Alte fort. »Und wo s' hi'passen. Wenn ma's sogar beim Viech kennt. Aber dei Vata hat si's halt amal ei'bildt ...«

»Ja ... ei'bildt, und nacha muass's ganz oafach geh ... Und d' Muatta hat mir aa net g'holfen.«

»Michi, schau, da muasst koan Vadruss hamm über dös. Was hätt dei Muatta toa soll'n? Sie werd si denkt hamm, wann's am End Gott's Willen is, dass du bei da Schtudi zu was kimmst, nacha is dei Glück. De Eltern derfen net grad frag'n, was a Kind mag oder net mag ...«

»Aber was oans ko, sollen s' frag'n«, sagte Michel.

»Dös sell freili. Und dei Vata hätt an Pfarra glaab'n soll'n. Er hat eahm glei abg'redt. Ja, mei Bua, was werd dös no all's wer'n?«

»Dös will i dir scho sag'n Lonimuatta. I geh in dem Herbst nimma aufs Gymnasium z'ruck. De Professa hamm's aa g'sagt, dass dös koan Wert net hat ...«

»Und nacha?«

»Ja ... no ... da denk i hin und her. Wann da Vata anderst waar, und wann er si net a so ei'spreiz'n tat, nacha hab i mir scho denkt, ob i net in die landwirtschaftliche Schul auf Weihenstephan geh soll ...«

»Kost dös viel Geld?«

»Kost'n werd's freili was, aber net so viel, als wann i ins Gymnasium z'ruck gang, weil i ja darnach no lang net firti waar.«

»Und da gang's am End no guat naus, Michi?«

»Freili, i kannt amal a guate Stell kriag'n als Verwalter, und auf a größers Guat kemma. Aber werst sehg'n, mit'n Vata lasst si über dös net red'n.«

»Mit eahm wohl net, aba Bua, sieghst, wenn dös net so lang dauert und net gar soviel Geld kost, nacha hilf dir i dazua.«

»Du ... Lonimuatta?«

»Ja. A bissel was hab i, und dös soll dei g'hören.«

»Na ... dös muasst du selm g'halt'n.«

»I? I wer bald nix mehr b'halt'n kinna.«

»Geh, an dös muasst it denk'n.«

»Warum net? I hab koa Zeit nimma, dass i's nausschiab, und i hab nix mehr anderst zum denk'n als wia dös.«

»Warum sollt'st du nimma g'sund wer'n?«

»Weil's gar is, Bua. Dös kenn i guat, und mir is ganz recht a so. Da tat mi ja unser Herrgott strafa, wenn i als a Kranker umanand hocka müasst. Über dös red'n mir nix mehr. Ich mach die Sach, und nacha werst du a richtiger Mensch. Gel?«

Die Alte suchte seine Hand. Er gab sie ihr und saß lange schweigend neben ihr.

»Koa Sünd werd's wohl it sei, dass du auf de Weis von der geischtlingen Schtudi wegkimmst?«

»Na, i hätt nia ferti g'macht; dös braucht dir koa Kümmernis net sei.«

»Und i denk mir«, sagte die Alte mehr zu sich selber als zum Michel, »wann ma so was net gern werd, soll ma's ja it wer'n. Aba jetzt gehst ummi zu deine Leut, Michi. I muass a wenig rast'n, und sagst da Muatta, vielleicht schaugt s' spater no amal her, vor s' ins Bett geht ...«

Michel ging, und als er die Türe sachte hinter sich zuzog, sah er, dass die Alte ihre müden Augen auf ihn gerichtet hielt und ihm zulächelte.

VIERTES KAPITEL

Als Michel am andern Morgen aufwachte, stand die Sonne schon ziemlich hoch am Himmel; er sprang rasch aus dem Bett und sah beschämt, dass es auf sieben Uhr ging.

In der Küche traf er seine Mutter, die allein zurückgeblieben war, denn alle, der Kaspar, die Leni und die Dienstboten, waren vor Tag aufs Feld hinaus.

»Dass mi net g'weckt habt's!«, sagte der Michel, als ihm die Mutter eine Kaffeesuppe vorsetzte.

»Zu was denn wecka? Den erst'n Tag dahoam hast di do scho ausschlafa derf'n.«

»Na. Da muass ma si vor de andern schiniern; der Kaspar wird mi schö auszahna.«

»Geh zua, du bist do koa Bauernknecht.«

»Aba wenn d' Arwat pressiert, möcht ma do aa mithelfa, und ös lasst's mi in Tag eini schlafa. Is da Vata draußen?«

»Na, der schlaft no. Er muass si wieder auskuriern von sein Sunntag.«

Michel löffelte schweigend seine Suppe aus, und die Rueppin setzte sich neben ihn.

Als sie wiederholt mit einem »ja, ja … so is halt amal« und »ja mei Bua« tief aufseufzte, fragte er:

»Habt's allaweil no Vadruss?«

»Der geht bei uns net aus. Von an Sunntag wollt i no gar nix sag'n, obwohl dass dös aa schiach gnua is, wenn er danach an halben Tag und länger seine Räusch ausschlaft. Aba wia oft kimmt's vor, sogar in der Arndt, dass er mitten unta da Woch wegafahrt auf Dachau eini oder auf Altomünster ummi. Da is wohl koa Wunder, dass ma z'ruckhaust.«

»Is scho so weit?«

»Weit gnua. Und is koa Aussicht auf a besser wer'n.«

»Dös versteh i aa net, Muatta, dass d' ma dös net früher g'sagt hast.«

»Du moanst zweg'n an Schtudiern?«

»Ja. Waar do scho g'scheiter g'wen, i hätt enk net aa no 's Geld kost.«

»Dös hätt's no derleid'n müass'n, und tat's aa jetzt derleid'n, wenn da Vata dergleichen tat. Aba ma siecht si ja net naus, bal dös net bessa werd, sondern im Gegenteil, allaweil no schlechta. Er lasst si in Handelschaften eini ziahg'n, de wo er net vasteht, und valiert 's Geld dabei, und für all's ko da Hof net aufkemma.«

»Wia kimmt er denn zu dem?«

»Im Wirtshaus halt, wo all's Guate dahoam is. Da kimmt er mit de Handler z'samm, und de schwatzen eahm was auf, und ausred'n lasst er eahm ja nix. Du kennst'n do. Da woaß eahm der oa a Ross zum verschachern; der ander a Holz, an dem gar soviel Geld zum vadeana waar, und kimmt er amal gleichauf, oder macht a gar an kloan Profit, na is no schlechta. Na moant er scho, er is da best beim Handeln und Schachern, und fahrt in die Wirtshäuser umanand und hat's grad gnädi und tuat woaß Good wia gross, und z'letzt zahlt er allmal drauf ...«

»Hilft's Zuared'n gar nix?«

»Ah wa ... I red eahm zua wia'r an krank'n Ross, aba i ko gar nix richt'n bei eahm. Net oamal, dass er auf mei Red'n was gibt. Siehgst, da han i de vorig Woch an Bartl auf Dachau eini schicka woll'n, dass da Notari zu da Loni außa kimmt. An Deanstbub'n ko ma do amal an Tag g'rat'n. Aber na! Dös geht net, er fahrt selm eini, und weil ma an Gaul in der Arndt z' notwendi braucht, werd's verschob'n, und de Alt arbet si in da Unruah ganz auf ...«

»Na fahr i eini ...«

»Dös is wahr, Bua, dös tuast ...«

»Bal mir da Kaspar sei Radl leicht, mach i mi nach'n Essen auf'n Weg.«

»So mach ma's. Du kunnt'st as so aa glei nehma, aba woaßt scho, da Kaspar is a bissei eigens. Bal'st jetzt auf's Feld außi gehst, fragst'n ... Und beim Notari drin machst as pressant; de Alt is so viel unruhig; heut in da Fruah hat s' mi wieda g'fragt und bitt ...«

»Is recht, Muatta, und jetzt schaug i a weng zu de Leut außi ...«

Als er aufs Feld hinauskam, war der Kaspar mit einem Knecht und dem Dienstbuben noch eifrig beim Mähen, hinter ihnen drein banden die Weiberleute die Garben.

Nach einer Weile setzte Kaspar aus, wetzte seine Sense und sah den Michel auf sich zukommen.

»Ah, der Hochwürden! Willst uns an Seg'n geben zu der Arwat, oder willst bloß zuaschaug'n, wia ander Leut schwitzen?«

»Brauchst mi net föppeln, i arwat gern mit, wenn mir da Bartl d' Sans' gibt.«

»Is uns an Ehr mit an g'weichten Herrn oder an halbg'weichten …«

»Geh, lass's guat sei, und dass i net vergiss, auf'n Namittag muasst ma dei Radl leicha. I fahr auf Dachau eini.«

»Ahan, nach der Arbeit ist gut ruhen, hoasst's bei dir.«

»Net z'weg'n an Vagnüag'n. I soll an Notari b'stell'n für d' Lonimuatta.«

»Will ja der Alt eini fahr'n.«

»D' Muatta sagt aba, d' Loni hat koa Ruah und bitt allaweil drum, und i bin ja glei drin.«

»No ja, und dein Vorteil siechst dir ja aa dabei.«

»Wia dös?«

»De Alt will ja die paar Kreuzer der Geischtlichkeit vermacha …«

»Z'weg'n dem pressiert's mir net mit'n eini fahr'n.«

»Na is recht, du tuast as bloß für de guat Sach … und i leich dir 's Radl dazua … da geh her, Bartl!«

Der Bub kam heran.

»Gib dei Sans' an hochwürdigen Herrn; vielleicht bringt er a Schneid ani …«

Bartl grinste, als er Michel die Sense gab, und der zog ohne weiteres Reden Jacke und Gilet aus, trat in die Reihe neben seinen Bruder und fing zu mähen an.

Die Sonne brannte so heiß herunter, dass die Luft flimmerte, und auch vom Boden stieg eine Hitze auf, dass Michel wie in einem Backofen schwitzte. Er merkte wohl, wie ungewohnt ihm die harte Arbeit war, das Kreuz schmerzte ihn, die Arme taten ihm weh, und er musste allen Willen zusammennehmen, um nicht zu weit hinter den andern zurückzubleiben. Aber wenn er nachgeben wollte, dachte er an die Spottreden seines Bruders, und dazu war es ihm, als müsste er den Beweis liefern, dass er zur Arbeit tauge. So hieb er tapfer ein und schwang bald die Arme in einem gleichmäßigen Takte, bei dem er leichter Atem holte wie anfangs, wo er zu hastig gewesen war.

Als sie die lange Mahd bis zum Grenzrain fertig hatten, schulterte Michel wie die andern seine Sense und ging gemächlich zurück, sich wohlig dieser kurzen Rast hingebend, die ihm neue Kraft gab. Bei der dritten und vierten Mahd hatte er sich schon ganz an die Arbeit gewöhnt und spürte weniger Müdigkeit wie nach der ersten.

Inzwischen kam der Bartl, den man heimgeschickt hatte, mit Bier und Brot zurück, und nun kamen alle zum Untern in den Schatten eines breitästigen Ahorns.

Michel begrüßte im Zotzen-Peter, der Dienstknecht war, einen alten Schulkameraden und setzte sich zwischen ihn und die Zenzl, die zweite Magd, ins Gras.

Er bekam eine Flasche Bier und einen Keil Brot, von dem er langsam Stück für Stück herunterschnitt; die Hand war ihm durch die Arbeit schwer geworden, und die Bewegung beim Essen, wie er jeden Schnitz bedächtig zum Munde führte, verursachte ihm ein wohliges Gefühl von Kraft und zugleich von Ausrasten.

Er sah von seinem Platze aus weitum emsige Menschen auf den Feldern und suchte mit seinen Blicken die Ackerbreiten des Lukas ab. Von fernher blitzten weiße Kopftüchel auf, und er wusste nun, wo die Stasi arbeitete, und dachte, wie schön es wäre, wenn sie jetzt so neben ihm säße, wie die Zenzl, die gerade ihre dicken Waden lachend vor den Angriffen des Zotzen-Peter versteckte.

»Wer kimmt denn da daher?«, fragte der Kaspar und streckte den Hals.

In einer Entfernung von etlichen hundert Schritten ging ein Mann auf dem Fußwege; bald verschwand er hinter dem hoch stehenden Getreide, bald war er wieder frei sichtbar, und die scharfen Augen Kaspars hatten gleich erkannt, dass er ein Städtischer sei.

Gleich darauf sah er auch, dass der Fremde eine Dienstmütze auf dem Kopfe trug.

»Dös waar ja bald …«, brummte er halblaut vor sich hin und warf einen bedeutsamen Blick auf Leni, die auch unruhig geworden war.

Kein Zweifel: als der Mann näher kam, erkannte man, dass er ein Gerichtsbeamter oder so was Ähnliches sei. Kaspar stand auf und schlenkerte zum Fußweg hinüber, und dabei hob er hie und da ein paar Garben auf und tat so, als ob er die Ähren angelegentlich betrachte.

Nun war der Mann auf etliche Schritte herangekommen, und es zeigte sich, dass er wirklich ein Amtszeichen auf der dunkelblauen Mütze trug.

»Heut is amal a richtig's Wetter zum Arbeit'n«, sagte er und blieb stehen.

»Ja … so waar's scho recht«, antwortete Kaspar.

»Heuer kann ma do überhaupts net klag'n, aber ihr Bauern seid's ja nie z'fried'n.«

»'s Rentamt scheint's aa net, sunst verlanget's net allaweil no mehra …«

»'s Rentamt?« Der Mann lächelte. »Da können S' recht haben; dös hat scho an weit'n Magen.«

»Seid's ös an oana?«

»Na, vom Rentamt bin i net. Aber sagen S' amal, geht's da zu einem Bauern, namens Umbricht?«

Der Fremde zog ein blaues Heft aus der Tasche, schlug es auf und las vor:

»Michael Umbricht, zum Ruepp auf der Leiten …«

»Ja … brauchen S' bloß allaweil gradaus geh. Dös Haus dort droben is …«

»Dank schön. Also gut'n Tag und gute Verrichtung …«

Er grüßte und wollte gehen.

Da fragte Kaspar:

»Sie entschuldigen, Sie hamm g'sagt, Sie san net vom Rentamt. Was san S' denn nacha?«

»Auch a unbeliebte Persönlichkeit …«

»Am End a G'richtsvollzieher?«

»Er selber net, aber sei Stellvertreter. Grüß Gott!«

Kaspar sah ihm finster nach und ging langsam zu seinen Leuten zurück. Er nahm gleich die Sense auf und mahnte die andern zum Aufbrechen.

»Geht's weida! Mir hamm no an schön Fleck zum Abhau'n …«

Michel merkte beim Aufstehen, dass die Zenzl dem Peter einen vielsagenden Blick zuwarf, und dass beide lächelten, und es entging ihm auch nicht, dass sein Bruder zornig war; er dachte sich wohl, dass er mit der fremden Amtsperson irgend was gehabt habe, aber er wollte nicht fragen und ging mit den andern weg.

Kaspar blieb mit der Leni so weit zurück, dass man ihn nicht hören konnte.

»Jetzt hamm ma's«, sagte er halblaut. »Es wird oiwei schöna; kimmt da G'richtsvollzieher scho ins Haus!«

»Marand Josef! War er dös?«

»Ja. Nach'n Weg zum Ruepp hat er g'fragt …«

»Was werd dös wieda sei!«

»Dös is net schwar zum derrat'n. Schuld'n werd er hamm mit seine Täuschlereien, mit seine gottverdammten!«

»Was ma da no derleb'n müass'n!«

»Dass ma abi rutschen. Ehnder gibt ja der lüaderliche Mensch koan Ruah, bis net all's hi is … Herrgottsaggerament, am liabern schmeißat i d' Sans' hi und gang auf und davo. Als Knecht kriagat i do mein Lohn richti und müasst net warten und rum red'n um a jed's Markl. Plagt ma si für den Saustall und is und werd do nix. Aba lang tua i nimma mit …«

»Muasst an 's Sach denka, Kaschpar!«

»Ja, denk no recht dro! Es werd a so bald koa Sach nimma da sei zum dro denka, wenn er auf d' Gant kimmt, der Mensch, der nixnutzete ...«

»Moanst d', i soll hoam geh und schaug'n?«

»Ah! Was sehgast denn da?«

»I hab koan Ruah nimma ...«

»No ja, na schaug hoam; ko da Bartl daweil beim Bind'n helfa. Am End is g'scheita, bal du dahoam bist, sunst is d'Muatta ganz alloa ...«

»Er schlaft ja z'erscht no.«

»Da G'richtsvollzieher weckt'n scho. Nacha ko er'n o'blinzeln aus seine versuffan Aug'n. So bin i scho aufg'legt, dass i aa am liabern hoam gang und schmeißet eahm all's vor d' Füass hi ...«

Leni eilte heim und traf im Hausflötz ihre Mutter, die erschrocken vor dem Gerichtsmenschen stand.

»Da Bauer kimmt glei«, sagte sie. »Er hat si aufg'fall'n und is it ganz guat beianand ...«

»Was geit's denn da?«, fragte Leni scharf und schaute den Mann zornig an.

»Was 's gibt?«, sagte dieser ruhig. »Ja, hoffentlich a Geld, sonst müasst i was pfänden ...«

»Jessas! Jessas!«

»Sei no staad, Muatta! ... Vata!«, schrie Leni in gellendem Ton.

»Waar do scho Zeit, dass d' außa kamst!«

»Ö ... hö ... hö!«, brummte der Ruepp und knöpfte noch sein Gilet zu, als er aus der Schlafkammer heraus kam. »Du kunnt'st ja no bessa schrei'n ...«

»Muass vielleicht d' Muatta den Dreck wegramma, den du herg'macht hast?«

»Du redst di a weng gar leicht, du ! ...«

»Is ja wahr! Muass ma si da net z' Tod schama, bal oan da G'richtsvollzieher beim helliacht'n Tag ins Haus kimmt? Und du flackst im Bett, und d' Muatta woaß si net z' rat'n und z' helfa ...«

»Dös wer i scho macha, desweg'n brauchst du it schrei'n als wia'r a Krattlerin ...«

»Ja, dös woaß ma scho, wia's d'as du machst ...«

»Halt 's Mäu, sag i ... Was gibt's denn da überhaupts?«, fragte er den Gerichtsvollzieher in barschem Ton.

»Sie, ich bitt mir an anderne Sprach aus, gel? Ich bin hier im Dienst, verstanden? Da wer'n S' Ihnen irren, wenn Sie glauben, dass Sie mir mit Lackelhaftigkeiten kommen können ...«

»I wer no frag'n derfa, was Sie in mein Haus herin woll'n.«

»Jawoll, aber in an andern Ton. Ich bin der Stellvertreter des G'richtsvollziehers Stumbeck und hab' bei Ihnen eine Forderung einzutreiben.«

Der Ruepp war durch die scharfe Sprache des Mannes, der als gedienter Feldwebel den richtigen Tonfall hatte, eingeschüchtert.

»I woaß nix von koana Forderung«, sagte er kleinlauter.

»Wissen Sie's net, so? Ich kann Ihr Gedächtnis auffrischen. Da is das vollstreckbare Urteil vom Landg'richt München ...«

Er entfaltete ein Papier und las vor:

»Wasserburger gegen Umbricht. Sie schulden in Haupt- und Nebensache einschließlich der Kosten neunhunderteinundvierzig Mark und sechzig Pfennig. Können Sie sich jetzt an die Kleinigkeit erinnern?«

»Was? Für den frechen Juden, da müßt i zahl'n? Dös gibts's durchaus gar it ...«

»Wenn Sie nicht zahl'n woll'n oder können, dann werd ich eben pfänden ...«

»Von kinna is koa Red it. Für de Bagatell'n werd mei Hof no guat sei ...«

»Also dann ... nur raus mit die Maxen!«

»Was? Bal mi der Jud, der ausg'schamte, ganz offenbarig betrog'n hat? Der sell Gaul is dampfig g'wen, und für dös han i de bescht'n Zeug'n, de wo de Sach richtig sag'n kinnan ...«

»Das hätten Sie früher und beim G'richt sagen müssen. Da is ein Versäumnisurteil und is rechtskräftig, und damit fertig.«

»Dös gibt's na do scho net. Wo waar denn da a Vasäumnis, bal i gar nix inne wor'n bin?«

»Sie hamm die Klage zugestellt kriegt. Machen S' mir nix vor!«

»Ko scho sei, dass amal was kemma is, aba als Landwirt hat ma do koa Zeit, in Summa, bei der größt'n Arwat, dass ma'r an jed'n Papierfetz'n lest.«

»Den hätten S' scho lesen sollen ... Jedenfalls mich geht das gar nix an.«

»Den verklag i weg'n Betrug, dös lass i weida geh bis aufs Reichsg'richt ...«

»Schön. Aber heut heißt's zahl'n ...«

»Dös glaab i na do scho net, bal dös ganz offenbarig is und bal i de bescht'n Zeug'n hab …«

»Ich hab net so viel Zeit, mein Lieber, und Ihr Prozess geht mich gar nix an. Bei mir gibt's bloß zahl'n oder pfänden.«

»I bin gar net beim G'richt g'wen mit dem Juden, mit dem ausg'schamten, na kann i aa net verurteilt sei …«

»Eben weil Sie nicht dort waren und weil S' Ihnen kein Advokaten g'nommen hamm, deswegen sind S' verurteilt wor'n. Das is ja das Versäumnis …«

»Dös werd ma nacha do scho ei'sehg'n beim G'richt, dass a Bauernmensch bei da größt'n Arwat koa Zeit net hat …«

»Nein, das siecht man nicht ein, aber dös siech i ein, dass Sie net verstehen woll'n und wahrscheinli auch net zahl'n …«

»I will mei Recht hamm. Muass ma'r i an so an offenbarigen Betrug g'fall'n lass'n? Da muass 's Reichsg'richt her …«

»Also wenn Sie nicht zahl'n woll'n, nacha geh'n wir jetzt in Stall naus.«

»Was recht is, wer i zahl'n …«

»Recht is neunhundertundeinundvierzig Mark und sechzig Pfennig. I wart fei jetzt nimmer.«

»Dös hat ma aa net allaweil dahoam …«

»Ich will Ihnen was sagen. Der Doktor Rosenbaum, der Vertreter von Ihrem Gegner schreibt, dass er Ihnen acht Tag Frist geben will für den Rest, wenn Sie mir sofort eine größere Summe einhändigen.«

»Und bal i's net ei'händig?«

»Pfänd ich Ihnen einen Gaul oder a paar Küh …«

»Mehra wia dreihundertfufzg Mark hab i net bei da Hand …«

»Schön, geben S' mir die, und in acht Tag zahlen S' das andere, sonst muss ich wiederkommen.«

»Aber guat sei lass i's net, und bis zum Reichsg'richt muass de G'schicht geh …«

Der Ruepp ging brummend in die Kammer, und als er wieder zurückkam, zählte er auf das Fensterbrett dreihundertfünfzig Mark hin.

Der Gerichtsvollzieher schrieb ihm eine Quittung und ging.

Während des ganzen Vorgangs hatte die Rueppin ihren Mann ängstlich angeschaut; die Leni stand mit untergeschlagenen Armen daneben und machte ein bitterböses Gesicht.

Als der Beamte zur Tür hinaus war, sagte die Bäuerin nach einem schweren Seufzer:

»Pfänd't wer'n mir na do it? Dass wenigstens des Allerärgst net passiert!«

Der Ruepp war schon wieder großspurig.

»Kümmer di um dös it. Dem Malafizjuden, dem vadächtigen, brock i a Suppen ei …«

»De hoscht scho ins ei'brockt«, sagte Leni grob.

»Du nacha mit deina Goschen, was geht's denn di o?«

»Leider, dass 's mi was o'geht; mir waar's scho liaba, i waar in an richtinga Haus.«

»Dass 's dir fei nimma guat gnua is! Na suachst dir a bessers.«

»Dös waar net hart zum find'n; besser is glei oa's.«

»Nur recht frech sei, sag i. Tua di no ja net schinniern!«

»Waar g'scheiter, es schinnieret si wer anderer und waar drausd bei der Arwat und stand net herin bei de G'richtsvollzieher umanand!«

»Jetzt lass 's guat sei, Leni!« wehrte die Mutter ab.

»Is ja wahr! Muass ma si vor de Deanstbot'n schama. De hamm's aa g'sehg'n, wia der sell mit da Haub'n zum Hof zuawa ganga is.«

»De wissen an Dreck«, sagte der Ruepp grob.

»Und überhaupts über meine Prozesssacha wer mi i bekümmern, aber du di net. Und dös sell wer i scho macha, dass der Betrug offenbarig werd. Und z'weg'n was gehst denn du überhaupts vom Feld eina? I hätt di wohl it braucht da herin …«

Leni gab keine Antwort mehr, sondern warf die Küchentüre hinter sich zu, dass die Scheiben klirrten.

»A so an unguat's Luada, a so a zahnet's!«, schimpfte der Ruepp hinter ihr drein.

»Sie moant's ganz recht«, sagte die Bäurin.

»Was vasteht denn de von sellane Sacha? Dös muass i besser wissen, was i z' toa hab …«

»Und des allerbest waar, wann du gar nix z' toa hättst mit de G'richtssacha …«

»Lass dir no Zeit! Dem Juden hoaz i ei, dass eahm warm werd. Und jetza schaugst, dass d' mir in da Kuchl a weng was sauers z' machen kimmst. Dös sell richt mi wieda z'samm.«

Der Ruepp ging in seine Kammer, und die Bäurin richtete in der Küche das Essen für die Leute, die bald vom Feld herein kommen mussten.

Die Leni half ihr dabei, und wenn sie zornig mit dem Geschirr klapperte, nickte die Rueppin zustimmend mit dem Kopfe und seufzte tief auf.

FÜNFTES KAPITEL

Wie der Ruepp in seiner Kammer allein war und auf dem Bettrande sitzend vor sich hin stierte, machten ihn seine Gedanken verzagter als alle scharfen Worte der Leni.

Seine Schulden standen mahnend vor ihm, seit ihm eine davon so widerwärtig in Erinnerung gebracht worden war, und er hielt über seine Gläubiger eine ängstliche Musterung ab.

Da war der Pfäffel von Glonn, dem er die dreihundertfünfzig Mark, die vom Gerichtsvollzieher weggenommen worden waren, fest versprochen hatte, und er wusste, dass der Unterhändler sich nicht leicht noch einmal vertrösten lassen werde.

Und dem Müller Lenz von Aufhausen war er an die fünfhundert schuldig, und dem Wasserburger pressierte es ganz gewiss mit dem Rest, der auch beinahe sechshundert ausmachte.

Der Ruepp dachte an alles Mögliche, aber bloß nicht daran, wie er auf seinem gefährlichen Wege umkehren und durch Schaffen und Sparen allmählich wieder auf gleich kommen könne. Das ging langsam und mühevoll, die Zahlungen aber drängten. Was blieb also übrig, als bei andern Hilfe suchen?

Unter den Weidachern war keiner, der ihm das Vertrauen schenken würde. Nicht ein einziger. Was der Lukas geradeheraus gesagt hatte, das dachten die andern, und ein Ersuchen von ihm hätte bloß zu heimlichem Gerede geführt; die einen gönnten ihm die Verlegenheit, den andern war sie gleichgültig, und alle hatten sie schon lang vorausgesehen.

Aber wo wollte er sonst Hilfe kriegen? Wieder von einem Unterhändler?

Das hieß ein größeres Loch aufmachen, um das kleinere zuzuschütten.

Und doch! In Gott's Namen!

Er schaute stumpfsinnig zum offenen Fenster hin und achtete nicht auf den blauen Himmel, der übers Scheunendach zu ihm hereinsah, und nicht auf den Sonnenschein, der prall auf der weißen Stallwand lag.

Eine Hummel flog herein und brummte wie zornig in der Stube herum.

Fauler Bauer, was ist denn? Hinaus aufs Feld! Ist das auch noch eine Art, an einem solchen Tag da herin hocken und über Geldtäuschlereien nachsinnieren?

Aber die Gedanken des Ruepp nahmen keine andere Richtung.

Es handelte sich bloß darum, sich jetzt einmal geschwind aus der Klemme zu ziehen, und war's soweit, dann musste er ja auch einmal Glück beim Handeln haben und konnte alles heimzahlen.

Das war genau so wie selbigesmal, wo ihm die Loni geholfen hatte.

Herrgott ja – die Alte!

Wenn er es doch noch einmal bei der probierte? Er konnte ihr ins Gewissen reden, dass sie soviel Jahre das beste Auskommen bei ihm gehabt hatte und dafür auch einen Dank schuldig geworden sei. Freilich hatte sie's ihm hartnäckig abgeleugnet, dass sie noch was habe, allein die Sprüche kannte er.

Selbigesmal war sie bockbeinig und zuletzt hantig gewesen, und sie hatte ihm ein paar Brocken hingeworfen, die er nicht gern verschluckte, aber jetzt war sie krank, und die Aussicht auf einen baldigen Tod hatte sie gewiss zugänglicher gemacht, wenn man ihr nur richtig ins Gewissen redete.

Der Plan gefiel dem Ruepp immer besser, je länger er darüber nachdachte. Er stand auf und öffnete die Kammertüre, um zu horchen.

Die Leni war mit der Bäurin in der Küche, und sonst war niemand daheim; so konnte er unbemerkt zu der Alten hinüber.

Er trat leise ein, und Loni, die über die hohe Bettdecke weg nicht zur Türe sehen konnte und in Gedanken verloren war, meinte, es sei die Bäurin, die wie gewöhnlich nach ihr umschaue.

Sie erschrak, wie der Ruepp ans Bett kam und bei ihrem Anblick ein freundliches, recht mitleidiges Lächeln aufsetzte.

Sie sagte aber nichts, sondern schaute ihn nur müde an. Was er wollte, wusste sie auf der Stelle; das nämliche halt, was er jedesmal wollte, wenn er alle paar Jahr einmal zu ihr herüber kam.

»Wia geht's dir denn, Loni?«, fragte der Bauer, und kein Geistlicher hätte es sanfter vorbringen können.

»Schlecht«, sagte sie.

»Hab's wohl g'hört, hab's mit an großen Bedauernis g'hört und ho's gar it glaab'n woll'n. D' Loni, hab i g'sagt, is a Zache, de gibt si so schnell it. Aba no, alt bischt halt aa, und g'rackert hast di deiner Lebtag, da ist na z'letzt koa Wunder.«

»Is wohl koa Wunder …«

»Gel ja, Muatterl, sagst as aa. Aba den Trost hoscht, dass d' dei Sach allaweil richtig g'macht hast auf dera Welt, und bal ma dös mit Wahrheit sag'n derf, braucht ma si nix fercht'n …«

»M … hm … ja, bal ma's sag'n ko …«, murmelte die Loni und der Ruepp hätte eine Anspielung darin sehen können, wenn er gewollt hätte. Aber dazu war er viel zu barmherzig und mild aufgelegt.

»Bal dös überhaupts oani sag'n ko, bist as du. Dös Zeugnis muass dir a jeda Mensch geb'n, und z'allererscht i. Und desweg'n glaab i's aa, du muasst as drent schö kriag'n …«

»Des sell mach i liaba mit'n Pfarra aus …«

»Freili, aba mi sagt grad. I muass dir alle Ehr geb'n und muass dir aa vergelt's Gott sag'n für dein Fleiß und überhaupts für allssammete …«

»I dank dir schö …«

»Is net mehra wia mei Schuldigkeit. Du woaßt scho, was i moan …«

»I ko jetzt von dem it red'n«, sagte die Loni, und es klang trotz ihrer schwachen Stimme mürrisch. »Du muasst as scho amal in Richtigkeit bringa«, setzte sie hinzu.

»Feit si nix, Muatterl. Für dös bin i scho da …«

»Du host ma's aba scho lang g'hoass'n …«

»Scho, aba i hab mir denkt, du bleibst ja bei ins, und mir g'hör'n z'samm, net? Da kimmt's auf Zeit net o, bal's no sicher is …«

»M … hm … ja … bal's sicher is.«

»Werst na do koan Angst net hamm z'weg'n dem? Na … na … sell derf di gar it bekümmern. Schau, für di oder, wenn's scho Gott's Will'n is, für den, der no amal erbt, is ja der Hof guat … da ko ja nix fei'n …«

Die Alte wurde unruhig; die Gedanken, mit denen sie sich in den letzten Tagen soviel beschäftigt hatte, kamen über sie.

Sie zupfte an der Decke und sagte:

»An Notari habt's mir aa it g'holt.«

»Desweg'n bin i ja zu dir umma kemma …«, log der Ruepp.

»Wia ma's d' Bäurin g'sagt hat, han i mir denkt, ah was, dös pressiert wohl it. De alt Loni is halt a weng schwach und moant glei des Irgste; da hat's lang Zeit, han i mir denkt. Aba weil i jetzt siech, dass di de Sach wirkli druckt, is was anders, und jetzt sollst sehg'n, dass i dir z'liab all's tua. I fahr heunt no auf Dachau eini und hol an Notari …«

»Waar mir scho ganz recht.«

»Na … na, da gibt's nix. Ob mir jetzt a Fuhr mehra eina bringa oder net, auf dös geht's aa nimma z'samni. Du hoscht as wohl vadeant, dass ma dir all's tuat.«

»I dank dir schö ...«, sagte die Loni versöhnlicher.

»Is gern g'schehg'n; da braucht's koan Dank gar it. Na mach ma's a so, i fahr heut eini, und morg'n fruah werd na da Notari außa kemma. Soll i eahm dös glei o'geb'n, was da'r i schuldi bi?«

»Na ... dös sag i eahm scho selm.«

»Sagst as eahm selm; ganz richti. No ja, i hab grad g'moant, weil du mir amal g'sagt hoscht, dass du sinscht koa Geld it hoscht ...«

»I hab aa koa's ...«

Die Loni sagte es hastig und abweisend.

»Grad desweng, schau Muatterl, i kannt ja nacha beim Notari zu'n Protokoi geb'n, auf wen dass du de dreitausad Mark übri schreib'n lasst. Na brauchat er am End gar it außa fahr'n und waar'n de Kost'n daspart ...«

»Na, er muass scho außa kemma ...«

»Also nacha richt i's a so aus, dass er moring kimmt. Es g'schiecht akarat a so, wia's d'as du hamm willst. Nacha gilt's scho ...«

Die Loni glaubte, dass jetzt genug darüber geredet sei, und drehte den Kopf nach der Wand zu, aber der Ruepp zog jetzt gar den Stuhl ans Bett und hockte sich hin.

Sie wusste jetzt, dass das eigentliche noch kam.

»Ja ... ja ...«, seufzte der Bauer. »So geht's auf dera Welt. Mir waar's glei liaba, i liegat an deiner Statt, und du waarst g'sund und frisch auf de Füass ...«

Die Loni regte sich nicht.

»Was hat ma denn?«, fuhr der Ruepp fort. »Muasst di schind'n und plag'n und hast nix als wia Sorgen und Kümmernis. An jeden Tag waar's mir recht, wenn's gar waar. I verlangat mir wohl koa länger's Leb'n. Es is nix, als wia'r a Marterei ...«

Die Alte gab keine Antwort.

» ... Ja ... ja ... bal si oana rühr'n kunnt, waar's was anders, aba bal oan d' Händ bunden san, bist und bleibst der Narr deiner Lebtag. Und kannt ma si oft mit so weni helfa, aber na, es helft oan koa Mensch, und ma bleibt der Fretter ... was hast g'sagt?«

»Nix ...«

»I ho g'moant, du hast was g'sagt. Ja mei Muatterl, i bin dir neidi um 's Kranksei, derfst d'as g'wiss glaab'n ...«

»I glaab's net …«

»Warum net? Was han i denn davo, dass i beim Tag umanand geh mit de Kümmernis und bei da Nacht it schlaf vor de Sorg'n?«

»Hätt'st bessa g'haust!«

»Jetzt hast was g'sagt. Bessa g'haust. No ja, ma sagt it vo dem, dass ma si a diam an Pfenning derspar'n hätt kinna, aba vo dem kimmt's net, sondern weil oan d' Händ bunden san.«

Er schwieg und sah die Alte lauernd an, aber sie wandte sich nicht um, und es schien fast, als wäre sie eingeschlafen.

Da nahm sich der Ruepp einen festen Anlauf und räusperte sich zuerst.

»Siehgst, Muatterl, i sag dir's ganz aufrichti, i siech mir koa Hülf nirgends als wia bei dir.«

Das Muatterl rührte sich auch darauf hin nicht.

»I hab mir a so denkt, siehgst, i hab ma denkt, wo waar i denn hi'kemma, wann d' ma du selbigsmal net g'holfa hättst, aba so is guat wor'n, weil'st ma du g'holfa hoscht.«

Die alte Loni drehte sich jetzt um und schaute den lüderlichen Menschen ernsthaft an.

»Was is denn guat wor'n?«, fragte sie.

»Allssammete. Du woaßt gar it, was du selbigsmal to hoscht für mi und für ins alle mitanand. I waar nimma auf d' Füass kemma, dös ko da'r i sag'n, so hamm mi de Wuacherer bei da Gurgl g'habt …«

Die Alte wandte den Blick nicht von ihm ab, und sie sah viel mehr, als der armselige Lügner glaubte. Dass es keine Hilfe gab für einen, der so von innen heraus verfault war wie der; sie war so müd und abgeschlagen, dass sie seine Worte kaum verstand, aber auch wenn sie bei ihren Kräften gewesen wäre, hätte ihr sein Reden fremd und sinnlos geklungen, denn zwischen Redlichkeit und Unehrlichkeit gibt es kein Verstehen. Sie hatte sich auch damals nicht von ihm täuschen lassen, sondern hatte der Bäuerin und den Kindern zulieb geholfen.

Der Ruepp glaubte aber, dass er das schwache Weibel schon halb herumgebracht habe, und lächelte sie schmerzlich an.

»Und heut«, sagte er, »heut is net viel anderst wia selbigsmal, und da woaß i mir koan Ausweg nimmer und muass halt wieda zu dir kemma und frag'n, schau Muatterl, magst mir denn gar it helfa?«

»I hab nix mehr …«

»Geh zua, bal mi so dro is wia du, soll mi an Menschen, der wo in seiner Kümmernis zu oan kimmt, net a so abspeis'n. Schau, was hoscht denn davo? Bei mir tuast a guat's Werk und tuast as net mir alloa, sondern aa der Bäurin und alle, de wo mit dir g'lebt hamm und san freundli g'wen zu dir und hamm dir all's to. Du bischt do im Haus net als wia'r a Deanstbot g'wen, du hoscht do dazua g'hört. Folgedessen hat's di do ganz anderst o'ganga, was ins betrifft, und geht di aa heut no anderst o ...«

»I hab nix ...«

»Dös muasst it sag'n ...«

»Warum net?«

»Weil's it wahr is, schau, und weil ma net lüag'n soll, bal ma amal so dro is wia du, Loni. Und was hoscht denn von dem Geld? Is dös vielleicht recht, wann's oana kriagt, der wo si nia um di bekümmert hat? Und de Leut, bei dena du dös beste g'habt hoscht, de ganga laar aus? Bal's a so kimmt, Loni, was müassen denn mir von dir denga, und was für a Nachred kriagst du auf de Weis' bei ins? Macht dös gar nix aus? Is dös allssammete gleich?«

»Was i hab, kriagt koa Fremda ... und jetzt lass mir amal mei Ruah!«

»Kriagt koa Fremder, sagst? Ja, wer kriagt's denn nacha? D' Bäurin hat mir amal was g'sagt, dass du an Michi dei Sach geb'n mögst. Gegen dös sag i ja nix, aba du muasst na do a weng an dös denga, was i für'n Michi g'leist' hab bis jetzt, und wann er amal geischtli werd und für di extra beten und messles'n ko, hoscht du dös net mir zum verdanka? Und bal du mir jetzt net hülfst, und i ko eahm net weida studiern lass'n, hat dös an Sinn? Du stehst dir ja selm im Weg. Er soll's kriag'n, aber spater; jetzt kunnt'st du mir damit helfa und durch dös aa'r an Michi. Du muasst richti denga, Muatterl, schau ...«

»Mei Ruah möcht i; i bin so viel müad ...«

»Sagst wohl, du mögst a Ruah hamm; moanst d', i hab oani, wann i jetzt furt geh und siech, dass d' ma du aa 'r it helfa willst? ...«

»I hab nix ...«

»I woaß anderst, Loni. I woaß, dass du a Geld hoscht ...«

Die Alte hatte sich trotz ihrer scheinbaren Ruhe so aufgeregt, dass sie mit den Händen in fiebriger Hast über die Decke strich; es wurde ihr ganz ängstlich zumute, und sie fing zu weinen an.

Der Ruepp stand auf. Er war doch erschrocken über das, was er angerichtet hatte, und da er nicht mehr daran glaubte, dass er seinen Zweck erreichen könne, wollte er gehen.

Als er sich umwandte, stand seine Bäuerin vor ihm; er hatte ihr Eintreten nicht bemerkt und war nun etwas verwirrt.

»Was tuast denn du?«, fragte sie hastig und arg bestürzt.

Darüber ärgerte er sich und fand seine Fassung wieder.

»Was wer i toa? Nachschaug'n halt, wenn's verlaubt is. Bal's d' mir du jeden Tag vorjammerst, dass i ei'spanna soll und auf Dachau fahr'n, wer i wohl nachschaug'n derfa, ob's wirkli so pressiert.«

»Hätt'st du it mi frag'n kinna?«

»I hab 's selm sehg'n woll'n. Verzählt hoscht ma's oft gnua.«

»Da Dokta hat eigens g'sagt, ma soll d' Loni it aufreg'n ...«

»Waar scho an Aufregung, bal ma si nach oan erkundigt. I hab ihr versprocha, dass i heut auf Dachau fahr ...«

»Du?«

»Ja, – i ...«

Er sagte das unwirsch und ging schnell zur Türe hinaus; das Getu war ihm zuwider, und vor allem wollte er darüber keine Fragen hören, warum sich die Alte so aufgeregt zeige.

»Hast du g'woant, Lonimuatta?«, fragte die Rueppin.

»I ho mi so g'forcht'n ...«

»Vor eahm?«

Die Alte nickte, und die Bäuerin setzte sich neben sie und streichelte ihre Hand.

»Er is do it grob g'wen mit dir?«

»Na ... grob it ...«

»Aber er hat was woll'n?«

»Woaßt d' as ja so.«

»Na ... na ... i han koa ruhige Stund nimma im Haus. An all's hätt i denkt, aber an dös it, dass er zu dir umma geht und di plagt ...«

Jetzt kamen der Rueppin die Tränen, und sie wischte sie mit dem Schürzenzipfel ab.

»Was werd no all's über mi kemma?«, schluchzte sie.

»Lass guat sei!«, tröstete die Alte. »Er werd halt wieda Schuld'n hamm ...«

»Wenn oan scho da G'richtsvollzieher ins Haus lafft!«

»Da ... G'richtsvollzieher?«

»Ja, vor a Stund is er da g'wen, und grad halt, dass er eahm a paar hundert Mark geb'n hat kinna, sinscht waar'n mir gar no pfänd't wor'n ...«

»Bist an arm's Leut ...«, sagte Loni und hob den Kopf mühsam aus den Kissen. »Du hast aa nix guat's derrat'n ...«

»Wohl nix guat's. Ma tat ja all's gern, und waar mir koa Arwat net z'viel, aba d' Schand aushalt'n, des sell is dös Irgst ...«

»Jetzt woan net a so! Vielleicht geht's do no besser außi, als ma moant ...«

»I siech koan Ausweg net. Er werd net anderst, und er gibt koan Ruah, bis net all's hi is ...«

Die Loni musste ihr nur allzu recht geben und konnte sie nicht trösten. Sie sah zum Fenster hin, durch dessen obere Scheibe die Sonnenstrahlen in die Stube hereinfielen.

»Hat's a schön's Weda für d' Arndt?«, fragte sie, um die Bäuerin auf andere Gedanken zu bringen.

» I – ja ...«

»Werd da Kaschpa froh sei ...«

»Bei ins is neamd froh ...«

»Du muasst it ganz verzag'n, Afra. Dös machat all's no schlechta, und schau, es is nacha do viel wert, dass da Kaschpa a ganz an anderner ist. Bal an Bauern 's Wassa recht an Krag'n geht, übergibt er vielleicht, und nacha kannt all's no bessa wer'n ...«

» Ja ... ja ... bessa ...«

»Warum it? I kannt mir denga, dass er an Hof hergab durch dös, bal eahm d' Leut scho mit'n G'richt kemma ...«

»Vielleicht ... ja ...«, die Bäuerin seufzte tief auf. »Aber du sollst net so viel red'n, und i derf di mit meine Kümmernis net aa no plag'n ... I bin umma kemma, weil i dir sag'n hab woll'n, dass da Michi auf Dachau eini radelt zum Notari.«

»Da Michi?« Die Alte lächelte freundlich. »Sagst eahm vergelt's Gott von mir.«

»Aba jetzt will ja er eini fahr'n ...«

»Dös braucht's nacha nimma; bleibt ja 's Ross für d'Arwat dahoam. Na ... na ... dös braucht's nacha net; sag's eahm no, dass da Michi einifahr'n will ...«

Loni sprach wieder ganz aufgeregt.

»Heb di no staad, i sag's eahm glei ... und auf dös gib i aa Obacht, dass er nimma zu dir eina kimmt. Brauchst di net ängsten ... «

»Is mir scho liaba, bal er net kimmt.«

»I mach's scho; dös versprich i dir ... und jetzt pfüad di Goad, Lonimuatta!«

»Bfüad di ... und an Michi sagst vergelt's Gott ...«

Die Rueppin traf den Bauern im Hof, wie er den zweisitzigen Bernerwagen herausschob.

»Du brauchst it auf Dachau«, schrie sie ihm schon auf zwanzig Schritte zu.

»Was is?«

»Auf Dachau brauchst net eini fahr'n. Radelt scho da Michi eini.«

»Dös werd mei Sach sei, was i toa will; da Michi soll no draußd a weng mithelfa, i fahr jetzt amal.«

»Braucht ma ja 's Ross z' notwendi ...«

»Dös han i allaweil g'sagt, und do hascht dageg'n g'redt. Jetzt weil i nachgeb'n hab, bracht'st d' as du wieda anderst daher. Dös waar ja a Lipperlg'spiel ...«

»Jawoi is oans, wenn der ander mit'n Radl eini fahr'n ko, und du nimmst's Ross von der Arwat weg. Muass ja dir aa recht sei, bal mir mit'n Einafahr'n koan Aufenthalt hamm.«

»Nix da! I ho's amal g'sagt und ho's der Alt'n versprocha, und bei dem bleibt's ...«

»Versprocha ... ja! I woaß scho, z'weg'n was du bei da Loni drent g'wen bist. Dass di du gar it schamst! Bringt er dös alte Leut in de größt Angst ...«

»Was is dös für a G'red, für a dumm's?«

»Hat sie's net g'sagt zu mir, dass sie si frei g'forchten hat vor deina?«

»An Schmarrn hat s'. Han i net auf dös allerbeste g'redt mit ihr? Jetzt kam sie mit'n Fercht'n daher, de Loas, de dappige!«

»Schimpf no! Du woaßt recht guat, dass 's wahr is. Hoscht du dös it gesehg'n, dass de Alt g'woant hat? Und z'weg'n was? Gel, du woaßt as guat gnua?«

»Nix woaß i. Bal sie ihra Sach nimma beinand hat und z'weg'n nix 's Woana o'fangt, was geht denn dös mi o?«

»Ja, und bal du ihr a so zuasetzt, dass sie dir a Geld geb'n soll, waar's da a Wunda, dass si a kranke, alte Person fürcht? Derf ma's ja gar it sag'n, was si de denkt hat.«

»Sag's no! Is oa Dummheit wia de ander. Herrgottsaggerament! Da hört si do scho allssammete auf. A ganze Woch her muass i de Bengserei hamm, geh, fahr eini! Geh, hol ihr do an Notari! Geh, tua 'r ihr do den G'fall'n! Und nacha bin i da Lapp und geh ummi und frag s', ob 's ihr wirkli a so pressiert, und nacha bracht 's der alte Scherb'n a so außa, als wann sie si fercht'n hätt müass'n. Dös is ja a Narrenhaus!«

»Ja, bal's net no was schlechter's is. I brauch dir nix sag'n, und bal's d' a schimpfst, du woaßt as do!«

»Nix woaß i, und jetzt hamm ma ausg'redt, Herrgottsaggerament!«

»Oha! Was is denn?«, fragte Kaspar, der mit Michel in den Hof hereingekommen war.

Weiter hinten zeigten sich schon die Dienstboten.

»Ah nix«, antwortete die Rueppin, die keinen Auftritt haben wollte. »I hab an Vata bloß g'sagt, dass da Michi auf Dachau eini radeln will; sinscht waar er eini g'fahr'n.«

»Gar nix sinscht! I fahr eini, wia'r i's g'sagt hab.«

»Zu was denn?«, fuhr Kaspar hitzig auf. »Z'weg'n was denn an Gaul nehma, bal der Michel 's Radl hat?«

»Weil i's g'sagt hab, sag i.«

»D' muass na do scho a Vastand dabei sei beim Sag'n. Bal ma 's Ross dahoam braucht, fahrt ma do it zu da Gaudi umanand.«

»I gib dir na scho a Gaudi! Hat mi net d' Muatta sechstausadmal bitt um dös?«

»Bal's aber anderst so leicht geht!«, beschwichtigte die Rueppin.

»Heut a so und morg'n a so ... I gib enk koan Narr'n net ab«, schrie der Bauer. »Jetz is amal g'sagt, i fahr, und gar is, und da Herr bin i da auf'n Hof.«

»Ja, bal di da G'richtsvollzieher net außi schmeißt!« Kaspar achtete in seinem Zorn nicht mehr darauf, dass die Dienstboten seine Worte hören mussten.

Und jetzt war auch der Ruepp außer Rand und Band.

»Bürschei! A so kamst du mir? Derfst du so was sag'n geg'n dein Vata? Derfst di du a so aufmanndeln gegen meiner? Du! G'hört 's Sach scho dei?«

»Mir net und dir aa bald nimma. Aba de Juden oder deine g'lumpat'n Spiassg'sell'n, deine Unterhandla ...«

»'s Mäu haltst!«

»Net halt i's«, schrie Kaspar sinnlos vor Wut und schmiss die Sense an die Stallwand, dass der Stil abbrach. »Und jetzt ko'st dein Dreck selber macha und eina bringa, bal's d' dir gnua g'suffa hoscht z' Dachau drin! I gib dir koan Hanswurscht'n ab, dir, dass d' as woaßt ...«

»Aba Kaschba!«, rief die Rueppin.

Der hörte aber nicht auf sie, sondern ging ins Haus und polterte über die Stiege in seine Kammer hinauf, wo er sich aufs Bett setzte und voll ingrimmiger Wut vor sich hin murmelte.

»Steht's it da umanand!«, befahl die Rueppin den Dienstboten.

»Da gibt's nix zum Schaug'n und zum Horcha!«

Sie folgten ihr, aber die Mägde lachten dabei heimlich vor sich hin, und der Zotzen Peter drehte sich noch einmal an der Tür um und streckte den Hals neugierig nach dem Bauern hin, der neben dem Wagen stand und die Bäuerin und den Michel finster ansah.

»Geh zua!«, sagte die Zenzl und zog ihn in den Flötz hinein.

»Dös kimmt davo«, sagte draußen die Rueppin.

»Ja, vom dumma Red'n, und bal ma de eigna Kinda aufhetzt.«

»I ho s' wohl it aufg'hetzt. Dös werst du it behaupten kinna ...«

»Na, sag i. Wia stellt si denn der freche Kerl gegen meiner her?«

»Dös is net bloß von heut, dös woaßt du guat. Er hat aa Aug'n im Kopf und siecht allerhand.«

»Was siecht a?«

»Wia 's bei uns abi geht. Ko eahm dös gleich sei, dass an an solchan Tag als wia heut 's Ross für nix und wieda nix auf Dachau eini g'sprengt werd? Dös muass do an Menschen vadriass'n ...«

»Is dös sei Ross oder dös mei?«

»Geh zua! Da hat 's Red'n koan Wert it, bal du oan net vasteh willst.«

»Wert hat's wohl koan, und jetzt fahr i erst recht, sinscht moant der Flegel, der grobe, er is da Herr, und i fürcht mi vor eahm ...«

»Und d' Arwat bleibt liegen?«

»Ausg'redt is ...«

Der Ruepp ging in den Stall und zog den Fuchsen heraus, den er selber einspannte.

Die Bäuerin wollte ihm noch gütlich zureden, aber er gab ihr nicht mehr an, setzte sich auf den Wagen und rappelte zum Hofe hinaus.

Michel war während des ganzen Auftritts still beiseite gestanden und sagte jetzt zur Mutter:

»I geh zum Kaschbar aufi und schaug, dass i'n wieda auf gleich bring.«

»Hoscht recht, Michi. D' Arwat muass ja do g'schehg'n, und bal ma no so verzwidert is. I hätt' s' sunst a scho lang hintri schmeißen kinna.«

»Lass no guat sei, Muatta! Mir müassen alle a weng z'sammhelfa, nacha werd's scho geh ...«

»Ja ... ja ... es werd so geh', wia's geh' muass.«

SECHSTES KAPITEL

Der Ruepp fuhr im scharfen Trab auf der breiten Aichacher Straße gegen Dachau zu und ließ seinen Fuchsen kaum bergauf im Schritt gehen. Immer wieder zog er ihm eines über, dass der Gaul unwillig die Ohren zurücklegte und mit den Hinterbeinen ausschlug.

Es half ihm aber nichts; sowie er sich ein wenig Zeit lassen wollte, fühlte er die Schmitze recht schmerzhaft auf der Haut brennen.

Vielleicht wollte der Bauer dem neugierigen Geschau der Leute auskommen, die links und rechts auf Feldwegen mit ihren Gespannen hinausfuhren und erstaunt waren, dass einer um die Zeit herum kutschieren mochte.

»Is dös net der Ruepp?«

»Freili is er's …«

»Der fahrt wieda der Arwat davo. Und grad pressieren tuat's eahm, dass s'n nimma derwischt.«

Wenn der Ruepp diese Bemerkungen auch nicht hörte, so konnte er sie doch aus dem Benehmen der Leute erraten.

Die Mannsbilder lachten und nickten sich zu, und die Weiber hielten die Hände über die Augen und schauten ihm wie einem Meerwunder nach.

»Gafft's enk no gnua!«, brummte er vor sich hin. » … Wiah!«

Eine Wegstunde hinter Weidach lag ein Wirtshaus, das einen schattigen Garten auf die Straße hinaus hatte.

Sonst kehrte der Ruepp dort nicht ungern ein, aber heute wollte er vorbeifahren, denn an einem Erntetag konnte er nicht auf Gesellschaft rechnen, und außerdem wäre er einer üblen Nachrede sicher gewesen.

Aber wie er das dachte, hörte er etliche gellende Pfiffe und schaute zurück.

Ein dicker Kerl kam eilig aus dem Garten gelaufen und schrie ihm zu:

»Moanst net, du haltst, du Bauernfünfa, du ganz abscheiliger! Hö … sag i … halt staad!«

Er ließ ihn herankommen, und da war es der Schmuser Schlehlein von Orthofen, dessen rotes, finniges Gesicht vom Laufen glühte.

»Was is denn da passiert, dass du an Wirtshaus vorbeifahrst? San d' Schandarm hinter deiner?«

»Mach it lang Sprüch, i ho koa Zeit. Willscht was?«

»Eahm schaug o! Koa Zeit hamm! Aber pass auf, bal's d' auf Dachau fahrst, lasst mi aufhocka …«

»Na mach zua!«

»So … öh … also …«

Der Dickwanst kletterte auf den Wagen und ließ sich schwerfällig auf den Sitz fallen.

Er rückte den Hut aus der Stirne und sah den Ruepp mit einem listigen Lächeln an.

»Is da dahoam fad wor'n? Bei dem schöna Weda gang d' Arwat nimma aus, gel?«

»I han a G'schäft z' Dachau.«

»So? Dös werst allemal hamm, bal'st ausruckst dahoam, du Feinspinna.«

»Ah was! Hör mit dem Schmarrn auf!«

»Du bist ja guat aufg'legt heut. Zwickt di da Wasserburger a weng? Hab's scho g'hört.«

»Der werd bal auszwickt hamm, der Leutbetrüaga …«

»Hoscht an Prozess damit?«

»I mag it red'n davo. Aba bal's d' z'sammkimmst damit, sagst eahm, den sell'n Betrug mit sein Ross, den zoag i an Schtaatsanwalt o.«

»Du werst do it moana, dass i auf dem seiner Seit'n bi? Den kenn i scho länger wia du. I hab dir's amal g'sagt, woaßt as nimma? Z' Dachau is g'wen beim Hörhammer, Ruepp, han i g'sagt, lass di mit'n Wasserburger net ei, da bist ausg'schmiert, vor's d' o'fangst. Aber glaab'n teat's ja ös nix, ös Luftg'selchten.«

»Bei enk sagt's oana vom andern, und bei an jeden is wahr.«

»Jetzt hast amal schö g'redt. Vo wem host denn du dös mehra Geld vadeant, als wia von mir? Woaßt as nimma, de sechshundert Mark mit de Sagprügel vom Fottner?«

»De hoscht scho lang wieda herin.«

»Is mir nix bekannt. I will s' aa gar net. Mir is nix liaba wia dös, dass oana was richtig's owa schneidt, der wo mit mir handelt.«

»Is scho recht nacha …«

»Fahrst du z'weg'n dem Prozess auf Dachau eini?«

»Was für an Prozess?«

»No ja, geng an Wasserburger. Dass d'n o'zoagst?«

»Na. Z'weg'n dem versaam i koa Viertelstund.«

»Hoscht sunst a G'schäft?«

»Ja.«

»Du ruckst heut scho gar net außa mit da Sprach. Derf ma's net wissen?«

»Zu was denn?«

»No ja, nacha net. Mi geht's ja eigentli aa nix o. Kaffst was?«

»Na ...«

»Oder hoscht was zum Verkaffa?«

»Aa net ...«

»Na – ja ... na ... Jetzt Herrgottsaggerament, was hoscht denn du für an Hamur heut? Jetzt reut's mi scho bald, dass i aufg'stieg'n bi.«

»I hab dir net pfiffa.«

»Hoscht du was geg'n mi? Na sag's no pfeigrad!«

»Nix hab i. Und bal'st as scho wissen muasst, i fahr grad zum Notari eini und kehr glei wieda um.«

»Ah so ... zum Notari? Hoscht was zum Verbriaf'n?«

»Na. Außa kemma soll er. Zu an Testament macha.«

»Hö ... hö! Hat's dei Bäurin so kloa beinand?«

»Ah Schmarrn! An alt's Leut, de bei mir is.«

»Eppa gar de alt Loni?«

»Jawoi. Woher kennst'n du de scho wieda?«

»Net wer i s' kenna, wo i ihran Vettern guat kenn, den Pfleiderer.«

»So? Woaßt du vo dem was?«

»Freili; er is ja von Orthofen dahoam und hat an Schreiber g'macht z' Minka drin. Na hat er amal was aus der Kassa mitgeh lassen und is ei'g'sperrt wor'n. I glaab über a Jahr.«

»Mhm ... ja ... D' Loni hat amal was erzählt davo, und er is aa oamal auf d' Visit kemma. Lebt der sell no?«

»Der lebt wohl no; i hab'n erst vor a Wochen a vier, a fünf in da Stadt g'sehg'n. Er is bei an Advokaten, hat er mir g'sagt.«

»So? No, i hab eahm wohl net nachg'fragt.«

»Der werd halt jetzt ausrutschen, wann de Alt a Testament macht?«

»Ah mei, de werd z'erscht nix hamm.«

»Z'weg'n nix lasst man do net an Notari komma. Und i glaab, der Pfleiderer verhofft si no an Brocka Geld.«

Der Ruepp horchte auf. Es war ihm nicht recht, dass er dem Unterhändler soviel erzählt hatte.

»So an alt'n Deanstbot'n«, sagte er, »kemman a paar hundert Mark aa no wia'r a Vermög'n vor. Vielleicht vermacht sie's da Kircha.«

»Oder dir?«

»Ja freili! A so a Schmarrn!«

»I ho mir halt denkt, weil du selm eina fahrst, is dir z' toa um de Sach.«

»I ho sunst scho aa no was. Dös mit'n Notari trifft si grad a so auf.«

»Ah so! Was nacha?«

»All's brauchst du ja net z'wissen. Moanst net?«

»Von mir aus. Stellst d' beim Unterbräu ei!«

»Ja ...«

»Da kunnt's leicht sei, dass mir an Wachinger Seppi treffat'n. Er hat heut a paar Ochsen auf Dachau verkafft.«

»I will'n net treffa; i hätt scho koa Zeit net.«

»A Mass a zwoa kannt man do mitanand gurgeln bei dera Hitz.«

»Na, sag i. Bal i beim Notari war, fahr i wieder hoam.«

»Und bal'st dös ander G'schäft g'macht hast«, sagte der Unterhändler und setzte wieder sein schlaues Lachen auf.

»Ganz richtig. Und bal i dös ander G'schäft g'macht hab ... öh ... heb staad!«

Sie waren beim untern Pflasterzolleinnehmer in Dachau angelangt, und der Ruepp wollte seinen Geldbeutel aus dem Sack ziehen,

»Lass no!«

Schlehlein hatte schon ein Zehnerl aus der Gilettasche geholt und nahm den Zettel in Empfang.

Gleich darauf fuhren sie beim Unterbräu vor, und der Hausknecht kam und half beim Ausspannen.

»Gehst net a weng eina?«, fragte Schlehlein.

»Auf a Halbe geht's net z'samm«, antwortete der Ruepp. »I hab heut a so no nix G'scheidt's g'essen.«

Und er trat in die Gaststube ein, in der es kühler war wie im Freien.

Schlehlein ging hinter ihm und begrüßte lärmend zwei Mannsbilder, die ihm im Äußeren und im Benehmen sehr ähnlich waren.

»Ah! Da Wachinger Seppi! Hast de Dachauer ausg'schmiert mit deine Ochsen? Und da Zederer is aa do! Grüaß di Good, Xari! Was hast denn du für a Lumperei an Sinn? Muasst d' wieda Bauern rasiern?«

»Jetzt heben s' net her, san allsamt am Feld draußd ...«

»Allsammt net«, sagte Schlehlein und nickte mit dem Kopf gegen Ruepp hin, der mit der Kellnerin redete.

»Ah … da Ruepp! Da sitz di her. Siecht ma do aa 'r amal an Bauern, der wo si ausschnauft bei der Arndt.«

»I schnauf mi net gar soviel aus.«

»Aba heut do scho. Ruck no eina do!«

Eine Stunde später saß der Ruepp noch am Tisch und hatte bei der lustigen Unterhaltung und dem guten Bier seinen Verdruss vergessen.

Ein paarmal schaute er nach der Uhr, aber der Schlehlein versicherte ihm, dass er vor drei oder gar vier den Notar nicht antreffe, und der Zederer wusste außerdem, dass ein paar Bekannte von ihm auf vier Uhr hinbestellt seien, und bis die fertig wären, könnt es halb fünf Uhr werden.

So nahm der Ruepp den Vorschlag zu einem scharfen Tarock an, denn er spielte gern hoch und hatte in Weidach keine Gelegenheit dazu.

Sein Bedenken, dass er nicht genug Geld mitgenommen habe, beschwichtigte der Wachinger, der seinen schweren Geldbeutel auf den Tisch schlug und schrie: »Nimm da no außa, soviel 's d' magst! Waar ja net übi; du bist ma guat gnua.«

Er ließ sich's nicht zweimal sagen und ließ sich gleich für alle Fälle zweihundert Mark geben, die er ja auch sonst brauchen konnte.

»Schreibst ma so an Babierwisch, grad dass ma's net vergisst, oda bal mi heut no da Schlag treffat«, scherzte der Wachinger, und der Ruepp unterschrieb.

Die Kellnerin brachte Karten, kleine Geldschüsseln und Blöcke, und alle waren kreuzfidel über den schönen Nachmittag.

Der Zederer patschte in die Hände und lärmte.

»Macht's as fei a weng christli! Net, dass mir d' Schmetterling wieda nehmt's, wia 's letztmal. Und da Ruepp is a so a ganz an ausg'stochner, hab's scho g'hört …«

Das war eine Schmeichelei, die der bescheidene Bauersmann gerne hörte, und sie tat ihm so wohl wie ein Lob seiner Kenntnisse in der Landwirtschaft.

Am Anfang ging alles gut und freundschaftlich und vergnügt.

Der Ruepp gewann nach der ersten Blockade über dreißig Mark und heimste noch manchen Lobspruch ein, wenn er hartnäckig geschunden oder tapfer geschmiert hatte.

»Is a ganz a Feina«, sagte der Wachinger. »Ja, von de G'scheerten, da ko ma 's Tarocken lerna; tean oiwei, als wann s' net bis fünfi zähl'n kunnt'n, und daweil loachen s' di, dass dir d' Aug'n tropfen …«

Aber die Jovialität ließ nach, als die Einsätze höher wurden und auch das Bier seine Wirkung tat.

Der Ruepp hatte einen roten Kopf, und sein streitsüchtiger Charakter kam allmählich in Gang.

Als ein Spiel mit hohem Einsatz durch einen Fehler des Herrn Agenten Zederer an Schlehlein verlorenging, hielt er mit seinem Unmut nicht zurück.

»A so a Rindviech!«, schrie er und schlug mit der Faust in den Tisch. »Wenn's d' mit der Ass steh bleibst, kriag'n mir sein Zehner. Waar'n dreiasechzg …«

»Net so viel Rindviech!«, gab der Herr Agent zurück. »A jeda spielt nach seiner Karten, und von so an luftg'selchten Hammel wer i's Tarocka net lerna müassen …«

»Bleibt ma'r it steh mit der Ass z' viert? So saudumm han i do no gar nia spiel'n sehg'n …«

»Na hätt'st du den höchsten Trumpf net bracht, du Bauerndada! Durch dös host du mi zum Schmier'n auf g'f ordert …«

»Da schmiert ma do koan Ass, Hanswurscht, dappiger!«

»Wer Hanswurscht? Was Hanswurscht?«

»Vielleicht net? Is de Farb no gar it g'spielt, und er lafft mit der Ass!«

»Nimm di a weng z'samm, sag i, sunst kriagst oani, dass d' in koan Sarg nimmer eini passt!«

»Von dir nacha?«

»Ja, von mir.«

»Jetzt seid's staad!«, beschwichtigte Wachinger. »Dös Kritisiern hat koan Wert.«

»Waarst du it steh blieb'n mit der Ass?«, fragte der Ruepp.

»No ja, an andersmal bleibt er steh, aba du host'n aa verführt mit dein Trumpf werfa. Jetzt is scho amal, wia's is …«

»Und der ander ziahgt dreißg Mark auf mit sein g'lumpat'n Solo.«

»Gar so schlecht ist net g'wen«, sagte Schlehlein und lachte herzhaft.

»Dös is allemal hi, aba bal oana so saudumm …«

»Bst! Jetzt fang net no mal o. Ausgeb'n is …«, mahnte Wachinger.

Der Ruepp trank in seinen Ärger hinein und wurde immer hitziger. Er schlug die Karten auf den Tisch, dass die Gläser klirrten, spielte leichtsinniger, verlor und verdoppelte und vervierfachte den Einsatz und verlor wieder. Seinen Gewinn hatte er längst eingebüßt, aber auch von den zweihundert Mark lag schon viel auf den Geldschüsseln der

Herrn Agenten, die sich unterm Tisch lebhaft mit den Füßen unterhielten.

Der halbbetrunkene Bauer, der immer mehr in Hitze geriet, merkte davon nichts, aber einmal sah er beim Abheben, dass die letzte Karte, die er erhalten musste, die Eichelass war. Als er die letzten vier Karten aufhob, war die Ass nicht mehr dabei.

Er fuhr auf.

»Ja, Herrgottsaggerament, du hoscht ja mei Oachelsau vermankelt.«

»Was Oachelsau?«, fragte der Geber Schlehlein unschuldig.

»D' Oachelsau is drunt g'wen; dös hab i amal deutli g'sehg'n, und jetzt waar der Schell'nkini drunt.«

»Da hat's di täuscht.«

»Net wahr is«, schrie Ruepp und warf die Karten zusammen. »Moanst d', i lass mi b'scheißen?«

»Gel, dös sagst net nomal!«

»Tausadmal! B'schissen host!«

» Ja … ja … Was fallt denn dir ei? Hat's dös scho amal geb'n, dass mir oana dös sagt?«

»Na sag da's i. G'stell di net a so! Überhaupts ös Leutbetrüaga!«

»Halt! A so geht de G'schicht net«, sagte Wachinger ruhig, aber mit ernstem Nachdruck. »Dös kam ja beinah so raus, als wann du ins alle mitanand …«

»Jetzt wer i belzi«, schrie Zederer. »Schmeiß' ma'n außi, den Engländer!«

»No zua … ös Mankler, ös verstohl'ne!«

»Ah … ah!«, machte Schlehlein.

»Ruepp, du bischt nimma ganz nüachtern«, vermittelte der besonnene Wachinger. »Du woaßt nimmer, was du sagst.«

»Net woaß i's? So? Hab i net d' Oachelsau abg'hob'n? Is net d' Oachelsau drunt g'wen? Und wo is na jetzt?«

Bei jedem Wort schlug der Ruepp mit harten Knöcheln auf den Tisch. Aber der Agent Wachinger verlor seine würdige Ruhe nicht.

»Was dös mit der Oachelsau sei soll, woaß i net; es lasst si aa nimmer nachkontrollieren. Aba dös woaß i, dass bei uns nix Unrecht's vorkimmt. Für dös steh i guat …«

»Und i für dös«, schrie Zederer, »dass mir ins z' guat san und ins net schlecht macha lass'n von so an krachledern I-haha …«

»Halt auf! G'schimpft derf nimma wer'n. Da Schlehlein gibt nomal …«

Der Ruepp hatte schon so viel verloren, dass er nicht aufhören mochte;

er dachte, wie die meisten Spieler, dass sich das Glück ihm wieder zuwenden müsse, und in seinem Eifer vergaß er das Vorkommnis, das ihn deutlich genug hätte warnen sollen. Indes gab er scharf Obacht und sah seinen Mitspielern beim Geben so misstrauisch auf die Finger, dass sich zartere Gemüter verletzt hätten fühlen müssen.

Die Herrn Agenten aber waren abgehärtete Männer und zeigten umso weniger Empfindlichkeit, als der Bauerndada ständig verlor.

Es war ein Verhängnis.

Auch mit guten Karten konnte er nicht gewinnen; seine Mitspieler errieten jede Schwäche und benützten sie mit staunenswerter Klugheit.

Vielleicht war es nicht bloß Kombinationsgabe, was ihnen zu merkwürdigen Erfolgen verhalf. Hinter dem Ruepp hing ein kleiner Wandspiegel; so hoch, dass er ihn nicht beachtete, aber so weit nach vorne, dass der Wachinger darin mit einem flüchtigen Blicke alles sah, was ihm dienlich war.

Wenn einer von den Herrn Agenten gab, schaute er sachverständig und teilnehmend dem Ruepp in die Karten, wischte sich unauffällig über die Augenbrauen, kratzte sich an der Nase oder rieb sich am Ohr.

Was sich oben nicht mitteilen ließ, gab unterm Tisch ein Druck mit dem Fuße weiter, und das Ergebnis war immer, dass der Ruepp selbst die guten Spiele verlor.

Der Nachmittag rückte immer weiter vor, und die Bäume vor dem Unterbräu warfen lange Schatten; auf der Straße wurde es lebendig. Handwerker kamen aus ihrer Werkstatt heraus und lobten den schönen Abend, Kinder spielten im Freien, und von den Weblinger Feldern fuhren hochbeladene Erntewagen herein.

Der Ruepp merkte nichts davon; je mehr er verlor, desto mehr versteifte er sich darauf, durch ganz unerhörte Glücksfälle den Verlust wieder hereinzubringen.

Die zweihundert Mark waren weg, und von den hundert, die ihm der Wachinger nochmals lieh, war nicht mehr viel übrig.

Er wurde immer aufgeregter und schimpfte über sein Pech und über das Spiel der andern.

Aber dann stand doch einmal ein hoher Einsatz von etlichen vierzig Mark, und der Zederer hatte ihm eine gute Karte gegeben.

»Spiel'n!«, schrie er.

Der Wachinger spielte auch.

»Herzen!«, lärmte der Ruepp, der sein Solo nicht herlassen wollte.

Aber es hatte wieder eine Schwäche, und schon nach den ersten drei Karten merkte er, dass ihn der Wachinger durchschaut hatte.

Er zögerte mit dem Auswerfen und fing zufällig einen Blick auf, den sein gefährlicher Gegner in den Spiegel warf.

Er drehte sich rasch um und wusste jetzt, woher die hellseherische Einsicht seiner Mitspieler kam.

Er warf die Karten hin und hatte mit einem raschen Griff die vierzig Mark, die als Block standen, in Sicherheit gebracht.

»Ös Diab! Ös Falschspieler!«, schrie er wütend.

»Bist narrisch wor'n? Lasst's Geld steh! Außa mit'n Geld!«, brüllten die andern, und diesmal ließ auch der Wachinger seine Würde hinten.

Der Zederer hatte den Ruepp an der Brust gefasst, und wie sich dieser wütend dagegen wehrte, schlug ihm der Schlehlein eine links und eine rechts auf die Backen.

Und ein wütendes, kreischendes Geschrei erhob sich, ein Poltern, Stampfen, Ringen ging los, der Tisch fiel um, die Biergläser klirrten in Scherben, und zuletzt kam der Hausknecht und zog den Ruepp, der aufgeschwollene Backen und ein blutunterlaufenes Auge hatte und dem der Hemdkragen zerrissen am Halse hing, aus dem Getümmel.

Der Wastl hatte Hände, gegen die kein Widerstand nützte; er drehte und zwirbelte den zornschnaubenden, keuchenden Bauern zur Türe und tauchte fest an. Da lag der Ruepp wie ein geprellter Frosch im Hausflöz und richtete sich mühsam wieder auf.

Der Unterbräu, ein dicker, behäbiger Mann, kam gerade aus der Küche und fragte seinen Hausel: »Was hast denn da für an Arwat, Wastl?«

»Den plärreten Ruepp hab i außi kegelt.«

»Hat er scho zahlt?«

»I woaß net.«

»Dös is do d' Hauptsach«, sagte der Bräu und pfiff durch die Finger.

Die Kellnerin kam eilig aus der Gaststube gelaufen und sagte, sie habe nur geschwind die zerbrochenen Gläser gezählt.

»Drei san kaput, und oans hat an Sprung, dös macht mitanand vier Mark achtzgi, und elf Halbi Bier hast g'habt, macht sechs Mark zwölfi, und a sauers Nierl macht sechs Mark zwoaraneunzg, und a Brot aa? Nacha san's sechs Mark und fünfaneunzg Pfenning.«

»Du werst do it glaab'n, dass i dir de Halbikrüagl zahl, wo de Diab, de Leutbetrüaga z'sammg'schmissen hamm?«

»Oana muass s' zahl'n ...«

»Na verlangst as von wem d' magst, i zahl s' amal net …«

Der Unterbräu mischte sich ein:

»De Kellnerin werd an Schaden net trag'n müassen, wenn's ös rafft's. Vorderhand zahlst du, und mit de andern ko'st d'as ausmacha, wia 's d' magst …«

»Fallt ma gar it ei …«

»I lass eahm 's Ross net aus'n Stall, vor er net zahlt hat«, sagte Wastl.

»So? A so macht's as ös an Bauernmenschen? Z'erscht lasst's ös zua, dass in enkera Wirtschaft solchane Diab de Leut 's Geld stehl'n, und na tat's ma 's Ross z'ruckhalt'n? Dös will i sehg'n, ob dös geht.«

»Heut geht's«, entschied der Unterbräu. »Bal du de Saufgaudi g'richtsmaßi macha willst, is dei Sach. Da werst na dei Recht scho kriag'n. Jetzt amal werd de Kellnerin zahlt …«

Der Ruepp sah, dass er auf andere Weise nicht zum Einspannen komme, und zählte der Kellnerin schimpfend das Geld auf.

»Und advikatisch mach i's allaweil«, schrie er den Unterbräu an, der unbewegt blieb und an seiner Zigarre schnullte.

»Dös muass aufkemma, was da herin für Spitzbuam eahna Lager hamm.«

»Ja no. Zu an Wirt kemman allerhand Leut. A diam aa Bauern, de wo nix nutz san …«

»So hoaßt du mi?«

»I hab di nix g'hoaß'n. I sag, zu mir kemman guate und schlechte Leut. I kann s' net ausanand klaub'n.«

»Und muasst zuaschaug'n, wia s' betrüag'n …«

»I hab net zuag'schaugt; i hab net so viel Zeit wia du.«

»Is scho recht. Es werd si no aufweis'n …«

»Jetzt mach zua! I moa, es waar g'scheiter, wenn's d' hoamfahrest …«

Draußen klapperten Hufe. Der Wastl war weggegangen, wie der Ruepp bezahlt hatte, und führte jetzt den Fuchs aus dem Stall.

»Wer hat denn dir 's Ei'spanna o'g'schafft? I muass no zum Notari ummi.«

»Geh no zua. Da Gaul bleibt scho steh.«

Der Ruepp stolperte die Straße hinauf, und mancher missbilligende Blick folgte ihm, bis er am Hause des Notars anlangte.

Als er grob an der geschlossenen Türe rüttelte, tat sie sich auf, und der Buchhalter kam mit Hut und Stock heraus.

»Was wollen denn Sie?«, fragte er den übel zugerichteten Menschen, der stark nach Bier roch.

»An Notari brauch i …«

»Brauchen Sie? So? Und der Herr Notar muss für Sie da sein, jetzt um sieben Uhr?«

»I muass 'n grad b'stell'n, dass er außa fahrt …«

»Da kommen Sie, wenn Bureauzeit is und wenn Sie nüchtern sind und in an andern Aufzug!«

»I muass'n heut hamm …«

»Jetzt machen Sie, dass Sie weiterkommen, Sie Flegel, Sie ung'hobelter!«

»A B'stellung werd er no o'nehma kinna.«

»Nein! Heut nicht mehr. Übrigens is der Herr Notar schon weggegangen …«

»Jetza so was! Fahrt mi eigens eina mitten in der Arndt …«

»Jawohl und betrinkt sich und glaubt dann, das Amt kann leicht warten. Jetzt sag ich's Ihnen zum letzten Mal, machen S', dass weiterkommen, sonst find ich Mittel und Weg …«

Der Ruepp ging schimpfend und vor sich hinfluchend zum Unterbräu zurück.

Es kam ihm doch die Einsicht, wie gemein er den Arbeitstag verplempert hatte.

Der Verdruss mit der Bäuerin, der Streit mit dem Kaspar und vorher die Blamasche mit dem Gerichtsvollzieher, ein schöner Tag heut!

Und das Ross von der Arbeit weggenommen und Geld von den Spitzbuben geliehen und wieder Streit und wieder einen Rausch und zuletzt die Hauptsach nicht einmal ausgerichtet.

Ah was! Er konnte ja daheim sagen, dass er den Notar nicht getroffen und dass er den ganzen Nachmittag auf ihn gewartet habe. Und dann konnte der Michel herein radeln.

Aber der würde am End erfahren, was es für einen Spektakel beim Unterbräu gegeben habe, und auch, dass er so spät erst zum Notar hingegangen sei. Da war's gescheiter, ein paar Tage warten und dann selber in der Früh mit dem Zug nach Dachau fahren.

Er überlegte sich den Plan nicht im stillen, sondern redete halblaut vor sich hin, rutschte auch öfter auf dem Pflaster aus und blieb stehen, um sich zu fangen. Endlich langte er beim Unterbräu an, wo ein Dienstbub bei seinem Fuhrwerk Achtung gab.

Denn der Wastl hatte eine andere hausknechtliche Pflicht erst füllen müssen.

Der Bräu war nach seinem Diskurs mit dem Ruepp in die Gaststube gegangen.

Die Kellnerin wollte gerade mit drei frisch gefüllten Krügen zu dem Tische gehen, an dem die Unterhändler saßen und sich lachend über den dummen Bauern unterhielten, den sie so schön geschlaucht hatten.

»Für wen g'hört dös Bier?«, fragte der Bräu.

»Für de Herrn dort.«

»Nix da! Tragst as wieder z'ruck! Und ös da«, sagte er zu den Herrn Agenten, »ös macht's, dass weiterkemmt's. I will enk nimmer da herin hamm …«

»Oha! Den schaugt's o!«, schrie der Zederer.

»Du werst net lang schaug'n … Wastl!«

Der Hausknecht stand schon unter der Türe und kam sehr bereitwillig näher.

»Wollt's geh?«, fragte der Bräu.

»Was waar denn jetzt dös! A so a Frechheit!«, schimpfte der Schlehlein. »Z'erscht lasst er oan de größt Zech hermacha, na schmeißet er oan außi.«

»I hätt enk koane macha lassen, wenn i dahoam g'wen waar. Auf de Weis' net. Und dös lass i mir net nachsag'n, dass bei mir falsch g'spielt werd und de Leut ums Geld betrog'n wer'n …«

»Könna Sie dös beweisen? Dös müassen Sie beweisen kinna …«, schrie jetzt der Wachinger.

»I brauch koan Beweis; mir is gnua, dass 's g'sagt werd. Und g'rafft habt's amal g'wiss, und an Ruepp g'schlag'n und z'erscht 's Geld abg'wunna. Dös g'langt mir. Also außi, sag i!«

»Mir genga scho. Mir woll'n gar it bleib'n …«, schrie der Zederer.

»Sauf dein Schäps alloa, du Bamperlwirt, du g'scheerter!«

Das war eine Unvorsichtigkeit in Gegenwart eines so rüstigen Mannes wie Wastl.

Im Augenblick fassten ihn fünf Finger wie Eisenklammern zwischen Hals und Hemdkragen, sein Körper kam in Schwung, prallte gegen die Türe, die nachgab, und lag draußen im Flöz. Die beiden andern zogen es vor, selbst hinauszugehen, und sie schwiegen vorsichtig, wenn sie auch sehr finstere Blicke um sich warfen.

Erst auf der Straße ermannte sich der Wachinger zu einem gellenden Geschrei.

»Du Saulackl, du g'scheerter! Du Schäpstandler, du hoabuachana! Di zahl'n ma no aus, da pass auf!«

Der Unterbräu stand ruhig unter dem Haustor und wandte nicht einmal den Kopf um nach den werten Gästen. Da steckte auch der Wastl seine großen Hände unter den blauen Schurz und versank in eine gemächliche Feierabendstimmung.

Die Herren Agenten gingen schimpfend die Straße hinunter, und zuweilen drehte sich einer um und schrie etwas zurück. Es war zu weit, um es zu verstehen, aber dem Anscheine nach war es wenig Freundliches.

Derweil kam nun der Ruepp, setzte sich auf seinen Wagen und fuhr ohne Gruß weg.

Vielleicht hätte er dem Wastl einen dankenden Blick oder ein Geldstück geschenkt, wenn er die Ereignisse, die sich in seiner Abwesenheit zugetragen hatten, gekannt hätte.

So schaute er mürrisch vor sich hin, riss grob am Zügel und zog dem Fuchs eines über, dass er ausschlug und stürmisch anzog.

Nach kurzer Zeit holte der Ruepp die Herrn Agenten ein, die sich nicht nach dem rasselnden Wagen umsahen.

Da aber der Ruepp nicht wusste, dass schon eine Vergeltung geübt war, wollte er das geschwind selber besorgen.

Er holte kräftig aus und schlug dem Schlehlein die Peitschenschnur ums Gesicht, dass ihm noch eine Stunde danach die Ohrwaschel brannten.

Er sprang in die Höhe und schrie:

»Du Hund! Du … du abg'hauster Spitzbua … dös reut di no! …«

Der Ruepp fuhr weiter und lachte grimmig vor sich hin.

SIEBENTES KAPITEL

Mir g'fallt die Loni gar nicht«, sagte etliche Tage später der Pfarrer Staudacher zur Rueppin, als er von seinem Besuche bei der Kranken in den Hof heraus kam. »Sie redt manchmal schon wirr, und die Nasen wird spitzig, das is ein schlimmes Zeichen.«

»Glauben S', Hochwürden, dass 's so g'schwind geht?«

»Ja mei, ich bin kein Doktor; gut is jedenfalls, dass sie die Sterbsakrament schon empfangen hat ... Übrigens, was hat denn die Alte für an Kummer weg'n dem Herrn Notar? A paarmal hat sie g'jammert danach ...«

»Dös is a Kreuz! I verzwazzel selber vor lauter Unruh; oft schaug i, ob er denn no net kummt.«

»Der Notar?«

»Freili, Hochwürden. Der Bauer war am Montag eigens desweg'n in Dachau drin, dass er'n holt, aber er hat'n selber net troffen und hat's eahm hinterlassen, dass er ja glei außa fahrt ...«

»Will die Loni noch eine Verfügung treffen?«

»Sie wart't ja so hart! Frei weh tuat's ma, wann i s' jammern hör drum. Und er kimmt net und kimmt net.«

»Die Herren haben manchmal viel z' tun, das stimmt ja, aber auf eine Sterbende sollte man schon die größte Rücksicht nehmen. Wer weiß, ob er die Alte noch beim Bewusstsein trifft?«

»Jessas na! Wenn er dös aa wieder ...« Die Rueppin unterbrach sich und fing zu weinen an.

»Wer wieder?«, fragte der Pfarrer mitleidig und auch ein wenig neugierig.

»I moan grad, wenn dös aa so auftreffat, dass der Notari z' spat kam, nacha werat i ganz verzagt.«

»No, wir wollen hoffen ...« Er redete nicht weiter, weil die Bäuerin immer heftiger in ihren Schürzenzipfel hinein weinte.

»Hm ... ja ... ja ... jetzt nehmen Sie 's nur net so schwer, Rueppin. Es ehrt Sie ja, dass Sie ein solches Mitleid mit der Loni haben ...«

»Es is net bloß weg'n dem«, schluchzte sie. »I hab am Montag unsern

Michel nach Dachau schick'n woll'n, und i woaß net, aber i bild mir's ei, wenn der nei g'fahr'n waar, hätt'n mir net umasunst g'wart' …«

»Er wird schon noch kommen. Wie gesagt, die Herren gehen ein bissel zu sehr nach der Schnur und wollen ein Geschäft nach dem andern abmachen, wie halt die Reih' trifft. Sie denken manchmal net dran, wie hart ein kranker Mensch wartet …«

»Vielleicht hat er's eahm net richtig ausdeutscht, oder er hat's net pressant g'macht, oder … o mei, Herr Pfarrer, i hab scho a recht's Kreuz …«

»Ich weiß, Rueppin; das is mir nicht neu. Ich hör manches, was mir nicht g'fallt – sehr viel sogar.«

»Ja, Hochwürden, i hab scho oft g'moant, i halt's nimma aus und geh auf und davo.«

»So muss ma net red'n, und so was darf ma net denk'n …«

»Warum denn grad i a so g'straft sei muass?«

»Grad Sie? O mei, Rueppin, ich kenn wenig Weiber, die mir net scho vorg'jammert haben, die eine ein bissel mehr, die ander ein bissel weniger. Aber Beschwerden und Kümmernis bringt eigentlich jede Ehe mit sich. No ja, der Ihrige, der hat scho einen besonders harten Schädel, und seine Streitsucht und sein Trinken, das geb ich zu, das bringt viel Unfrieden ins Haus.«

»Und Unglück, Hochwürden …«

»Das wollen wir nicht hoffen, dass es bis zum Unglück kommt.«

»Es fehlt net weit …«

Der dicke, gutmütige Pfarrer schüttelte bekümmert den Kopf und suchte nach einem Trost, indes er seine Schnupftabaksdose langsam öffnete.

»Ich weiß schon, es geht alles rückwärts, wenn die Hauptperson nicht nach dem Rechten sieht, aber Rueppin, Sie haben erwachsene Kinder, die gut geraten sind, und dafür müssen S' unsern Herrgott danken. Es hätt' auch anders werden können … No, und jetzt sagen S' mir, was macht denn der Herr Studiosus? Warum lasst er sich denn bei mir nicht sehen?«

»Der Michl? Er hilft a weng mit bei der Arwat, aber i sag's eahm, dass er an Herrn Pfarra glei b'suacht, wenn's verlaubt is …«

»Pressiert net; er soll nur recht fleißig mittun bei der Erntearbeit, jetzt wo 's Wetter so schön ist. Und so ein kräftiger Mensch wie der Michel, der passt auch gut zu der Arbeit. Was sagt er denn von seinem Studium und so?«

»Da sagt a ganz weni, Hochwürden.«

Um den Mund des Pfarrers spielte ein gemütliches Lachen.

»So? Wenig? No ja, euch interessiert's auch net, was er da zum erzählen hätt.«

Und wieder ernster werdend, sagte er: »Sehen S', das war auch so eine Bockbeinigkeit von Ihrem Bauern, dass er den Michel ins Gymnasium hinein gezwungen hat. Man soll sich's sogar bei denen überlegen, die als Kinder eine Freud dazu äußern oder zeigen, weil solche kindliche Ansichten net herhalten. Aber einen, der gar net mag und gar net dazu passt, mit aller Gewalt zwingen, das ist unverantwortlich. Mich dauert der Michel …«

»Moanen S' net, Hochwürden, dass z'letzt do a Glück für 'n Buab'n is?«

»Nein, das ist kein Glück und wird nie eins. Übrigens, weil Sie Bub sagen, ich hab ihn neulich von der Station her gehen sehen, für einen Buben is er schon recht ausg'wachsen, und für einen Gymnasisten auch.«

»Er ist a fester Mensch wor'n, und freili, über zwanzgi is er halt aa scho.«

»Das is eine verfehlte G'schicht, Rueppin, aber Sie können nichts dafür. Und jetzt wollen wir halt hoffen, dass der Notar heut noch kommt. Wenn er bis am Abend nicht da ist, schicken Sie doch den Michel zu ihm. Noch länger warten könnt schlecht ausfallen …«

»Sagen Sie's aa, geln S', Hochwürden? I wer's an Bauern ausricht'n, bal er zum Mittag macha hoam kimmt, und nachgeb'n tua 'r i nimma …«

»Ganz recht; die Loni wär gleich ruhiger, wenn sie die Sache abgemacht hätte. Man sieht's ja deutlich, wie sie sich ängstigt … also b'hüt Gott, und hoffen wir halt das Beste!«

Beim Essen sagte die Bäuerin, es sei nicht mehr zum anschauen, wie sich das arme Leut drüber abkümmere, und der Pfarrer habe es auch gesagt, es sei Christenpflicht, ihr zu helfen, und der Michel versäume doch nichts und könne gleich wegradeln.

Der Ruepp wollte widersprechen, und er hatte seine guten Gründe dafür, aber sein Gewissen hatte ihn die zwei Tage her doch arg gedrückt, und da er die Redensarten der Loni und das mürrische Getu seines Kaspars scheute, wollte er doch nicht schon wieder nach Dachau fahren und den Zorn auf ein neues aufrühren.

»Also von mir aus, dass de arm Seel an Fried hat«, brummte er. »Obwohl dass dös eigentli g'langt, dass ma oamal nei g'fahr'n is. De tean scho grad, was mög'n, de Herrn Beamten …«

»Vielleicht is eahm net ausg'richt wor'n …«

»Ah was! Bal's i a so gnädi g'macht hab. Der sell Schreiberg'sell waar ja glei grob g'wen mit mir …«

»Vor's d' eini fahrst, han i no was z' red'n mit dir«, sagte er zum Michel.

»Was nacha?«, fragte die Bäuerin.

»A so halt. Weil i wissen möcht, warum dass mei B'stellung nix g'nutzt hat …«

Er stand gleich nach dem Essen auf und ging mit dem Michel, der das Rad neben ihm her schob.

»Du, pass auf«, sagte er zu ihm, »i bin a weng hoaß wor'n mit dem sell'n Schreiba; so a glatzkopfater is, und an Bart hat er, du kennst'n scho. Mit dem redst du gar nix, verstehst, sondern du gehst zum Notari selm und sagst bloß, dass er morg'n no außa fahr'n soll, weil d' Loni schlecht dro is. Aber mit dem Schreiba lasst di auf nix ei!«

»I kannt'n frag'n, warum er's net ausg'richt hat …«

»Na, du sollst'n net frag'n; i hab scho mein Grund. Bal mir dem an Ung'legenheit macha, verklagt er mi am End. Jetzt sag i dir's nomal, du gehst glei zum Notari eini und sagst überhaupts nix von mir, sondern gibst eahm guate Wort, dass er morg'n außa fahrt …«

Michel wunderte sich darüber, dass ihm der Vater das so eindringlich anschaffte, aber er sagte zu und wollte schon aufsteigen, als ihm der Ruepp nochmal pfiff.

»Halt a weng! No was … Ei'kehr'n tuast ma fei net beim Unterbräu! Mit dem bin i ganz z'keit, und von ins geht koans mehr hi dazua …«

»I kehr überhaupts net ei …«

»Dös is dei Sach, aba wann'st a Halbe Bier trink'n willst, gehst zu an andern Wirt.«

Michel saß auf und fuhr rasch weg; der Ruepp ging mit Kaspar und den Dienstboten aufs Feld.

Da lag nun der Hof in mittäglicher Stille.

Der Haushund kroch auf die Schattenseite seiner Hütte, legte den Kopf auf die Pfoten und schaute nur müde blinzelnd den paar Hennen zu, die in seiner Schüssel herumpickten.

Hie und da flog mit klatschendem Flügelschlage eine Taube vom Kobel weg zu den andern aufs Feld hinaus, wo es Körner in Fülle gab.

Die Hühner wühlten sich Löcher in den warmen Sand und breiteten wohlig die Federn in der Sonnenhitze aus.

Weit draußen war rührige Arbeit, doch es drang davon kein Laut zum Hofe herauf. Man sah nur Hemdärmel und weiße Tücher aufblitzen, oder in die abgemähten Felder Wagen fahren, die sich mit Garben füllten, aber ums Haus blieb es still und schläfrig.

Da schauerten die Blätter des Ahorns fröstelnd zusammen; es ging einer vorbei, unsichtbar allen Augen und doch fühlbar, denn eine eisige Kälte ging von ihm aus.

Nun stand er am Fenster des Austraghäusels und schaute in die kleine Stube hinein.

Klirrte die Scheibe oder fiel ein Schatten über die Bettdecke?

Die alte Loni fuhr erschrocken in die Höhe und starrte zum Fenster hin; sie sah den Fremdling und wusste, dass er bei ihr eintreten werde.

Seine Knochenhand lag auf der Klinke, unhörbar öffnete sich die Türe, und ein kalter, alles Leben vernichtender Luftstrom füllte die Stube. Da sank die Alte mit einem Seufzer in die Kissen zurück und war tot.

So fand sie die Rueppin, die sich nach ihr umsehen wollte. Die linke Hand hatte sie wie abwehrend ausgestreckt, und die Augen standen weit offen, wie erstarrt beim Anblicke von etwas Grauenhaftem.

Eine tiefe Trostlosigkeit überkam die Bäuerin, als sie vor der Alten stand.

Ihr Tod erschütterte sie nicht, aber der Gedanke, dass ihr letzter, sehnlicher Wunsch durch täppischen Widerstand vereitelt worden war, fiel ihr schwer aufs Herz.

So war auch da wieder, wie so oft, das Wichtige versäumt worden. Es konnte im Hause nichts so gemacht werden, wie es sich schickte, und dem treuen, alten Frauenzimmer durfte die letzte Sorge, die sie hatte, nicht abgenommen werden.

Alles wurde verzettelt, hinausgeschoben, vertan, und diese Gleichgültigkeit war schlimmer wie Härte.

Es war der Rueppin zumut, als träfe auch sie die schwere Verantwortung für das törichte, herzlose Versäumnis, und als müsste sie die Alte um Verzeihung bitten. Sie drückte ihr die Augen zu, faltete ihre Hände zusammen, zwischen die sie ein kleines Kruzifix steckte, und bedeckte das Gesicht der Toten mit einem feuchten Tuche.

Nachdem sie noch zwei Kerzen zu Häupten der Loni angezündet hatte, ging sie mit müden Schritten ins Haus zurück.

Sie wandte sich nicht um, als der Erntewagen in den Hof hereinfuhr, neben dem ihr Bauer mit Wüst – ahö und Peitschenknallen herging.

Ein Jähzorn stieg in ihr auf gegen diesen schwächlichen Menschen, der immer geschwollene Redensarten machte und immer Gründe für seine Nachlässigkeit hatte, und ein Zorn gegen sich selber, weil sie nichts gegen ihn durchsetzte und immer nachgab.

Der Wagen polterte in die Tenne, und der Zotzen Peter, der auch mit hereingekommen war, lud ihn ab; derweil ging der Bauer durch die Küche in den Keller hinunter, um sich eine Flasche Bier zu holen.

Als er wieder heraufkam, setzte er sich recht erschöpft von der Hitze und der Arbeit auf einen Hocker und bemerkte jetzt erst, dass die Bäuerin nicht da war.

Als er die Flasche ausgetrunken hatte und die Rueppin sich immer noch nicht sehen ließ, pfiff er und schrie:

»Hö! Was is denn? Afra!«

Es kam keine Antwort.

»Werd's wieder bei der Alt'n drent sei ...«

Er brauchte sie aber, weil er Brot und Bier aufs Feld mitnehmen sollte, und er stand auf, um sie zu holen, als sie zur Türe hereinkam.

»Da bist ja! Schneid 's Brod auf und gib mir 's Bier für d' Leut ... Was hast denn du?«

»Nix ...«

»Na, sag i, weil ma dir's net o'kennt! Was is denn scho wieda net recht?«

»Mei Ruah lass mir!«

»Hö ... hö ... Du bist ja do scho de unguate Stund selm. So muass ma's oan macha, wann ma von da Arwat kimmt ...«

»O, hör mir auf mit deiner Arwat!«

»Ja ... Kreuz Himmi ... Herrgott ... jetzt wer i aber do scho belzi. Hast dir dein Hamur wieder amal bei der Alt'n g'holt?«

»Ja ...«

»De sell ko ja nix anders, als wia schlecht red'n ...«

»Geh ummi dazua! Vielleicht rührt si dei G'wissen ...«

»Was G'wissen?«

»G'storb'n is s', dass d'as woaßt!«

Der Ruepp verhoffte doch arg, wie er das hörte.

»Ja, wann denn?«

»Vor a Stund vielleicht. I war aa net drent.«

»Dös sell ... dös sell is aber ...«

»Und dass ma ihr net amal den letzten G'fall'n hat toa kinna, dös is dei Schuld ...«

»Wer hätt'n dös denkt?«

»I scho; mir is de ganz Zeit so umganga, dass ma da aa wieder trödelt und wart und trödelt ... Und dös is mei Schuld, dass ma'r i all's g'fall'n lass. Waar i selm eini g'fahr'n ... aber na! Allaweil lasst ma si wieder bereden und vertrösten, und mit dem werd all's verdummt und verto ...«

»Nur recht schimpfen! Was anders braucht's ja it. Was kann denn i dafür, dass der Notar net kemma is?«

Die Rueppin sah ihren Mann fest an, und er wich ihrem Blick aus.

»Vielleicht hat dös sein Grund«, sagte sie.

»Werd schö gnua sei, dass i eini g'fahr'n bi«, knurrte er, aber sie gab ihm keine Antwort mehr, sondern ging in den Hof hinaus, wo sie Peter den Auftrag gab, er solle gleich den Bartl ins Dorf zum Pfarrer, zum Mesner und zu der Seelnonne schicken.

Der Ruepp wollte mit dem Wagen wieder aufs Feld hinaus fahren, aber dann überkam ihn die größte Unlust zur Arbeit, und es war ihm, als müsste er sich von den Vorwürfen, die er sich selber machte, frei reden.

So ließ er den Zotzen-Peter allein wegfahren und blieb daheim.

Er fand aber an seiner Bäuerin keine geduldige Zuhörerin, wie sonst; sie gab ihm zuerst überhaupt nicht an, und als er grob wurde und allem möglichen, nur nicht seiner Liederlichkeit schuld gab, sagte sie mit einer Schärfe, die er an ihr noch nicht gekannt hatte, dass er es diesmal wie immer gemacht habe, und dass ihm alles wichtiger sei wie das, was ihm zukomme. Freilich, es könnt auch anderswo geschehen, dass eines unvermutet schnell wegsterbe, aber anderswo sei es dann ein Unglück, und die Leute könnten es so ansehen. Bei ihnen aber passe es zu allem andern, was schon geschehen sei und immer wieder geschehe.

Sie wisse freilich nicht, warum seine Fahrt nach Dachau nichts genützt habe, aber sie habe eine Ahnung oder schon fast die Gewissheit, dass er es an irgendwas habe fehlen lassen.

Und wenn's so sei, dann bleibe diesmal die Strafe nicht aus, die sie alle, wie immer, mittragen müssten. Die Alte hätte den Michel zum Erben eingesetzt, und jetzt könne er dem liederlichen Schreiber die Schuld heimzahlen, und ob der warten werde, das würde sich bald zeigen.

»Hoamzahl'n?«, fuhr der Ruepp auf. »Dös Geld brauch i überhaupts it hoamzahl'n …«

»Du werst do it behaupten, dass sie dir's g'schenkt hat?«

»G'schenkt net, aba dös hat sie mir g'sagt, de dreitausad Mark kann i z'ruckzahl'n, wann i mag und wann's amal leicht geht …«

»Net wahr is …«

»Mögst mi net z'letzt du no in a Schlammassel eini red'n? Dös hat sie wortwörtli g'sagt. Du brauchst di nix kümmern, Bauer, hat sie g'sagt, i bleib ja bei enk, wann's enk recht is, und 's Geld brauch i net, und bal's d' di amal leicht tuast und bal'st magst, nacha gibst ma's z'ruck. Genau so hat sie g'sagt. Für dös kann i jederszeit schwör'n.«

»G'schrieb'n host as ganz anderst.«

»G'schrieb'n? I?«

»Jawoi. Host as halt vagessen, wia's d'as Geld g'habt und verto host.«

»Was hätt i nacha g'schrieb'n?«

»Dass du de dreitausad z'ruckzahlst a halb's Jahr, nachdem dass sie 's aufkündt. Und dass d' Zinsen zahlst, host d' g'schrieb'n, und d' Loni hat oft zu mir g'sagt, dass sie di net erinnern mag.«

»Jetzt waar's scho bald a so, als wann du an Zeug'n gegen mi macha wollst. Brauchat di bloß wer hör'n.«

»Es hätt bloß braucht, dass du an Notari g'holt hättst vor acht Täg.«

»Hättst ma's selbigsmal g'sagt vom Michi ...«

»I hab dir's g'sagt ...«

»So an alt'n Weibertratsch hast dahergebracht, auf den ma nix gibt.«

»Hättst no was drauf geb'n, vielleicht waarst d' no froh drum.«

»Dös werd si aufweisen. Und woher du dös woaßt, dass i dös g'schrieb'n hab ...«

»Weil ma's de Alt zoagt hat, den Schuldschein.«

»I hon ihr grad amal so an Wisch geb'n, weil sie g'sagt hat, es waar bloß desweg'n, dass ma woaß, wo ihra Geld hi'kemma is, wann s' amal sterbat. Aber dös is grad a so g'schrieb'n, gelt'n tuat dös sell, was mir ausg'macht hamm, und da hat sie g'sagt zu mir, und du werst as net anderst behaupten kinna, dass i z'ruckzahl'n derf, wann's mir passend is.«

»Gelten werd dös, was g'schrieben steht.«

»I ko schwör'n, und dei G'red' ist für gar nix ...«

Er schlug die Tür zornig hinter sich zu und ging den Weg zum Weiher hinunter, um noch aufs Feld hinaus zu kommen.

Im Hohlweg blieb er stehen.

Es ging ihm arg im Kopfe herum, was die Bäuerin von dem Schuldschein gesagt hatte und von dem Schreiber, der jetzt als Erbe die Schuld beitreiben würde.

Hättst an Notar g'holt!

Das war jetzt alles umsonst, darüber nachgrübeln und sich Vorwürfe machen. Was konnte er denn vorbringen, wenn es so deutlich auf dem Schuldschein zu lesen war? Er hatte lang vergessen, was er damals schriftlich versprochen hatte, und wenn er jetzt aufs Gericht gehen und

Rechenschaft ablegen musste, konnte er leicht in Widerspruch mit seinem Geschriebenen kommen.

Hatte nicht die Bäuerin gesagt, dass ihr die Loni den Zettel gezeigt habe?

Dann war er noch unter ihren Sachen im Schrank.

Der Gedanke ließ ihn nicht mehr los. In die Stube der Alten gehen und geschwind nach dem Schuldschein suchen, aber es musste gleich sein, denn wenn erst einmal die Seelnonne im Hause war, ging es nicht mehr. Jetzt war niemand daheim außer der Bäuerin, und wenn die auch dazu kam, was lag daran?

Was Unrechtes war's ja nicht, wenn er sich Gewissheit verschaffen wollte, und außerdem, die Afra sagte es doch niemand.

Er kehrte um, blieb noch eine Weile stehen und eilte dann den Weg hinauf. Vor dem Austraghäusel zögerte er wieder. Sollte er hinein gehen und im Sterbezimmer den Kasten durchsuchen?

Ah was, warum denn nicht?

Er drückte die Klinke beinahe grob auf und trat ein.

Der scheue Blick, den er aufs Bett warf, zeigte ihm, dass das Gesicht der Alten verhüllt war, und das war ihm lieber, als wenn er die Tote hätte anschauen müssen.

Den Schlüssel zum Kasten hatte sie, wie er wusste, unter der kleinen Ofenbank versteckt; er fand ihn gleich und sperrte den Schrank auf.

Rechts hingen die Kleider, dabei auch der feiertägliche Bollenkittel, oben lag wohlgeordnet die Wäsche.

Der Ruepp öffnete hastig ein paar Schubladen; eine Florhaube, Sacktücher, ein paar Gebetbücher, etliche Wachsstöcke waren darin.

Er streckte sich und kramte in der Wäsche herum; da war auch nichts.

Wo sie's nur hatte?

Auf dem Kastenboden standen zwei Paar Schuhe, und daneben waren Strümpfe aufeinander gelegt. Hastig fühlte er mit der Hand, ob nichts darunter läge, und richtig, da war eine Schachtel aus Pappendeckel. Er zog sie heraus und öffnete sie. Ein Gebetbuch und ein vergilbter Blumenstrauß lag darin, ein in Papier eingewickeltes Paket und eine bunte Schachtel, die sich gleich schwer anrührte. Als er den Deckel aufhob, sah er, dass alte und neue Taler darin lagen.

Dachte er daran, wie hart sie verdient und wie ehrlich sie gespart waren? Vielleicht fiel es ihm doch ein; er schloss den Deckel wieder und wickelte das Papier auf, in das jenes Paket eingehüllt war. Pfandbriefe zu zwei- und vierhundert Mark, einer zu tausend, dann ein fettiges Papier.

Darauf stand in unbeholfener Schrift: »Ich habe am heuntigen von der Apollonia Amesreiter dreitausend Mark geliehen und verspreche es zurückzuzahlen nach Halbjahr Aufkündigung und auch zum verzinsen mit vier Prozent, wo alle Jahr auf Lichtmess zum zahlen sind. Dies bestätigt Michael Umbricht, Rueppbauer. Den 14. März 18..«

Mit einem energischen Ruck steckte der Ruepp den Zettel in seine Hosentasche und wollte schon die Pfandbriefe wieder einwickeln.

Das schöne Geld!

Ihm konnte es jetzt von seinen Sorgen helfen, der liederliche Schreiber aber würde es bloß verschlampen.

Wenn er es nahm und später seinem Michel gab, dann hatte er doch eigentlich sein Versäumnis mit dem Notar gutgemacht.

Und außerdem, hatte er dem Michel nicht am Ende schon mehr gegeben die ganzen Jahre her.

Aber nein, das wollte er nicht alles aufrechnen. Einen Teil sollte der Michel später noch kriegen; damit der Alten ihr letzter Wunsch erfüllt werde ...

Der Ruepp schaute sich um. Nichts rührte sich; die Alte lag unbeweglich auf dem Bette und hielt in ihren welken Händen das Kreuz.

Mit einer hastigen Bewegung stopfte er die Pfandbriefe unters Gilet und stellte die Schachtel an ihren alten Platz; die Strümpfe legte er wieder darauf und schloss den Kasten zu. Aber wie er den Schlüssel umdrehte, glaubte er Schritte zu hören, und da war auch schon jemand an der Türe.

Mit einem Satze stellte er sich ans Fußende des Bettes und faltete die Hände.

Die Türe wurde geöffnet und die Rueppin trat ein. Sie erschrak, als sie ihren Bauern sah.

»Bist du da herin?«

»Warum net? Ma werd wohl no an Vaterunser bet'n derfa für oan, der so lang im Haus war!«

»So? Bet'n? Du waarst as wohl schuldig ...?«

»Fang net auf a neu's o!« Der Ruepp bekreuzte sich. »Namen des Vaters, des Sohnes und heiling Geist's ...«

Dann ging er zur Türe, wobei er die linke Hand unauffällig ans Gilet drückte, damit ihm die Pfandbriefe nicht herunterrutschten.

Und draußen war er.

Die Bäuerin sah misstrauisch in der Stube herum und gleich fiel ihr Blick auf den Schlüssel, der noch im Kasten steckte.

»Ah … So hat er bet't?«

Sie öffnete den Kasten, aber als sie sah, dass nichts in auffälliger Unordnung war, schloss sie wieder ab und versteckte den Schlüssel unter der Bank.

Sie wollte noch mit dem Bauern reden und trat in den Hof hinaus.

Dort war er nicht, und auf dem Wege, der zum Weiher hinunter führte, war er auch nicht.

Wahrscheinlich im Hause.

Sie wollte in der Kammer nachsehen, aber die Türe war verschlossen.

Als sie daran rüttelte, fragte drinnen die grobe Stimme des Ruepp: »Was ist denn?«

»Mach auf!«

»Werd net so pressier'n …«

»Zu was sperrst denn du di ei? Dös is do no nia dag'wen!«

»Dös is mei Sach …«

»Mach amal auf!«

»Ö … hö … hö!«

Endlich wurde der Riegel zurückgeschoben, und der Ruepp stand vor seiner Bäuerin, die ihn strenge ansah.

»Was san denn dös für verruckte Sachen?«, fragte er, aber hinter seiner Grobheit lag offensichtlich eine starke Verlegenheit. »Bin i a Bua, dass i in meina Kamma net toa ko, was i mag?«

»Du werst scho wissen, warum's di ei'g'sperrt host.«

»Weil i mein Ruah hamm möcht.«

»Bei der Loni drent hast an Kast'n auf g'sperrt; is da Schlüssel no dro g'steckt.«

»Was is dös für a Schmarrn?«

»Schimpf no, es is do net anderst … du hoscht im Kasten umanand kramt.«

»Und bal i was g'suacht hab?«

»Schamst di net? Wo sie toter im Bett liegt, stierst in ihran Sach rum?«

»I hab 's Recht dazua, dass i nachschaug, was da is, und dass nix wega kimmt …«

»Geh, red it!«

»Kemman jetzt net fremde Leut ins Haus? D' Seelnonn und da Sargschreina …«

»Desweg'n brauchst du net nachschaug'n …«

»Und z'weg'n dem andern hätt i aa gern a Nachforschung g'halt'n, dös laug'n i gar it. Weil du so daher g'redt hoscht von an Schuldzettl, und i woaß nix davo und is mir nix bekannt …«

»Bal 'n i g'sehg'n hab …«

»De ko dir leicht was zoagt hamm. I wer's do wissen, ob i an sellan Schein ausg'stellt hab oder net. Is ja mir gar it ei'g'fall'n, weil sie dös ausdrückli g'sagt hat, i brauch grad zahl'n, wann's mir guat passt, und aufrechna, hat sie g'sagt, werst aa ziemli was derfen, weil i, sagt s', bei enk 's Bleib'n hab und ko do nix mehr leist'n …«

»Du bringst allaweil no mehra daher …«

»Bloß dös, was wahr is. Und dös kimmt mir scho ganz g'spassi für, dass di du so gegen meiner setzst. Waar scho bald a so, als wann du de fremd'n Leut helfa wollst geg'n de eigna …«

»Es waar ins alle g'holfa g'wen, bal du …«

»Ja, wenn … wenn … i woaß scho; dös host du heut scho oft gnua g'sagt. Aber jetzt is amal a so, und da werst du net so dumm daher red'n, dass der lüaderliche Schreiberg'sell auf Schnall und Fall 's Geld verlangt. Und wo er net amal 's Recht dazua hat, und wo neamd bessa woaß als wia du, dass sie 's an Michl vermoant hat …«

»Dös woaß i wohl guat, und desweg'n sag i ja, hättst ma du g'folgt, nacha brauchat's jetza gar nix …«

»Es braucht a so aa nix; tua di no net bekümmern. I steh für mei Sach hi, und da ko i an jed'n Eid leist'n. Aber natürli, da waar's weit g'feit, bal du so daher red'n tatst …«

»Du woaßt recht guat, dass i zu ander Leut nix sag, und dass i nix aus'n Haus trag. Da hätt i scho viel zum Red'n g'habt …«

»Is scho recht, ja …«

»Bal nur dös recht is, Michel, was du drent to host bei der Alt'n …«

»Hör ma do auf mit dem Ramasuri!«

»Weil i d' Angst net wegbring, und weil i ma Sünden fürcht, dass du ihra Sach ausanander klaubst, und sie is no kaam g'storb'n …«

»Müassen z'erscht fremde Leut drin umanand stier'n, de wo's nix o'geht, und de wo si gar nia bekümmert hamm um de Alt? San de mehra Herr in mein Haus als wia'r i?«

»Was hoscht'n na g'funden?«

»Nix, weil nix zum Find'n war. Und jetzt lass mi außi; i muass furt …«

Die Rueppin sah ihm mit Blicken nach, die ihre Zweifel und Besorgnisse deutlich verrieten.

ACHTES KAPITEL

Von der Apollonia Amesreiter war in Weidach etliche Stunden nach ihrem Begräbnisse kaum mehr die Rede, und beim Ruepp auf der Leiten machten sie kaum eine Ausnahme.

Der Bauer ging zum Bürgermeister ins Dorf hinunter und überbrachte ihm eine Pappschachtel, die er sorgsam verschnürt hatte.

»Es san der Loni ihre Sachen, a paar Gebetbüacher und so, und aa'r a Geld«, sagte er. »I hab's net zählt und will nix z' toa hamm damit. Zähl's no du und g'halt's bei dir. Du werst nacha scho wissen, wia ma de G'schicht macht, dass all's in Ordnung is, und ob ma was g'richtsmaßig toa muass. I liefer's bei dir ab und möcht nix mehr z' schaffen hamm damit ...«

Der Bürgermeister, der Ablbauer von Weidach, war ein ruhiger Mensch, der kein Wort zuviel sagte und sich nicht übereifrig zeigte.

»Wenn's d' willst, nacha zähl i 's Geld. Es waar aber net notwendig g'wen; es hätt mir aa g'langt, wenn du mir g'sagt hättst, so und so vui is da, und na hätt ma ja g'sehg'n, ob no was übrig bleibt nach de Leichenkost'n ...«

»Wia is na dös mit'n G'richt?«

»I woaß dir's aa net g'nau z' sag'n; i muass halt de Todesanzeig eini schick'n, und bei dera G'legenheit schreib i dazua, ob was da is ...«

»Ah so ... jetzt zähl'n mir amal. Mach no du d' Schachtl auf, i will da ganz unbeteiligt sei«, sagte der Ruepp und zeigte sich als Ehrenmann, der eine ehrfürchtige Scheu vor fremdem Gut hat.

Es machte aber keinen sichtlichen Eindruck auf den Abl, der den Spagat zerschnitt und die Schachtel öffnete.

Ein paar Rosenkränze, ein paar Gebetbücher, dürre Blumen, ein Wachsstock kamen zum Vorschein; dann eine bunte Schachtel und ganz zuletzt ein Briefkuvert.

Die kleine Schachtel war ziemlich voll.

»Mach s' no auf und zähl!«, sagte der Ruepp. »I rühr nix o davo.«

Der Abl schüttete das Geld auf den Tisch; harte Taler, einige Goldstücke und auch kleinere Münze; es machte zusammen etwas über hundertundsiebzig Mark aus.

Und im Kuvert waren zwei Hundertmarkscheine.

»Dös waar also jetzt mitanand dreihundertvierasiewaz'g Mark und zwoaravierzg Pfenning. Mehra is net da?«, fragte der Abl.

»Was soll denn no da sein?«, fuhr der Ruepp auf. »Du hast ja selm d' Schachtel aufg'macht und hast zählt!«

»I frag di ja grad nebenbei. Was woaß denn i? Es kannt ja no a Schachtl da sei …«

»Wenn no oane da waar, hätt i dir s' bracht, net wahr? Mi will do nix z'ruckhalt'n!«

»Sagt do koa Mensch. Also, nacha san dös also dreihundertvierasiewaz'g Mark und zwoaravierzg Pfenning. Viel is ja net.«

»Was soll denn a Deanstbot vui hamm? De andern hamm dös net.«

»Freili net. Natürli …«, sagte der Abl mit unerschütterlicher Ruhe, und er schien die etwas seltsame Gereiztheit des Ruepp gar nicht zu bemerken.

»Da werd aber nix mehr übri bleib'n, bal de Leichenköst'n zahlt san. Voraus net, wann ma der Alt'n a Grabkreuz aufstellt. Für an Stoa werd's a so nimma g'langa.«

»Den übernimm i; da gibt's nix.«

»Dös is a schön's Wort«, sagte der Abl, der die Geldstücke wieder in die Schachtel und die Banknoten ins Kuvert steckte.

»Dös is lobenswert.«

»D' Loni is a richtige Person g'wen und war so lang bei ins, dass sie eigentli zum Haus g'hört. Da lasst ma si net o'schaug'n weg'n de paar hundert Markl.«

Der Ruepp war recht bieder, wie er das sagte, und auch ein bissel großartig.

»So«, sagte er Abl, indem er den Deckel auf die Schachtel stülpte. »Dös nimmst jetzt wieder mit.«

»Ja, i will dös Geld net bei mir hamm …«

»I ko's scho gar net da g'halt'n«, erwiderte der Bürgermeister.

»I zahl do de Leut net aus, de für d' Leich was zum verlanga hamm. Dös is dei Sach.«

»Ja so … No ja, für dös kon i's ja wieda mit hoam nehma. Und dass i net vergiss, dös will i aa no o'geb'n, was von der Alt'n G'wand da is. A guat's für d' Feiertäg, und a paar Röck und Spenser für d' Werktäg, und a weng a Wasch. Muass i dir a genau's Verzeichnis z'sammaschreib'n lassen?«

»Für mi? G'wiss net. I sag dir ja, mi, als Bürgermoasta, geht de G'schicht weida nix o.«

»I möcht aber mei Ordnung und möcht a Genauigkeit. Da lass i mir nix nachsag'n.«

»Ja mei, wann Erben da san, und du kennst de Betreffenden, nacha schickst eahna halt dös G'wand.«

»I woaß nix von Erben. Es is amal so an abg'hauster Mensch bei der Alt'n g'wen, aber sie hat selm nix von eahm wissen woll'n, weil er grad aus'n Zuchthaus kemma is. I woaß wohl net, wo der is, oder ob er überhaupts no lebt.«

»Nacha lasst as G'wand im Kast'n hänga. Vielleicht kimmt amal wer.«

»Is mir eigentli zwida, dass dös net glei richtig g'macht werd.«

»I ko mi do erst recht net drum kümmern.«

»Mhm ... ja ... und nacha schickst du a Schreibets an's G'richt, dass du allssammete richtig befunden host ...«

»I schreib, dass de Loni bei dir im Haus g'storben is, dass du mir o'geb'n hast, es san dreihundert und etla siewaz'g Mark da und net mehra, und dass von dem Geld höchstens de Leichenköst'n zahlt wer'n kinna.«

»O'geb'n, sagst du. I hab dir do 's Geld bracht, und du host as selm zählt.«

»Ganz richti. I hab dös zählt, was du mir bracht hast. Und du hast mir g'sagt, dass dös allssammete ist. Net wahr? Dös hoaßt ma o'geb'n ...«

»So? No ja, mit dena Sachen kenn i mi z' weni aus. I will gar nix, als dass all's sei Ordnung und sei Richtigkeit hat. Und auf's G'richt, moanst d', brauch i nacha überhaupts nimma?«

»I glaab net. Aba wissen tua'r i's aa net. Wann's d' eini müassest, kriagast scho a Botschaft ...«

»Aba ... ja ... und na hab i jetzt weiters nix mehr z' toa?«

»Bei mir net. Aba die Schachtl muasst mitnehma ...«

»Richtig ... ja ... zählt is ja 's Geld, net wahr? Und nacha bfüad di!«

Der Ruepp ging und konnte glauben, dass er beim Bürgermeister den Eindruck eines sorgsamen, peinlich genauen Hausvaters und eines ungemein ehrlichen Mannes hinterlassen habe.

Allein es ließ sich nicht sagen, ob der Abl das auch so recht hingenommen hatte, denn er war ein trockener Mensch, der sich oft ganz hintere Gedanken machte, aber sie alle heimlich bei sich behielt.

Auf dem Heimweg ließ der Ruepp recht viel von seiner Großartigkeit nach und hörte auf seine innere Stimme, die ihm Zweifel und Befürchtungen vorhielt.

Hätte er nicht sagen sollen, dass ihm die Alte Geld geliehen hatte?

Und gleich dazusetzen, dass er's nach der Vereinbarung heimzahlen könne, wenn es ihm gut passt?

Wenn er das erst hinterdrein vorbrachte, nachdem seine Schuld auf andere Weise offenbar geworden war, dann fand es am Ende keinen Glauben mehr.

Wenn er's jetzt gleich frischweg angegeben hätte, dann wär sicherlich wegen des andern Geldes kein Verdacht aufgekommen, und es hätte besonders ehrlich ausgesehen, wenn er sich selber gemeldet hätte, obwohl kein Schuldschein vorhanden war.

Aber halt auf? Hernach hätte er doch zum Gericht gehen müssen, und wenn man ihm das mit der beliebigen Heimzahlung nicht geglaubt hätte, wenn der Zuchthäusler einen Streit angefangen hätte, was dann?

Außerdem, da war noch etwas.

Hätte er dem Ablbauern eingestehen sollen, dass er Geld von einem Dienstboten geliehen habe? Dann wär's im Dorf herumgekommen.

Nein, da war's schon viel besser, abwarten, ob er's überhaupt angeben musste, und wenn, nachher bloß beim Gericht und nicht beim Bürgermeister, der ihn darum schief angeschaut hätte.

Vielleicht blieb die ganze Geschichte verschwiegen und vergessen.

Das wär freilich das Beste gewesen und auch das Richtige.

Der Ruepp war ein feiner Denker, der einer Sache schon auf den Grund gehen konnte.

Es war doch gewiss und ausgemacht, dass der letzte Wille der Loni der war, ihr Sach dem Michel zu hinterlassen, und vor allem, es dem schlechten Kerl nicht zu geben.

Das mit dem Michel gab sich leicht, und dem andern hatte er jedenfalls das Bargeld aus den Zähnen geräumt.

Und er hatte, wenn er das genau überlegte, das Gefühl einer guten Tat, oder doch ein ähnliches, und das bewirkte, dass er alle Bedenken überwand und lebfrisch und zuversichtlich dahinschritt.

Er wollte auch seiner Bäuerin den Kopf zurechtsetzen, denn ihr wortkarges und verdrossenes Wesen, das sie seit dem Tode der Loni angenommen hatte, passte ihm gar nicht.

Sie ging ihm aus dem Weg, gab ihm beinahe nicht an, wenn er was sagte, und er war viel gesprächiger, wie jemals.

Aber sie vermied es, mit ihm allein zu sein; sie ging aus der Kuchel, wenn er sie gerade einmal ohne die Leni antraf, oder sie rief der Magd und machte sich was zu schaffen.

Ganz auffällig war es, wie sie jedes Gespräch mit ihm vermied oder mit mürrischen Worten abwies.

Er musste mit ihr auf gleich kommen, und so trat er jetzt daheim recht sicher und laut auf, wie er die Bäuerin allein in der Küche antraf.

Sie griff schon wieder nach einem Wasserschaff und wollte in den Hof hinaus.

»Halt! Halt! Da bleibst!«

»I muass zum Brunna außi.«

»Nix da! Dös ko'st danach aa toa. Mir hamm jetzt amal was zum Dischkrieren mitanand.«

»I wüßt nix ...«

»I hab 's Geld wieda mitbracht vom Burgermoasta ...«

»'s Geld?«

Sie fragte es mit einer sonderbaren Betonung.

»Jawohl, 's Geld!«, wiederholte er grob. »Du werst scho so guat sei und werst mi amal o'hör'n. Also, dass i's glei sag, de Schachtel von der Alt'n, de hebst jetzt du auf ...«

»I?«

Sie schrie es beinahe.

»I rühr de Schachtel net o. Mit koan Finga!«

»Wos host denn du? ...«

»I rühr s' net o ...«

Sie ging zur Türe, aber der Ruepp stellte sich ihr in den Weg.

»Jetzt lass amal mit dir red'n ... Dös is ja grad, als wann mir it z'sammg'hör'n tat'n ...«

»Mit dem hab i nix z' toa ...«

»Mit was?«

»Über dös ko ma gar it red'n ...«

»Jo, du muasst red'n, dös verlang i ...«

»I mag net ...«

Sie war so aufgeregt, dass er ihr jetzt sanft zuredete.

»Hock di her und horchst amal mit Ruah auf dös, was i sag ...«

Sie setzte sich widerwillig auf eine Bank, und man sah es ihr an, dass sie nicht im Sinne hatte, zu bleiben.

»Siehgst, dass mir dös Malör g'habt hamm, leider, dass de Alt so g'schwind wegg'storb'n is, durch dös, siehgst, müassen mir do schaug'n, dass all's a so geht, wia sie's woll'n hat, und bal mir i trachten, dass ihr Will'n g'schiecht, nacha tean do mir nix Unrecht's, sondern im Gegenteil, net wahr. Was sagst?«

Sie sagte nichts.

Sie hörte bloß deutlicher wie sonst, dass er log, dass alles falsch war, was er sagte.

Der Ruepp stellte sich an den Herd und war zu einer langen, eindringlichen Rede aufgelegt.

Unterm Sprechen fielen ihm neue Gründe ein, lauter schöne und ganz unwiderlegliche.

Er war jetzt der Mann, nicht wahr, der alles, was halt in Gottes Namen versäumt worden war, wieder so richten musste, dass es noch gut wurde und den Absichten der Loni entsprach. Sie solle sich ruhig auf ihn verlassen und den Kopf nicht verlieren, und vor allem, sie dürfe über die ganze Geschichte keinen Schnaufer tun, dann komme alles ins rechte Geleis. Dafür sei schon er da, und er garantiere dafür. Sie zwei müssten jetzt zusammenhelfen ...

Die Rueppin stand auf; sie konnte ihm nicht mehr zuhören, jedes Wort peinigte sie, und es kam ihr so vor, als zöge er sie mit hinein in die Schlechtigkeit.

Nochmals vertrat er ihr den Weg.

»Hoscht du gar koa Antwort auf dös, was i sag?«

»Na ...«

»Dös waar scho bald a so, als wann du gegen mi arbet'n mögst ...«

»Lass mi geh ...«

»An Antwort sollst d' mir geb'n ...«

»Deine Lüagereien mag i nimmer hören ...«

»Meine ...«

»Ja, jed's Wort is derlogen ...«

Er wollte sie zurückhalten, aber da kam die Leni zur Türe herein, und er ging an den Herd zurück und tat so, als suchte er was, einen Span oder ein Zündholz.

Die Leni warf ihm einen misstrauischen Blick zu; sie merkte, dass er mit der Mutter einen Streit oder eine zuwidere Aussprache gehabt hatte, und sie war immer bereit, gegen ihn Partei zu nehmen.

Da brummte er was vor sich hin und ging hinaus.

NEUNTES KAPITEL

Michel machte sich weniger Gedanken über das Fehlschlagen seiner Aussichten als darüber, wie er es dem Vater beibringen könnte, dass es mit dem Gymnasium und der geistlichen Laufbahn aus sei.

Er verschob sein Geständnis von einem Tag zum andern und wusste immer wieder Gründe dafür, dass es damit nicht pressiere.

Derweil fand er immer mehr Gefallen an dem ungebundenen Leben daheim, das er nicht mehr mit der Freisinger Gefangenschaft vertauschen musste, und dem er sich darum ganz anders hingeben konnte als in den Jahren vorher, wo jede Freude durch den Gedanken an das Einrücken im Herbste vergällt war.

Der Zotzen-Peter, an den er sich anschloss, war Mitwisser, und er gab ihm recht darin, dass er die Lernerei und das Stubenhocken mitsamt der geistlichen Gaudi, wie der Peter sagte, aufgeben wollte.

Er war Berater und Führer in dem neuen Leben, das dem Michel jetzt aufgehen sollte, in dem der Peter aber schon manche Erfahrungen gesammelt hatte.

So reichliche, dass er billig erstaunt war über die Anschauungen seines Schulkameraden, der die Weiblichkeit scheu aus der Ferne bewunderte und der nicht einmal die derben Anspielungen der Zenzi verstand oder gar erwiderte.

»Dass du gar it dergleicha tuast?«, fragte der Peter.

Da schilderte ihm der Michel sein bisheriges Leben und gestand, dass er sich nicht getraue, mit einem Mädel so frei zu reden.

»Da waar a no was dabei, Kreuzteufi überanand! De san ja grad froh, bal ma mit eahna an Unterhaltung hat.«

»Ja, Unterhaltung«, meinte der Michel, »aber bal ma, no ja, bal ma si z'weit außa lasst, dös nimmt oane do leicht in übel ...«

»Ja, was waar denn net dös! Übi nehma aa no! Des sell gibt's überhaupts net ...«

»Es is aber do net a jede gleich.«

»I ho no koan Ausnahm net g'fund'n. Überhaupts, was willst denn für an Dischkursi hamm mit de Weibaleut?«

»Glaabst du, dass zum Beischpiel …«, fragte der Michel und blieb wieder stecken.

»Ob i was glaab?«

»Dass i zum Beischpiel mit da Lukas Stasi so red'n derfat, wia du voring mit da Zenzi g'redt host?«

»Warum denn net? Waar scho guat! Wart no, bal's amal a Tanzmusi gibt nach der Arndt, nacha dischkriern ma mit ihr. Hätt'st du gern a weng an Handel damit?«

»Na, dös net. I frag grad a so, weil mir jetzt koa anderne net ei'g'fall'n is …«

Peter lachte.

»I moan allaweil, es hat do a weng was. Bal oan oane gern ei'fallt, woaßt …«

»G'wiss net … I bin bloß neuli, wia'r i hoamkemma bin, von da Bahn aufa ganga mit ihr und mit ihrer Freundin. I glaab vom Boz war s' in Schwaigen.«

»Ah ja, d' Mariann … de sell is a Trumm Weibsbild!«

»No ja, und wia 'r i mit eahna ganga bin, hab i mir halt aa denkt, wann i jetzt dös saget oder dös, ob s' beleidigt waar'n …«

»Koa Bröckei net! Da denkt ma do gar it lang und sagt allssammete, was oan ei'fallt.«

»I hätt ma net traut …«

»Ja mei, da fehlt's weit, Michi! Bal's d' a so daher kimmst und bal di du net traust! Des sell is nix, ja mei Mensch!«

»Schau, Peter, i bring's gar it außa. Wann i scho beinah was sag'n möcht, nacha is grad, als wann's ma d' Stimm verschlaget. Ganz heiserig wer i …«

»Ja mei Mensch!«

»Host di du allaweil traut?«

»I scho, i …«

»Von O'fang o?«

»Ja. Wia 'r i no schier gar a Bua g'wen bi, da bin i beim Seppen Damma ei'g'standen, und da is a Mitterdirn g'wen, scho ziemli an alte. Von dera han i viel g'lernt, und na hab i koan schinierst mi überhaupts nimma kennt …«

»Ja, schau, du host halt aa nix aufz'passen g'habt …«

»Freili net. Und di hamm s' dahoam scho auf de Gaudi dressiert, und z' Freising erst recht. Da werd halt da Mensch dappig. Aber lass dir was sag'n, du gehst jetzt amal mit mir, an an Samsta, auf Riad ummi. Beim Holzböck woaß i a Dirn; zu dera genga mir ans Kammafenschta …«

Michel bekam einen roten Kopf, und es verschlug ihm schon bei dem bloßen Gedanken an ein solches Unternehmen den Atem.

»Moanst du, dös geht?«

»Leicht geht's. D' Loata woaß i scho; du steigst aufi, und i wart daweil herunt …«

»Aba wann sie Spektakel macht, bal s' mi gar it kennt?«

»Ah was Spektakel! So g'nau nimmt 's de it. Sagst ihr halt, dass i drunt steh auf da Pass.«

»Aber bal's wer spannt im Haus?«

»Was is denn nacha? Da schliafst wieda außa beim Fensta und schiabst o. I halt dir scho d' Loata …«

»Peter, i woaß net, ob i mir dös trau'n derf.«

»Geh, scham di do! Bist a so a Trumm Mannsbild her und kimmst allaweil mit dein trauminet. Was willst denn? Oamal muasst di ja do trau'n!«

»Dös is eigentli wahr …«

»Natürli is wahr, und schau, da is grad recht, wenn i dabei bin. Alloa bist da du no z' weni …«

Das leuchtete dem Michel ein, und er verstand, dass er dem Peter Dank und Vertrauen schulde.

Aber je näher der Samstag kam, desto ängstlicher war ihm zumut.

Vor Raufereien und Schlägen und vor den Burschen von Ried fürchtete er sich nicht, aber vor dem Mädel, das von ihm eine Keckheit erwarten musste, die er nicht hatte.

Er besann sich auf Ausreden, die ihn von dem schweren Gang befreien sollten, aber wenn er mit dem Zotzen-Peter beisammen war, schämte er sich über seinen Kleinmut und schwieg.

Am letzten Tag, als ihn bloß mehr etliche Stunden von dem Wagnisse trennten, ging er mit seinem Lehrmeister hinter dem Wagen her, der das letzte Fuder Haber heimbrachte.

Sie hatten bis zum späten Nachmittag bei großer Hitze geschafft, und die erquickende Abendkühle ließ dem Michel Ruhe nach harter Arbeit als das allerschönste erscheinen.

Stattdessen sollte er eine Stunde weit laufen und sich in ein Abenteuer stürzen, das ihm fremd und schreckhaft vorkam.

Schon öffnete er den Mund, um es dem Peter einzugestehen, dass ihm das Kreuz wehtue, und dass er sich gleich nach dem Essen ins Bett legen wolle.

Aber sein Kamerad blinzelte ihm lustig zu und fragte ihn halblaut, damit es die Zenzi, die zu oberst auf dem Fuder saß, nicht hören sollte: »Also … bist d' g'rich't, Michi?«

Da schluckte er wieder und zum letzten Male seine Bedenken hinunter und sagte so munter, als er es herausbrachte: »Dös glaab i …«

»Bleib a bissei z'ruck, na kinna mir allerhand ausdischkrier'n …«

Dabei blieb der Peter stehen und ließ den Wagen ein gutes Stück vorfahren.

»Pass auf«, sagte er dann, »a paar guate Haselnussstecka hab i o'g'schnitt'n und hinterm Stall vasteckt. De nehma mir mit, weil ma do net woaß, ob net am End oana von de Riaderer z'weg'n kimmt.«

»Is scho recht …«

»D' Hauptsach is, woaßt Michi, für den Fall, dass oana kam, net lang schaug'n, und reden durchaus gar nix. Glei über'n Kopf eini hau'n, dass 'n draht. Bis er si b'sinnt, san mir scho dahi. Denn vastehst, bal mir den oan net glei niederschlag'n, holt er si anderne, und na laffen s' z'samm, und mir waar'n mitten in da Schar und wurd'n sauber herg'schlag'n …«

»Du, bal dös a so is, da kunnt'n mir aber in a böse G'schicht einikemma …«

»Ah was, gibt's ja durchaus gar it! Z' Riad denken s' ja an nix, und es kannt höchstens sei, dass oana zuawa kam, der wo aa ans Kammafenschta möcht. Den sell'n hau'n ma recht brav am Kopf aufi, dass a d' Stern tanzen siecht, na is 's scho g'wunna.«

»Ja no, aba …«

»Du werst do d' Riaderer it scheucha?«

»Scheucha net, i moan bloß, ma kannt in a Schlammassel einikemma, bal's am End raus kimmt …«

»Ja freili! Dös geht viel z' g'schwind, mei liaba Mensch. Der muass moana, da Blitz hat'n g'stroaft. Was moanst denn, wia g'schwind dös geht? Der hat koa Zeit nimma zum schaug'n, und bis er si d' Aug'n auswischt, san mir scho wieda halbat dahoam … du werst do koa Angst net hamm?«

»Na … na … Angst hab i net.«

»I moanet's halt aa. Dös is ja grad luschti, bal si a weng was rüahrt. Mir is allaweil dös liabest, bal beim Fensterln no a kloani Gaudi dabei is.«

»Is dir scho öfta passiert?«

»Ja mei Bua, was glaabst denn, wia viel Stecka dass i scho o'g'haut hab? A Ster g'langt ja kaam ...«

»Und bist nia vor 's Gericht kemma?«

»Na ... oda dass i's recht sag, an etla Mal scho. Indem dass i mi halt am O'fang a weng dumm g'stellt hab, weil i mir no net a so auskennt hab mit dera Gaudi. Da werst halt aa erst nach und nach g'scheiter. Aba jetzt woaß i mir leicht z' helfa, und bal i bei dir bin, da brauchst di nix z'kümmern ...«

Michel seufzte. »Bal's no guat naus geht, Peter!«

»Lass di net auslacha, da ko ja gar nix fehl'n. Alloa wenn's d' waarst, nacha hätt's scho seine Nüss, natürli ...«

»Ja alloa ... da lasset i's wohl bleib'n ...«

»Amal müassast an O'fang macha und drum ist g'scheiter, bal i dabei bin. Und jetz pass auf, nach'n Essen, da druck i mi glei, und du tuast gar net dergleicha und bleibst no a weng hocken. I wart am Brünnl drunten auf di, und de Stecken, de hab i scho dabei; de hol i z'erscht hinterm Stall. Du sagst eahna dahoam guat Nacht und schliafst außi, und nacha genga mir staubaus auf Riad. Mach ma's a so, gel?«

»Ja ...«, erwiderte Michel, und seine Stimme klang gepresst, aber der Peter gab nicht acht darauf, weil er dem Wagen nachlief, der eben in den Hof einfuhr.

Beim Essen war Michel auffallend still, und er zeigte so wenig Hunger, dass ihn die Rueppin besorgt fragte, ob ihm was fehle.

Er gab eine kurze Antwort, dass er nur müd' sei von der Hitze, und sie glaubte es gerne, dass ihm die ungewohnte Arbeit zugesetzt habe.

Der Peter streifte ihn mit einem beifälligen Blicke. Er war zufrieden mit seinem Schützling, der sich so schlau eine gute Ausrede zu Recht machte, um möglichst bald angeblich ins Bett zukommen.

Er selber hieb tapfer ein, schleckte seinen Löffel ab und ging gleich nach dem Beten weg.

Wenn er geahnt hätte, dass sich der Michel immer noch den Entschluss zum Daheimbleiben abringen wollte, und dass er beinahe ärgerlich auf den Freund war, der ihn zu mühevollen und gefährlichen Wegen zwang, hätte er ihn wohl herzlich verachtet.

»'s G'sicht hat's dir ganz aufbrennt und an Hals«, sagte die Rueppin bedauernd. »Du bischt de Arwat it g'wohnt und hätt'st di a weng z'ruck halt'n soll'n ...«

»Z'weg'n was? I bin ja grad froh, dass i mi recht rühr'n hab derfa. In da Stub'n bin i mir lang g'nua g'hockt …«

»I moan grad, weil's d' gar nix g'essen host. Soll i dir an Kaffee macha?«

»Na … na … braucht's it. I geh ins Bett und schlaf mi aus.«

»Guat Nacht, Michi!«

»Guat Nacht, Muatta … Guat Nacht beinand!«

Kaspar, der noch eine Flasche Bier trank, sah ihm spöttisch nach. Der verzärtelte Hochwürden hatte doch einmal in den letzten Wochen kennengelernt, wie Bauernarbeit die Leute hernimmt. Der kriegte gleich gar das Fieber davon.

Der Ruepp selber war nicht daheim; er war schon den Nachmittag ins Dorf hinunter gegangen, um sich für die glücklich heimgebrachte Ernte zu belohnen und um lehrreiche Reden über die ausgestandenen Mühen zu halten.

Die Rueppin aber ging mit der Leni und der Magd in die Kuchel, um für den Sonntag aufzuräumen.

So konnte Michel ungehört zur Türe hinaus ins Freie kommen.

Er schlich den Berg hinunter und sagte mit einem Seufzer vor sich hin: »Eigentlich is a Dummheit …«

Aber doch war auch eine Neugierde und eine Erwartung in ihm, die ihn vorwärts trieb.

Ein leiser Pfiff.

»Michi …?«

»Ja … bist as du, Peter?«

»Freili … Jetzt tret'n mir aber auf, dass ma net z'spat hi kemman. Net, dass scho oana von de Riaderer drin is in da Kamma!«

»Da müassat'n mir umkehr'n?«

»Ja … außa schmeißen kunnt'n mir den sell'n net; dös gab z' viel Spektakel.«

»Wenn ma's wissat, kunnt'n mir uns den Weg spar'n …«

»Na … na … da werd nix g'spart. I sag ja bloß a so, dass dös mögli waar. Wer'n ma's scho sehg'n …«

Sie gingen auf einem Fußweg zwischen Wiesen und abgeräumten Feldern dahin.

Im Weiher unterm Ruepphof quakten die Frösche, denen andere in Pfützen und Teichen antworteten.

Als sie unterm Lukas vorbei kamen, bellte der Hofhund, weiter drüben gab ein zweiter und ein dritter an.

»De Bluatshund’, de mistigen!«, schimpfte Peter. »De sell’n san zum scheucha, wann ma an’s Kammafensta geht. Net grad oamal, dass mi so a Schinderviech aufbracht hat.«

»Na werd’s uns beim Holzböck net guat geh …«, erwiderte Michel.

»Der sell hat an ganz an alt’n Schnauzer, den ’s Bell’n nimma g’freut. Und a Nudel hab i aa dabei. Bal i eahm de zua da Hütt’n zuawi schmeiß, gibt er leicht an Ruah.«

Michel musste sich eingestehen, dass sein Kamerad ein umsichtiger Anführer war, der an alles dachte.

Er tappte hinter ihm drein und versuchte sich vorzustellen, was sich etwa in dieser verhängnisvollen Nacht alles ereignen könne.

Dabei übersah er ein Brett, das über einen Graben gelegt war, trat mit einem Fuße daneben und fiel der Länge nach hin.

»Deifi überanand, wenn’s no net gar so finsta waar …!«, fluchte er.

»Dös is ja das Best«, belehrte ihn Peter. »Nix schlechter wia Mondliacht; da waar’n mir schnell verrat’n. Geh no hinter meiner; mir kemman a so glei auf’s Straßl, na fehlt dir nix mehr.«

»Beim Eitel is no wer auf«, sagte er nach einer Weile und deutete nach rechts hin, wo in weiter Entfernung ein Licht schimmerte.

»Da waar a oane, de net uneben is. Aber es is schlecht zuawi kemma zu dera.«

»Z’weg’n an Hund?«

»D’ Hauptsach is der alt Vater; der schlaft z’ weni bei da Nacht. Wia ’r a was hört, plärrt er scho beim Fensta außa und macht ’s Haus rebellisch. Amal hat er glei gar außa g’schossen, der Hundling. I hab d’ Schrot im Kerschbaam platschen hör’n, aber da bin i g’roast, mei Liaba …«

»Der hätt di derschiaß’n kinna …«

»Na, na, er hat grad so außi blädert zum Derschrecka und zum Leut aufwecka … so, jetzt san ma auf’n Straßl und hamm nimma z’ weit.«

Michel, der neben seinem Kameraden ging, hatte Herzklopfen bei dem Gedanken, wie nahe das Abenteuer herangerückt war.

»Du, Peter, pass auf …«

Er atmete schwer.

»Was?«

»Du, pass auf, was muass i denn eigentli sag’n zu dera?«

»Da sagscht gar it viel. An d’ Fenstascheiben klopfst, und nacha macht sie auf, und nacha schliafst eini …«

»Sie kennt mi do gar it.«

»Braucht's ja net. No, vielleicht fragt s' di, was du für oana bischt. Na sagst, i bin der gar ander, der Nussbrocka von Weichs, oda sagst, du muasst vom Bezirksamt aus d' Flöh fanga oder so eppas Dumm's halt, wia's d' Madeln gern hamm.«

»Ja, wenn i's so daher bringa kunnt wia du!«

»Dös lernt sie scho, und für 's erstmal tuat's leicht was. Und d' Rosl redt it viel, i kenn s' ja guat.«

»Muass i ihr net sag'n, dass du dabei bist?«

»Zu was denn? Dös geht ja de gar nix o, der welcha dass herunt passt.«

»I woaß net, aber dös kann i scho gar net glaab'n, dass dös all's so leicht geht. Am End schreit s' um Hilf ...«

Peter blieb stehen und lachte.

»Na, so dumm is de net und so g'schrecki aa net. Du stellst dir all's hart vor, und derweil is gar nix dabei. Dös waar aa no a Kunst, mit so an Madel dischkrier'n! Für was studiert's denn ös eigentli?«

Nun musste auch Michel lachen, obwohl ihm ein Knödel im Halse saß, der mit der Annäherung ans Ziel wuchs.

»Auf so was studier'n mir net.«

»Scho, aba ma woaß si do bessa z' helfa mit'n red'n.«

»Na, da bist du scho weitaus besser ...«, wehrte Michel bescheiden ab.

»Ssst ... jetzt müass'n mir a weng staader sei. Da drunt unter'm Bergl is scho dös erst Haus, und mir reiben ins um's Dorf umma z'weg'n de Hund. Geh aufm Gras, Michi, dass ma d' Schritt net so hört.«

»Bleib an Aug'nblick steh, i muass mi verschnaufa«, keuchte der Studiosus, dem das Herz zur Kehle herauf schlug.

»Du hast ja gar koa Luft nimma; z'weg'n dem bissei Weg?«

»Na ... es is ... halt a so ... woaßt, weil's dös erstmal is.«

»Treibt's di recht um? No ja, mir lassen uns recht schö Zeit«, sagte Peter halblaut. »Und pass auf, dass i dir's no amal sag. Wann i was vadächtig's mirk, nacha pfeif i und bleib aba bei da Loata steh. Da koscht di drauf valassen. Wia du mein Pfiff hörst, derfst di nimma aufhalt'n lassen, sondern du schliafst auf da Stell beim Fensta außa. An Tremmel nimmst mit und legst 'n wohi, wo 's d'n glei wieda host. Beim Außaschliaf'n muasst'n dabei hamm, weil ma net woaß, ob net herunt oana zuawa kimmt. Und bal oana kimmt, glei niedaschlag'n! Woaßt d' jetzt all's?«

»... Ja ...«

»Muasst allaweil no so schnaufa?«

»Es vergeht scho ...«

»Also nacha genga ma …«

Sie kamen an einen Hohlweg, der sich steil ins Dorf hinuntersenkte, blieben aber oberhalb auf der Wiese, auf der sie lautlos in einem größeren Bogen zu den Häusern hinunterstiegen.

Michel stieß an einen Markstein an und stolperte.

Ein Hund gab Laut.

»Herrgottsaggerament!«, fluchte Peter, blieb stehen und hielt Michel am Arme zurück. »Staad, sag i …«, flüsterte er.

Der Hund bellte ein paarmal, knurrte und bellte wieder.

»Schinderviech, wann i no di vergiften kunnt!«

Sie blieben eine Zeitlang regungslos stehen.

Eine Kette klirrte; wahrscheinlich war der Hund wieder in seine Hütte zurückgeschloffen.

»Jetza«, kommandierte Peter. »Mir mach'n an größern Bogen; halt di no allaweil hinter meiner.«

So behutsam sie konnten, schlichen sie abwärts und kamen bald an die Einfahrt vom Holzböck.

»Lass mi voro und bleib derweil steh; net dass uns der alte Hund aa no Spetakel macht.«

Als sich Peter nach diesen Worten in der Dunkelheit verloren hatte, schaute Michel ängstlich auf das hochgieblige Haus, vor dem er stand, und er wurde sich seiner Hilflosigkeit bewusst.

Wenn sich aus der Finsternis jemand auf ihn stürzen würde?

Es war leicht zu sagen, dass er jeden niederschlagen solle, aber er hatte ganz gewiss nicht den Mut dazu.

Jedes Geräusch erschreckte ihn; das leise Rauschen der Blätter, die der Nachtwind bewegte, machte ihn ängstlich.

Er kam sich wie mitten unter Feinden vor, die beim leisesten Geräusch erwachen und über ihn herfallen würden.

Da!

Überm Hof drüben knurrte ein Hund, dann war's wieder still.

Jetzt war's, als ob jemand daher schlürfte, immer näher.

Eine beklemmende Angst schnürte ihm die Brust zusammen.

Er wollte schreien: Peter … oder Obacht, aber er war so heiser, dass er keinen Ton hervorbrachte.

Schon wollte er umkehren und einfach in die Nacht hineinlaufen, da hörte er seinen Namen.

»Michi … bst … ah, da bist … hamm ma 's scho …«

»Was hast?«

»Staader, sag i. D' Loata hab i … jetza schleich di no her … so …«

Michel folgte willenlos.

Aus dem Gebäude heraus tönte ein halblautes Schnattern.

»De Saggeramentsgäns!«, fluchte Peter. »De sell'n hamm an Deifi … glei san s' wach, de Luada, de abscheiligen … so … aba jetza hamm ma's scho …«

Er lehnte die Leiter, die er unterm Arm geschleppt hatte, an die Hauswand.

»Da steigst jetzt aufi …«

»Aufi?«

»Ja, mach no! Drob'n, siehgst net? Da is 's Fenschta. Es scheint ma, dass 's halbert offen is … klopfst a weng an's Glas oda ruafst ihr ganz staad: Rosl … sie hört die glei …«

»Ja, moanst do …?«

»Tua net lang um und schliaf aufi.«

Michel trat zögernd auf die erste Sprosse, dann auf die zweite.

Der Stecken rutschte ihm aus der Hand und fiel auf den Boden.

»Jessas! Jessas! G'stellst di du!« knurrte Peter. »Steig no weida, i g'halt dein Tremmi herunt'n, sunst kimmt er dir no unter d' Füaß.«

Michel nahm wieder etliche Sprossen und tastete mit den Händen nach dem Fensterkreuz.

Peter hatte recht gesehen: das Fenster war halb offen, und ein warmer Dunst, ein unbestimmbarer Geruch wie von Haaren, drang heraus.

Über den zaghaften Studiosus kam jetzt auf einmal eine merkwürdige Ruhe oder Entschlossenheit. Jetzt wollte er das Abenteuer bestehen.

Er schob das Fenster weiter hinein und klopfte behutsam auf das Fensterbrett.

»Bsst! Rosl! Bsst!«

Ein Geräusch.

Dann eine leise Stimme: »Was geit's?«

»Rosl!«

»Ja …«

Michel bohrte seine Blicke in die Dunkelheit und sah, wie sich jemand langsam aus dem Bett schob.

Nun kam eine weiße Gestalt heran, und eine derbe Hand fasste nach der seinen.

»Bischt as du, Lenz?«

»Na …«

»Ah, da Sepp is …«

»Na …«

Michel hielt sich mit der linken Hand am Fensterkreuz fest, mit der andern tappte er nach dem vollen, runden Arm der Rosl.

Er atmete schwer vor Aufregung.

»Wer bischt denn nacha?«, fragte das Mädel.

»Halt aa oana …«

»Was willst denn da?«

»Eini möcht i zu dir …«

»Ah, du bischt oana! Kimmt er da daher mitt'n bei da Nacht! Du bischt gar it von Riad, gel?«

»Na … Derf i net a weng eini kemma …«

»Bsst!«, mahnte die Rosl. »Du muasst staad sei, der Blasi schlaft daneb'n …«

»I bin scho staad.«

»Hoscht d' Stiefi auszog'n?«

»Na, de hab i net ausziahg'n kinna.«

»Ja, bal s' knarrez'n, hört di da Blasi …«

»Der hört mi net …«

»Ah, du bischt oana! Du bischt scho ganz vaweg'n. Wo bischt'n du her?«

»Halt aa.«

»Bischt g'wiss von Langwaid drent?«

»Na …«

Michel hatte seine Hand auf die nackte Schulter des Mädels gelegt und krampfte in der Aufregung seine Finger ein.

»Ah, du tuast ma glei gar weh …«

»Derf i net in d' Kamma eini …«

»Bal' s d' recht staad bischt …«

»I gib scho acht …«

Er stieg noch eine Sprosse höher und wollte sich mit Kopf und Schultern durch das Fenster zwängen.

»Herrgott, is dös eng!«

»Ssst! Was moanscht denn? Ma hört di ja!«

»Deifi … Dös is z'eng.«

»Du muasst höher aufa steig'n und mit de Füaß voro eina schliaf'n …«

Michel folgte der erfahrenen Rosl, und indem er sich mit der Linken fester hielt, schob er ein Bein nach dem andern durch und saß schon auf dem Fensterstock. Dabei war er aber ein paarmal ans Glas gekommen, das klirrte.

»Heb di do staad!«, mahnte das Mädel.

Und nun wollte er eben den Oberkörper durchzwängen, als eine grobe Stimme zum Fenster nebenan herausschrie:

»Heda! Was is da? … Herrgottsaggera …«

»Jessas! Da Blasi!«, flüsterte Rosl erschrocken. Und in diesem Augenblicke pfiff unten der Peter.

»Wart, dir hilf i«, drohte der Blasi.

Michel klammerte sich ans Fensterkreuz und zog unbekümmert um den Lärm hastig die Füße zurück.

Die Stiefel kratzten über das Fensterbrett und kratzten an der Hauswand hinunter und suchten die Sprossen.

Als Michel eben einen festen Stand gefunden hatte, schlug ihm ein derber Stock über Arm und Schulter; ein zweiter Hieb traf ihn auf den Kopf, und es war gut, dass der Hut die Wucht milderte.

Ein Prügel sauste neben Michel gegen das Fenster, aus dem sich der Blasi herausbeugte, um den Eindringling noch ein paarmal zu treffen.

Peter hatte ihn heraufgeworfen, und er schimpfte dazu,

»Dir schmeiß ich dein Gipskopf ausanand, du Stier, du miserabliger!«

Der Prügel schlug dicht neben Blasi an die Wand und krachte wieder herunter; ein Hund bellte heiser über den Hof und riss wütend an der Kette, und Michel verfehlte in der Hast eine Sprosse und rutschte und fiel unsanft auf den Boden.

»Jetz is Zeit«, rief Peter. »Laff was d' ko'st …«

Er sprang voran in die Dunkelheit, aber sein Schutzbefohlener kam ihm nicht nach. Er hatte sich den rechten Fuß verprellt und hinkte mühsam hinterdrein.

»Mach … mach! Druck di!«, schrie Peter schon aus größerer Entfernung zurück, und schon blinkte ein Licht drüben im Hause auf und noch eines gerade gegenüber im Rossstall.

»Wart Luada! Halt's 'n auf!«, brüllte es von der Haustüre her, und noch ehe Michel ein paar Schritte weitergehumpelt war, fasste ihn wer von hinten und riss ihn zu Boden.

Der Blasi war der erste im Hof heraußen gewesen und hatte den Fremdling niedergeworfen. Da kam auch schon ein zweiter Knecht herzugelaufen und hinter ihm drein ein Dienstbub.

Michel wollte sich vom Boden aufraffen, aber der Schmerz am Fuße war ihm hinderlich, und der Blasi war zudem ein fester Bursch.

»Lasst's mi aus! Was wollt's denn von mir?«, keuchte Michel.

»Was hoscht denn du bei da Nacht im Hof herin z'toa? I gib da's scho, beim Fenschta einisteig'n …«

Aber wo war denn der Peter?

Der stand vor dem Hofe hinter einem Schupfen und überlegte, ob er seinem Kameraden zu Hilfe eilen sollte.

Zu seiner Ehre muss es gesagt werden, dass er es schon im Sinne hatte, ja dass er schon näher schlich, um sich dann im plötzlichen Anprall auf die Feinde zu stürzen.

Aber da sah er das zitternde Licht einer Laterne, das sich vom Hause her näherte. Es kam noch wer dazu, wahrscheinlich der Bauer, und nun war die Übermacht doch gar zu groß.

Für den Michel war es aber ein Glück, dass der Holzböck selber eingriff, denn die Knechte schlugen im Geräufe mit den Fäusten zu, und er verspürte mehr wie einen schmerzenden Hieb.

»Was habt's da für oan?«, fragte der Bauer.

»I kenn an it … Bei da Rosl is er am Kammafenschta g'wen …«, antwortete der Blasi.

»Am Kammafenschta? Na hört's mit'n schlag'n auf. I hab scho g'moant, ös habt's an Einbrecha dawischt …«

»I will ja gar nix … lasst's mi do aus!«, bat Michel.

»Also auslassen!«, kommandierte der Holzböck, und die Knechte gaben ihr Opfer widerwillig frei.

Der verunglückte Abenteuerer erhob sich mühsam, und der Holzböck leuchtete ihm mit der Laterne ins Gesicht.

Die Haare hingen dem Michel ins Gesicht, und das linke Auge war verschwollen.

Er sah nicht vorteilhaft aus, als er jetzt den Bauern angstvoll anstarrte.

»Was bischt denn du für oana?«, fragte dieser barsch. »Koa hiesiger bischt net.«

»I ho ja gar nix woll'n …«

»Ja … ja, dös kennt ma scho. De sell Loas bracht alle Augenblick an andern daher, aber de schmeiß i morg'n außi. Und du sagst mir jetzt, wer's d' bischt.«

»I …?«

»Ja, tua no net lang umanand …«

»Vom … vom Ruepp bin i …«

»Vo der Leit'n?«

»Ja …«

»A Bua davo?«

»Ja …«

»Aba da Kaschba bist net. Den kenn i …«

»I bin da Michel …«

»Der, wo auf Geischtli studiert? Jetz is 's recht …«

»I ho ja gar nix woll'n …«

»Ah so … bischt zum Rosenkranz-Bet'n herkemma? Mandei, dös sell lasst bleib'n, dös kannt dir no schlechta außi geh' als wia heut.«

Die Knechte lachten, und Blasi sagte: »Da hamm ma ja an ganz an schwarz'n Kater dawischt.«

Der Bauer bot ab.

»Lasst's as guat sei. Und du machst, dass d' weida kimmst und nimm dir's für a Lehr! Dös steht dir net o, so was!«

Der Dienstbub hatte Michels Hut vom Boden aufgehoben und gab ihn grinsend dem armen Kerl, der ihn aufsetzte und sich dann schweigend abwandte, um zum Hofe hinaus zu humpeln.

Er war noch nicht weit gekommen, als plötzlich der Peter neben ihm stand.

»Hamm s' di recht herg'schlag'n?«, fragte er.

»I hab's ja z'erscht g'wisst, dass 's schlecht ausgeht …«, murrte Michel.

»Es waar ganz guat ganga, wann du a weng g'schwinder g'wen waarst. I hab mir scho oiwei denkt, für was dass d' so lang auf da Loata steh bleibst und net eini schliafst beim Fenschta. Mei liaba Mensch, so derf ma si net Zeit lass'n. Da hat di ja der damische Kerl hör'n müass'n …«

»Ah was! Hergeh hätt i net soll'n …«, sagte Michel unwirsch.

»Warum denn net? Waar ja net aus! Dös sell muass di jetzt net a so vadriaß'n. An andersmal geht's bessa.«

»Koan andersmal gibt's nimma …«

»Ja freili …«

»Na. Dass ma dasteh muass wia 'r Einbrecha … au!«

»Was hoscht denn? Tuat dir was weh?«

»Da Fuaß … und d' Achsel … i ko mein Arm beinah net rühr'n …«

»Herrgottsaggerament überanand! Dös zahl i aba dem Blasi hoam! I kenn an a so, den Stier, den lüaderlich'n. Der kimmt ma net aus. Bal

Markt is z' Altomünsta, dawisch i 'n scho, aba nacha lass i 'n umma, den! Der derf si g'freu'n.«

»Dös helft mir nix ...«

»Geh, sei net a so vazagt! Amal dawischt's an jed'n, da liegt ja gar nix dro ...«

»Und was wer'n meine Leut sag'n?«

»De wiss'n nix ...«

»Dös sehg'n s' do. Is mir ja 's ganz Aug verschwoll'n, und geh konn i schier net. Was soll i denn sag'n, woher dass dös kimmt?«

»Da find'n ma scho was«, tröstete Peter.

»M ... hm ... au! Herrgott, i bleibet am liabern da auf der Wies'n hokka.«

»Halt di a weng ei, und na rast'n mir wieda. Es geht scho. Aba wart no, dem Blasi, dem schlag i 's Kreuz o, dös is g'schwor'n ...«

»Mir waar liaba, i waar dahoam und i lieget im Bett.«

»Mir kemman scho hoam ...«

»Ja, und was sag i morg'n, wenn i nimma aus de Aug'n außa schaug'n ko?«

»Woaßt was? Mir sag'n ganz oafach, i und du, net, mir han a weng auf Erdweg ummi ganga; weil d' Arndt herin is, hätt'n mir no gern a Maß Bier trunk'n, und, pass auf, beim Hoamweg, sag'n mir, da hamm ins a paar a drei o'packt. De müassen ins für andere g'halt'n hamm, und durch dös san mir ganz unschuldigerweis ins Raffa kemma, und mir hamm wohl de andern verjagt, sag'n ma, aba natürli, durch dös hamm mir aa Schläg kriagt, und indem dass du an Fried'n hoscht stift'n woll'n, bischt du bei dem Brettl übern Graben ausg'rutscht und hoscht dir an Fuaß verknaxt, und a so sag'n mir. Dös glaaben s' nacha scho ...«

»Von mir aus glaab'n s' as aa net. Wann i no in mei'm Bett lieget ...«

»Mir hamm nimma weit ...«

Und Peter tröstete den Michel und half ihm und stützte ihn, bis sie endlich daheim anlangten.

»Dös muass di net vadriaß'n«, mahnte Peter noch einmal, als ihm sein Schützling gute Nacht sagte und eben doch sehr verdrossen und auch sehr müde in seine Kammer schlich.

ZEHNTES KAPITEL

Ja, Bua, was is denn mit dir passiert? Um da Gott's Will'n, wia schaugst denn du aus?«, rief die Rueppin, als der Michel am andern Morgen in die Küche hinkte.

»Was werd denn passiert sei?«, knurrte er. »A Dummheit. Eigentli is gar net wert, dass ma davo redt.«

Und er erzählte beinahe wortgetreu alles, was sich der erfinderische Zotzen-Peter als beste Erklärung ausgedacht hatte.

»Waar ja net aus!«, jammerte die Bäuerin. »Bei da Nacht d' Leut o'packa und ganz frei herschlag'n, obwohl dass mi gar it bekannt is. So was ausg'schamt's muass no gar it dag'wen sei ...«

Der Ruepp, der die Sache gleich großartig mit Gericht und Advokaten und Schandarmerie angehen wollte, hatte freilich auch einiges zu tadeln, denn was andere anbetraf, hatte er strenge Ansichten, und die Gelegenheit, sie aufzuweisen, ließ er nicht aus.

»De Burschen wer'n ma scho kriag'n«, sagte er, »da gib i net nach, bis dös offenbarig werd. Aba dös muass i aa sag'n als Vata: g'hör'n tuat si dös net, dass du mit an Knecht in de Wirtschaft'n umanandaziahgst ...«

»Er hat ja grad a Maß in Erdweg drent trunka«, widersprach die Bäuerin. »Es werd eahm halt dürscht hamm nach dera Hitz und nach der Arwat ...«

»Dös is gleich. Ma muass allaweil wissen, wer ma is, und mit wem dass ma's z' toa hat. Es passt si amal net für an Schtudierten, dass er bei de Knecht hockt oda gar a Freundschaft hat damit. Waarst mit mir zum Wirt abi ganga, waar di nix passiert ...«

»No ...«, machte die Rueppin.

Aber der Bauer ließ sie nicht zum Wort kommen.

»I sag dös, ma muass wissen, bei wem dass ma is, und ma derf nia vagessen, wer ma selm is. I hab dir's scho a paarmal sag'n woll'n unter der Arndt, du solltest net gar so Kamerad sei mit'n Peter ...«

»Bal's do mitanand in d' Schul ganga san ...«

»Dös g'hört da it her. I sag, ma muass wissen, wer ma is. Und jetzt lasst's amal an Petern einakomma, dass er mir a weng an Auskunft gibt; i geh nacha zum Kommandanten ...«

»Zu was denn?«, brummte Michel. »Da werd nacha bloß 's G'red no größa ...«

»Dös is gleich. Aber i leid's amal net, dass so was vorkimmt. Wo is denn da Peter?«

Die Rueppin ging in den Hof hinaus, um den Knecht zu holen, und in der Zwischenzeit machte Michel noch einmal den Versuch, seinen Vater von der Anzeige abzubringen.

Aber der Ruepp hatte seine Grundsätze, bei denen er fest blieb.

Jetzt kam auch der Zotzen-Peter in die Küche und stellte sich mit dem gleichgültigsten Gesichte neben die Türe.

»Ös seid's gestern in Erdweg g'wen?«

»Ja ...«

Sein Blick streifte unauffällig zu Michel hinüber. Der hatte also seine Ausrede vorgebracht, und jetzt kam das Lügen an ihn.

Schon recht. Darin konnte man sich auf ihn verlassen.

Und er log auch tapfer und standhaft, wie es sich für einen Kameraden gehört, und wie es ein tüchtiger Mensch fertigbringt.

Das Ergebnis war sehr dürftig, denn der Peter wusste nichts, hatte keinen Verdacht und konnte sich nichts denken.

Das hielt den Ruepp ab, sogleich ins Dorf hinunter zu gehen und die Schandarmerie in Bewegung zu setzen.

Einen Tag später war ihm nicht mehr viel daran gelegen, und wieder etliche Tage darnach war schon das Gerücht von dem wirklichen Begebnisse durch die Dörfer und Weiler der ganzen Gegend gelaufen.

Eine Geschichte von Prügeln, die einer beim Kammerfenster erhalten hatte, war an sich schon volkstümlich, aber der Umstand, dass der Betroffene ein geistlicher Student war, gab erst die rechte Würze, und in allen Wirtshäusern erzählte man sich lachend, dass beim Holzböck ein schwarzer Kater eingefangen worden sei; die Mädeln steckten es sich kichernd zu, und die Bäuerinnen, die in allem die Frömmeren sind, waren bekümmert darüber, dass es so was auch gebe.

Der erste, der es auf der Leiten inne wurde, war der Kaspar, den im Feld draußen der Sexer darum anredete.

Das heißt, er fragte ihn teilnehmend, wie es dem Bruder gehe, und ob er sich doch nicht den Haxen gebrochen habe, wie er in Ried von der

Leiter heruntergefallen sei. Wenn einer so was als erster einem andern, den es angeht, brockenweise zumessen kann, ist es ihm ein Genuss.

Der Kaspar lehnte das herzliche Bedauern, das der Sexer zeigte, schroff ab; er machte auch daheim kein Wesen daraus, aber der Leni erzählte er's.

»Unser Hochwürden macht si …«

»Was is damit?«

»Am Kammerfenschta is er g'wen z' Riad, beim Holzböck, und da hamm s'n dawischt und recht herg'schlag'n.«

»Ah … ah … na is dös gar it wahr, dass er in Erdweg o'packt wor'n is …«

»Dös is all's derlog'n. Beim Fensterln hamm s'n a so zuag'richt. Der werd amal richti als Pfarra.«

»Der werd z'erscht koana.«

»Mir kimmt's aa so vor, aba von dem werd scheint's it g'redt, was dös Geld kost hat, und waar jetzt all's umasunst außi g'schmissen.«

»Mir g'fallt scho lang nix mehr«, sagte Leni. »Bal oana wirkli auf geischtli tracht, na g'stellt er si do ganz anderst o, als wia da Michi. Der tuat ja gar it dergleicha …«

»Und lafft zu de Menscha glei a Stund weit; bis auf Riad treibt's 'n ummi, den geischtlinga Herrn.«

»I sag's aba da Muatta, und auf da Stell, weil sie scho gar nix mehr kennt, als wia grad Michi hi und Michi her …«

»Sag's ihr no. Is g'scheidter, sie hört's von dir, als wia von ander Leut. In der ganzen Gegend hamm s' eahna Gaudi damit, hat mir da Sexer g'sagt …«

»Bei ins passt all's z'samm …«

Leni war kaum allein in der Küche mit der Rueppin, da fing sie schon an.

»Jetzt host as mit dein braven Michi …«

»Was hab i?«

»Weil's d' a so net woaßt, was d' eahm all's o'toan muasst z'weg'n seine Schmerzen, de wo er so unschuldigerweis leidt …«

»Is dös vielleicht nix, wenn er hinterrücks überfall'n werd?«

»Ja … überfall'n! Von da Loata hamm s'u aba g'schmissen, wia'r a bei so an lüaderlichen Weibsbild am Kammafenschta war …«

»Was redst du daher?«

»Dös, was wahr is. Beim Holzböck in Riad hamm s'n vertrieben, den saubern Herrn. Bei dera G'legenheit hat er seine Schläg kriagt, und d' Leut lachen recht drüber …«

Die Rueppin musste sich niedersetzen.

»Dös gibt's ja gar it …«

»Frag'n selber. Vielleicht b'steht er dir's ei.«

»Wo is er denn?«

»Im Hof war er voring draußt beim Peter. De zwoa steckan ja a so allaweil beinand.«

Leni schaute zur Türe hinaus und rief.

»Michi! … Zu da Muatta sollst eina kemma …«

»Ahan …«, sagte der Zotzen-Peter, der gerade einen Pflug herrichtete. »Jetzt wissen 's de aa scho …«

»Soll'n s' as wissen …«

»Red di auf mi aus und sag, i waar am Kammafenschta g'wen, und du bischt bloß mitganga …«

»Ah was, da liegt mir gar nix mehr dro«, sagte Michel und ging in's Haus.

»Du, was d' Leni verzählet, gel, dös is it wahr?«, rief ihm die Rueppin zu.

»Was hat s' denn verzählt?«

»Dass dös all's a Schwindel war, was du g'sagt hast von Erdweg«, fiel Leni ein. »Dass s' di beim Kammafenschta g'haut hamm, dös hab i da Muatta g'sagt.«

»Wann d' no du was ausanand bringa ko'st; da hoscht ja du dei Freud dabei.«

»Weil's d' Leut überall'n verzähl'n; i trag's net weida und hab's net aufbracht.«

»Aba Michi, du werst do dös it g'macht hamm!«, jammerte die Mutter.

»Gar so weit werd's net g'feit sei, bal ma'r amal an G'spaß macht.«

»Dös is an sauberna G'spass für oan, der wo amal an Pfarra spiel'n möcht …«, fiel Leni wieder ein.

»Hoscht an dös gar it denkt? Da nehman s' di am End gar nimmer«, sagte die Rueppin.

»Dös waar mir dös liaba …«

»Ja, Bua!«

»Na, Muatta, jetzt sag i dir's pfeilgrad, i waar z'erscht nimma z'ruck ganga ins Gymnasium.«

»So? Und 's Geld nacha, dös wo ma an die hing'hängt hot?«, keifte Leni.

»Von dir hab i koans kriagt.«

»Net? Geht dös vielleicht net an dem unsern ab, was du verto host? Von dir hab i koans, saget er, und mir müassen de ganz Zeit zuaschaug'n, wia ma'r eahm 's Geld schickt, und mir dahoam kemman in d' Verlegenheit und gar no in d' Schuld'n.«

»Für dös konn i gar nix …«

»Jo …«

»Net wahr is. Wenn da Vata oa Wort g'sagt hätt, oder d' Muatta, na waar i scho Jahr und Tag dahoam und hätt tausendmal liaba mitg'holfen als Knecht …«

»Ja … wer's glaabt. Z'erscht treibt er si de längst Zeit als Schtudent umanand, der wo nix schtudiert, und na hoaßet's auf oamal, i waar liaba a Knecht. Mit der Arwat tandeln, so hättst as vielleicht in Sinn …«

»Jetzt hör amal auf!«, bot die Rueppin ab. »Mit'n Streit'n is gar nix g'richt, und du, Michi, du werst di wohl no b'sinna …«

»Schau, Muatta, dös hat koan Wert gar nimma. Z' Freising hamm s' zu mir g'sagt, dass i z' alt wer, und schau, bal i jetzt no zwoa Jahr hi häng, und es werd do nix …«

»Ja, Bua, was is denn aba, bals d' it firti machst?«

Michel wollte ihr seinen Plan mit der Weihenstephaner Schule erklären, zögerte aber vor der Leni und sagte: »I hätt scho was in Sinn, und es kunnt no all's recht wer'n …«

Derweil schlug der Hofhund an, und man hörte Schritte im Hausflötz.

Die Rueppin schaute hinaus.

»Dös is ja da Mesner …«

»S' Good beinand!«, sagte der Schwaiger, ein Kleingütler, der den Mesnerdienst verrichtete. »I hab d' Rechnung für der alt'n Loni ihra Leich. Pressiert aba net, bal da Bauer net da is; er ko s' leicht amal zahl'n, wann er abi kimmt.«

Er zog ein Notizbuch aus der Tasche und holte einen Zettel daraus hervor, den er der Bäuerin gab.

»Na werd's da Bauer scho am Sunntag recht macha …«

»Ja … ja … feit da nix … und no eppas hätt i zu'n ausricht'n für'n Michi …«

»Für mi?« Der Studiosus bekam einen roten Kopf, als er fragte.

»Ja … an schön Gruaß soll i sag'n vom Herrn Pfarra, und Sie soll'n morg'n nach da Kircha, vielleicht um a neuni, zu eahm komma …«

»Is recht, i kimm scho. Hat er net g'sagt, z'weg'n …«

Michel stockte.

»Z'weg'n was?«, sagte der Schwaiger. »Na, von dem hat er nix g'sagt …« Dabei blinzelte er aber mit dem linken Auge, was dem Michel andeuten sollte, dass er ihm allein schon was verraten könnte.

»Von dem hat er nix g'redt«, wiederholte er. »Es werd halt was z'weg'n da Schtudi sei oder a so. Er hat bloß g'sagt, bals d' heut zum Ruepp aufi kimmst, sagt er, nacha richt an Herrn Schtudenten aus, dass er mi morg'n b'suacht. Nach da Kircha, hat er g'sagt, und mehra woaß i wohl it.«

»Werst na da scho a Nudel mög'n und an Kerschgeist?«, fragte die Rueppin.

»Da sag i net na …«

Es schien dem Michel ewig lang zu dauern, bis der Schwaiger seinen Schnaps ausgetrunken und etliche Dorfneuigkeiten ausgekramt hatte.

Er schlich sich unauffällig aus der Küche und wartete hinterm Austraghäusel, bis der Mesner endlich den Heimweg antrat.

Als er ihn unter der Haustüre Abschied nehmen sah, ging er den Hohlweg hinunter und setzte sich beim Brünnl auf einen Baumstamm.

»Ah, da is ja da Michi …«, sagte der Schwaiger.

»Ja … i hätt gern g'fragt weg'n an Herrn Pfarra. Was will er mir denn?«

»Was er will? Hm … G'sagt hat er ja nix, aba i denk ma halt, z'weg'n dera Gaudi da …«

»In Riad drent?«

»Freili …« Der Schwaiger blinzelte lustig. »Es ist eahm halt aa z' Ohr'n kemma. Natürli, d' Leut red'n davo, und bal amal so was aufmahrig is, nacha laffan ja de Betschwestern in Pfarrhof eini, als wann eahna 's Feuer unterm Rock brennat. De erst war de alt Puachrainerin, und nacha is d' Nottensteinerin daher g'schwanzt und d' Rauscherin, und a Getua hamm s' g'habt und a Jammerei, als wann eahna selm dös größt Unrecht g'schehg'n waar, und als wann s' de Straf Gottes herbet'n müasst'n …«

»Was bekümmert's denn de …«

»Sag i aa allaweil. Aba da Deifi is ja nix geng an alt's Wei, und natürli, vagunna tean de alt'n Luada de junga Leut überhaupts nix …«

»Was hat da Herr Pfarra g'sagt?«

»M … mei, net vui; der reißt si desweg'n koan Haxen aus. Er hot s'halt o'g'hört, net, weil er s' o'hör'n muass.«

»Deifi, dös is mir scho so z'wida!«

»No mei, da is no net all's aus. Vorläufi, net, san S' no amal net geischtli, und mei Gott, hamm ma sogar scho Koprata g'habt, wo ma si allerhand vazählt hat, und überhaupts, a junga Mensch, dös woaß ma do …«

»Dös z'widerst is, dass mi eigentli de G'schicht gar nix o'geht. I bin bloß mit an Kamerad'n in da Begleitung mitganga …«

Michel erinnerte sich rechtzeitig an die Lüge, die ihm sein Lehrmeister angeraten hatte. Ob sie aber der Schwaiger glaubte, war nicht deutlich zu erkennen, denn er blinzelte wieder stärker mit den Augen, als wenn ihm die Abendsonne weh täte.

»A so is de Sach? Grad in da Begleitung? No ja, nacha is ja eigentli gar nix dabei«, sagte er.

»A Dummheit is und bleibt's«, antwortete Michel.

»Aba a himmiweita Untaschied«, rühmte der Schwaiger. »Bal mi mit an Kamerad'n geht und der sell lasst si net abbringa von sein Plan, für dös ko ma do nix …«

»Mitgeh hätt i halt net soll'n …«

»Mei Gott, dös is G'schmacksach. Aba nacha is dös aa net wahr mit de …« Schwaiger deutete mit dem Stecken Hiebe an … »mit de Schmiergel?«

»Na, dös hoaßt, a bissel in a Rafferei bin i scho eini kemma …«

»A freili … a so halt … als Begleiter … natürli … da hilft ma sein Kamerad'n …«

Er blinzelte wieder stärker.

»No ja …«, sagte er dann. »An Kohlrabi reißt Eahna da Herr Pfarra net aba, und bal er schimpft, sagen S' eahm halt dös, dass Sie ganz unbeteiligterweis zuawi kemma san. Dös glaabt er na scho … Und jetzt bfüad Good, Herr Michi … ausg'richt hab i mei Sach … adjes!«

Michel ging langsam heimzu, und er ließ den Kopf gedankenschwer hängen.

Derweil saß drunten beim Wirt der Ruepp und fing allgemach zu krakeelen an, wie er's im Brauch hatte, wenn er schon eine Halbe über den Durst getrunken hatte.

»Du g'hörst aa zu dena«, schrie er zum Langwaider hinüber, der sich wohl nicht ohne Absicht an einen andern Tisch gesetzt hatte. »I woaß gut, du bischt aa bei de sell'n, wo si 's Maul z'rissen hamm über mi. Di kenn i guat, Manndei!«

»Mein Ruah lass ma!«

»Lasst's ma ös z'erscht de mei! Aba dös sag i dir, da vaderb'n z'erscht no vui z' Weidach, vor i vadirb. Dös sagst eahna, de gar andern, de wo meine Schuld'n z'sammzähl'n möcht'n. Vor i vadirb, vaderb'n no ganz anderne, und i bin no koan Weidacher was schuldi blieb'n. Da waar i mir scho z' guat dazua, dass i mi von dena Hungaleider o'schaug'n liaß. Pfüad di Good, sag i, und so g'scheit, wia de ganz andern, bin i no lang. Waar ma scho g'nua, sag i, Herrgottsaggerament! Und du bischt aa dabei, bei de sell'n …«

»I trink mei Bier und will mein Fried.«

»Ja … dein Fried … Aba da steht's z'samm und redt's oan recht schlecht, und waar ja scho bald a so, als wann i an Weidacher was schuldi waar … Da seid's ma ös z'weni, ös Hungerleider, ös ganz notigen!«

»Geh, drah net a so auf; es steht dir net o.«

»I sag mei Sach, und 's Mäu lass i mir von enk net vabiat'n, dass d'as woaßt. Und i vadirb no lang it, dös mirkst da, und da vaderb'n z'erscht ganz anderne …«

»Was is denn?«, fragte der eintretende Wirt.

»Was werd sei? Der Ruepp is halt wieda b'suffa …« sagte der Langwaider.

»Was bin i? Was woaßt du, dass i b'suffa bin?«

»Net z' weni. Und überhaupts, bal ma da eina geht und auf'n Feierabend sei Halbe Bier mit Ruah trink'n möcht, muass ma si da d' Ohr'n voll plärr'n lass'n und si Grobheit'n sag'n lass'n?«

»Du haltst jetzt dei Mäu!«, entschied der Wirt kurz und drohte dem Ruepp mit dem Finger. »Du woaßt guat, dass du da herin koa Bleib'n it hoscht, bal's du aufdrahst.«

»I trink mei Sach, und i zahl mei Sach, und i sag mei Sach. Und dös Recht wer i hamm, wia 'r a jeda, und i sag mei Sach, und i zahl mei Sach.«

»Und mi lasst d' in Ruah!«, sagte der Langwaider.

Da schrie aus der Ofenecke heraus eine scharfe Stimme, die dem Austrägler, dem alten Mader Lenz, zugehörte: »Überhaupts kümmer di um di und um dein Buab'n! Da hoscht di z' kümmern g'nua!«

»Was Bua? Wer Bua? Über mein Kaschpar werst du nix sag'n kinna …«

»Du woaßt scho, dass i den andern moan.«

»An Michi? Vo dem werst du erst recht nix wiss'n …«

»Dös nämli, wia alle Leut …«

»Ös müasst's ja allsammete amal froh sei, bal enk mei Michi an Seg'n gibt. I gaab'n enk g'wiss it.«

»Den müasst ma z'erscht mög'n … gel. Und überhaupts derf a sellana gar it g'weicht wer'n. Da werd da Babscht aa no was drei red'n …«

»A sellana? Was für a sellana? Dir schlag i s' Kreuz o, du Bettelmo, du ganz schlechter!«

»Hö … hö! Net gar so grob! Gel?«, mischte sich der Wirt ein.

»Derf er mein Michi an sellan hoaß'n, der wo it g'weicht werd? Muass ma'r i dös g'fall'n lassen?«

»No ja, über dös derf ma no red'n, bal dei Bua von de Kammafenschta verjagt werd. Dös steht eahm schlecht g'nua o …«

»Net wahr is!«

Der Wirt zog gleichmütig die Achseln hoch.

»Dös werd öffentli verzählt.«

»Wer derf dös sag'n?«

»Da Holzböck hat's selm verzählt, da herin vor alle Leut, dass d' as woaßt. Und jetzt hörst mit'n plärren auf, gel?«

»Und a sellana derf it geischtli wer'n«, sagte der Mader Lenz.

»Dös werd da Babscht it zuageb'n.«

Der Ruepp verstand, dass es der Wirt ernsthaft meinte, und die Beschuldigung machte einen solchen Eindruck auf ihn, dass er beinahe nüchtern wurde.

Er zahlte und stand hastig auf, ohne sein Bier auszutrinken.

Als er mit unsicheren Schritten bis an die Türe gekommen war, sagte er: »Von dem woaß i gar nix, und bal's it wahr is, nacha mach i's advikatisch, und na müassen s' aba her, de Falschhauser, de wo auf ins aufi lüag'n. Kenna tua i s' allsammete ...«

Da ihm niemand mehr angab, stolperte er zur Haustüre hinaus und stieß dabei mit dem Postboten zusammen, der gerade herein gehen wollte.

»Hö! Zeit lassen!«, rief dieser. »Ah, da Ruepp! Dös is recht, dass i di triff. Für di hab i was, na brauch i nimma aufi zu dir ...«

»Was hast?«

»A Zuastellung vom G'richt ...«

»An mi?«

»Ja ...«

»I ho mit'n G'richt nix z' toa.«

»Werd do a so sei«, sagte der Postbote und gab dem Ruepp das Amtsschreiben.

Der steckte es achtlos in die Tasche, aber schon nach ein paar Schritten zwang ihn ein unbestimmtes Gefühl, das Schreiben wieder hervorzuholen und zu öffnen.

Die Schrift verschwamm ihm vor den Augen, aber ein paar Worte setzten sich doch fest ...

Nachlass der verstorbenen Apollonia Amesreiter ...

Halt auf! Kam da etwas nach?

Eine heiße Angst stieg in ihm auf, und er las noch einmal.

Nun standen die Buchstaben fester und drohender vor ihm, und er brachte heraus, dass er auf den 18. September vorgeladen war, um Auskunft über den Nachlass zu geben.

ELFTES KAPITEL

Auf dem Ruepphof war am andern Morgen eine trübselige Stimmung.

Die Bäuerin ging mit verweinten Augen herum, die Leni rappelte in der Küche mit dem Geschirr, und der Michel wusste nicht, wo er sich vor den lauten und stummen Vorwürfen verschliefen sollte.

Vor dem Vater hatte er allerdings Ruhe, denn der lag im Bett und grübelte vor sich hin, wie er sich beim Gericht am sichersten aus der Verlegenheit helfen könne. Darüber hatte er alles andere vergessen und die Lust verloren, seinen ungeratenen Sohn ins Gebet zu nehmen.

Gleich nach dem Frühstück machte sich der Michel auf den Weg, um in die Kirche und dann in den Pfarrhof zu gehen.

Außer dem Hause war's ihm wohler zumut, und der klare Spätsommermorgen flößte ihm fröhliche Zuversicht ein.

Wie blinkte der Tau in den Grashalmen, wie glitzerte er in den wunderfeinen Spinngeweben, die zwischen den jungen Fichten hingen!

Und wie arbeitsfroh konnte einem zumut werden, wenn die Luft vom Geruch der frischgepflügten Erde voll war!

Mit der drückenden Heimlichkeit war es jetzt aus, und wenn sich die Klarheit auch nicht auf die allerschönste Weise eingestellt hatte, jedenfalls war sie da, und sie wussten daheim, dass er nicht mehr in die Gefangenschaft zurückkehren wolle und könne.

Das letzte war gleich noch das bessere, denn es war unumstößlich und schnitt alle langen Reden ab.

Der Michel hob den rechten Fuß auf und schnalzte mit den Fingern; ganz übermütig war er, wie es ihm so vor Augen stand, dass er frei und ledig war.

»Wüah … hö … wüah!«

Rechts vom Wege pflügte der Zotzen-Peter, und er schrie wohl so laut, damit ihn der Freund hörte.

Der ging auch gleich seitab auf ihn zu und wartete am Feldrain, bis der Peter herankam.

»Gehst du scho abi?«

»Ja. Z'erscht geh'n i in d' Kircha, und danach muass i halt eini in d' Pfarrhof.«

»Sag no …«

»Na, i lüag nimma lang umanand und sag's an Herrn Pfarra pfeilgrad, dass mit'n Schtudieren gar is, und na bekümmert'n ja dös ander nix.«

Peter sah seinen Kameraden beinahe mit Bewunderung an.

Der hatte einmal Schneid, und er schaute so fidel aus, als wenn er auf den Tanzboden ginge.

»Jetzt host amal recht,« sagte er. »Bal du koa G'schtudierter nimma bist, na is ja überhaupts de G'schicht anders. Und woaßt was, na probier'n ma's heunt beim Eitel …«

»Du hoscht aba do verzählt …«

»Ah, allaweil schiaßt der alt Depp net; der werd amal schlaffa aa. Genga ma halt spater zuawi.«

»Woaßt, wenn jetzt nomal was passieret …«

»Ja no, ausprobier'n muass ma de G'schicht, und d' Schneid derfst dir net abkaff'n lassen.«

»Halt net so g'schwind hinteranand sollt's sei. Sinscht gibt's ja a schiach's G'red …«

»Lass s' red'n! De hör'n scho wieda auf.«

»I will dir was sag'n, Peter, dös überleg i mir no …«

»Is recht, und i red amal mit da Nanni, wia ma's am g'scheitern macha, dass der Alt nix spannt …«

Ein scharfer Pfiff unterbrach das Gespräch.

Oben auf der Höhe hatte der Kaspar zum Rande hergeackert und die beiden erblickt.

Er drohte mit der Faust und schrie; man verstand aber nicht alles, bloß das Wort »Bazi« drang herunter.

»Dir gib i scho an Bazi …«, murrte Peter. »Aba jetzt bfüad di Good, sinst koppt da Kaschbar wieda an ganzen Tag … wüah … öh … hott! hott!«

Michel ging langsam auf den Weg zurück.

Dabei sah er auf dem Gangsteig, der vom Lukas zum Bach hinunterführte, ein Weibsbild daherkommen; anscheinend war es jung, denn es ging einen raschen Schritt, und der Rock blähte sich im Morgenwind.

Jetzt trat der Michel auch besser auf, und erst wie er am Bachrand angelangt war, wo der Gangsteig in den größeren Weg einmündete, ließ er sich Zeit, blieb auch am Wasser stehen und sah so angelegentlich hinein, als wollte er die Fische zählen.

Dabei spähte er unauffällig, wie er meinte, nach dem Frauenzimmer, das immer näher herankam.

Es war wirklich die Stasi, und der Michel war schon wieder ängstlich und voller Zweifel, ob er sie anreden sollte, und er sagte in Gedanken eine Anrede her.

Das Mädel lachte aber nicht so freundlich wie damals in Erdweg, sondern zeigte eine ernsthafte oder gar verdrossene Miene.

»Ah! …«, machte der Michel und lüpfte den Hut … »ah …«

»Guad Morg'n!«, sagte die Stasi und war schon vorüber.

Der Michel hielt Schritt neben ihr und räusperte sich.

»Wia geht's denn, Stasi?«

»Guat.«

»Host …« Es fiel ihm nichts mehr Rechtes ein, und außerdem, das Mädel ging so schnell, dass sich eine Unterhaltung schlecht machte.

»Warum laffst denn a so ?«, fragte der Michel.

»Weil i in d' Kircha geh …«

»Da is do no Zeit g'nua. Über a halbe Stund …«

»So?«

»Is dir net recht, dass i mitgeh?«

»I ko dir's net vabiat'n. Der Weg is für alle Leut da …«

»Ah so … No ja, i ko aa hint bleib'n … aba gar so unfreundli brauchast d' aa net sei.«

»I hab do nix g'sagt.«

»Grad weil's d' nix sagst; selbigsmal bist d' ganz anderst g'wen.«

»M … hm… Und desweg'n hast di du so viel bekümmert um mi…«

»I? Schau … i waar ja gern … aba i hab net g'wisst … schau, es hat si halt net geb'n …«

»Is scho recht, ja. Und für de schlecht'n Weibsbilda laffst Stunden weit umanand. De sell'n woaßt du scho z'finden …«

»Ah geh, dös is ja all's net a so..« Stasi blieb stehen und schaute ihren alten Schulkameraden zornig an.

»Wia's di no net schaamst, dass di weg'n so an Schlampen ins G'redt bringst? Da waar i mir do scho z' guat dafür!«

»I kenn s' ja gar it.«

»Net kenna? Und laffst bis auf Riad ummi? Dös muasst wem andern vazähl'n.«

»G'wiss net, Stasi. Schau, es is halt so a G'spaß g'wen … i … i …«

»Dös is de lüaderlichste in der ganzen Gegend. Was de scho für Stückl g'liefert hat, dös mag mi ja gar it sag'n. Aba natürli, wia s' was schlecht's wissen, da laffen de Burschen zuawi, und da Herr Schtudent muass aa dabei sei. So was gräuslich's, da tat i mi schaama …«

»I bin halt dazua kemma und hab gar net g'wisst, wia und was …«

»Ja freili … Und auf d' Loata bist im Schlaf aufi g'stieg'n …«

»Bal'st mi vazähl'n lasst, nacha sag i dir's ganz aufrichti, wia's g'wen is …«

»Mi geht's ja nix o, und i möcht mi scho gar net bekümmern um so was. Waar ma scho g'nua!«

Aus Stasis Augen blitzte die Neugierde, als sie sich so heftig gegen die Mitteilung wehrte, aber das sah der Michel nicht, er wollte sich bloß gegen die schlechte Meinung seiner Spielkameradin wehren.

»Mir hamm halt g'moant, mir möcht'n amal … no ja …«

»Wer mir? Da Zotz'n-Peter natürli, den kennt ma scho, und vo dem host di du aufred'n lassen. Da hättst do du da G'scheiter sei müass'n.«

»I bin do gar nix bekannt da umanand, schau. Und von dem sell'n Madel hab i meiner Lebtag nix g'hört g'habt …«

»Und da habt's ös ausg'macht, dass 's oafach higeht's dazua?«

»No ja … a so halt … net …?«

»Was aba dös für oani is, zu der ma mitt'n bei da Nacht zuawi lafft, dös host dir du net denk'n könna, gel na?«

»Da han i gar net viel nachdenkt über dös … Weil da Peter g'sagt hat … no ja … und weil i halt no gar nia dabei g'wen bi bei so was …«

»Und da muass ma do dabei sei, net? Weil dös scho was is!«

»Intressiert hätt's mi halt, schau …«

»Wia ma no so was sag'n mag! Und na bist oafach nüber g'laffa?«

»Ja …«

»Und host gar it denkt, wia schlecht dass dir so was o'steht?«

»Denkt han i's scho. I waar aa liaba umkehrt.«

»Dös sagst d' jetzt.«

»Na, Stasi, g'wiss is wahr. Koa Freud hab i an dera G'schicht überhaupts net g'habt, und bei jedem Schritt hab i mir denkt, geh, lass 's guat sei! Kehr um! Aba natürli, na hab i mi do wieda g'schaamt.«

»Über dös hätt'st di net schaama braucha.«

»No ja … schau … dass ma halt ausg'lacht werd, hab i mir denkt …«

»Na … ös seid's Leut! Von de Burschen is do oana wia der ander. Mit'n schlecht sei prahlt si jeda, und mit'n Anstand schaamt sie oana.«

Michel nickte beistimmend zu den tüchtigen und richtigen Ansichten der Stasi und dachte, nun habe er seine Beichte würdig beschlossen.

Aber das Mädel hatte seine Scheu vor dem gräuslichen Begebnis ganz verloren und wollte die Partie bis zum Schlusse miterleben.

»Und nacha seid 's also ummi?«, fragte sie.

»Freili, nacha san ma ummi.«

»Und is z'erscht da Peter aufi dazua?«

»N … na … da bin scho i aufi.«

»Und hoscht nix g'wisst von ihr und hoscht as nia g'sehg'n g'habt?«

»Na …«

»Ja, is dir dös ganz gleich g'wen, was sie für oane is und wia sie ausschaugt?«

»Dös sell net, aba … no ja, da Peter hat d' Loata g'holt, und i bin amal aufig'stieg'n, und dös ander, han i mir denkt, dös ander wer i nacha scho sehg'n …«

»Ja, wia ma no so sei ko! Und wia's d' as g'sehg'n hoscht, hat's dir da net graust?«

»Na … graust net … Überhaupts han i s' gar net richti g'sehg'n, weil's ganz dunkel war, und … no ja … weil's na a so glei dahi ganga is …«

»In d' Kamma?«

»Na … in d' Kamma bin i wohl net eini kemma. Hat ja scho da Knecht auf mi herg'schlag'n …«

»Nacha bischt überhaupts net eini?«

»Na.«

Wenn Michel mehr Erfahrung gehabt hätte, wäre ihm vielleicht aufgefallen, dass die Stasi in ihrer Strenge nachließ und freundlicher wurde.

Aber er merkte es nicht, und er wollte nur das, was an jenem Abend erfolgt war, mit Stillschweigen übergehen.

»Net bischt eini?«

»Na …«

»Warum it? Hat's … di am End do no g'reut?«

»Na … Dös kann i eigentli net sag'n …«

Michel war zu ehrlich oder zu wenig vertraut mit der Art, wie man wieder eine Brücke schlagen kann zum Vertrauen und zur Verzeihung eines braven Mädels.

Wie leicht hätte er es gehabt, zu sagen, dass sein besseres Ich im allerletzten Augenblick doch noch gesiegt und ihm den Fuß zurückgehalten habe, als er schon einsteigen wollte.

Aber er blieb ganz unklug bei der Wahrheit.

»Na waarst d' wirkli eini?«, fragte Stasi und der Verdruss stieg schon wieder in ihr auf.

Da hatte aber der Michel doch den guten Einfall und sagte:

»I glaab net …«

»Warum glaabst it?«

»No ja … a so halt … überhaupts hat's mi gar it recht g'freut, und i hätt ja a so net g'wisst, was i na sag'n hätt soll'n …«

»Geh, hör auf!«

»Na, g'wiss is 's wahr. I hab mi so hart g'redt damit, weil i s' do it kennt hab, und da is mir na gar nix ei'g'fall'n …«

»Ja … es waar dir scho was ei'g'fall'n …«

Michel schüttelte den Kopf und bekam zufällig mit seiner rechten Hand die linke der Stasi zu fassen. Sie zog sie nicht zurück, sondern schlenkerte sie vertraulich mit der seinen hin und er, wie in alten Zeiten, als jedes noch den Schulranzen auf dem Buckel hatte.

»Dös sagst du grad a so«, begann sie wieder. »Du bischt halt a wia de andern, und am End hätt'st du dem abscheilinga Weibsbild recht schö to …«

»Mit dem kenn i mi do gar it aus … I hab ja no mit koana über so was g'redt …«

Stasi sah ihn von der Seite an, und sein unbeholfenes und schüchternes Wesen sagte ihr deutlich, dass er nicht gelogen habe.

»Dös waar a schöner O'fang g'wen!«, sagte sie vorwurfsvoll.

»Ja …no …«

»Aber i woaß scho … schuld is grad der Zotzen-Peter. Dem hat dös passt, dass er di auf so was bringt. Der is ja bekannt für dös …«

Michel gab seinen Freund preis.

»Ja, bal der net g'wen waar, mir waar's freili net ei'g'fall'n … I hätt mi überhaupts net traut, dass i zu an Madel was sag …«

»Trau'n! Bal 's a richtige is, derf ma si trau'n g'nua, aber da muass ma do an Unterschied macha …«

»Aba …«

»Was?«

»I moan, weil du sagst, a richtig's Madel, da ko ma do scho gar it higeh dazua …«

»Warum it?«

»No ja … Da ko ma si do scho gar it trau'n …«

»Geh!«

»Hätt'st ...«

Er blieb stecken.

»Was willst d' sag'n?«, fragte Stasi und schlenkerte heftiger mit der Hand.

»Hätt'st du mir dös verlaubt, dass i zu dir kemma waar?«

Sie lachte herzhaft.

»So amal g'wiss net. Dass du grad bei da Nacht daher g'schloffen waarst und ans Kammafenschta klopft hätt'st.«

»Siehgst as ...«, sagte Michel kleinlaut.

»Dös werd aa net sei müass'n. Z'erscht muass ma do scho red'n mit anand und ... no ja ... z'erscht muass ma do scho ganz anderst bekannt sei mit anand ... Und überhaupts«, fügte sie hinzu, »bei ins gang dös scho gar it. Was glaabst denn, wann da Vata was spannet? Jessas! Da mag i gar it dro denk'n ...«

»Ja ... freili ...«

»Ma braucht do it an's Kammafenschta kemma; ma ko ja aa so mit anand red'n ...«

»I hab di nia g'sehg'n, net amal von der Weit'n.«

»Ja no ... in der Arndt, da hat mi koa Zeit. Aba ...«

Diesmal blieb Stasi mitten im Satz stecken. Der Michel half ihr nicht darauf, und sie musste schon allein die Fortsetzung finden.

»Jetza, wo's nimma gar so viel Arwat gibt, kannt ma si scho amal treffa ...«

»Aber wo?«, fragte der unbeholfene Mensch, statt dass er gleich lichterloh in die Höhe gebrannt wäre.

»No ja ... da gibt's allerhand Platz. I muass a so de nächst Woch Tannazapf'n klaub'n, hat d' Muatta g'sagt ...«

»Tannazapfen ... ?«

»Ja, im Weiherer Hölzl.«

»Da kannt i ja a weng mitklaub'n?«

»Warum net? Du muasst halt geh, vor d' Muatta kimmt, dass di neamd siecht, z'weg'n der dumma Feindschaft ...«

»Ah ja, dös wenn net war, nacha kannt i aa hie und da in Hoamgart'n komma.«

»Bei ins werd eigentli von dem gar nix g'redt«, sagte Stasi, »aba dei Vata warmt's allaweil wieda auf, und nacha is halt der inser aa belzi.«

»Aber in's Weiherer Hölzl derf i kemma? Wann denn?«

»Wann? Ja … i moan am Deanstag …«

»Gilt scho, Stasi …«

»Aba dös sag i dir glei, bal's d' no amal mit'n Peter umanand ziahgst, schaug i di fei nimmer o …«

»G'wiss nimma …«

»Jetzt lass aus, da vorn sehgat ins de alt Puchrainerin; de specht an ganzen Tag aus ihran Fensta, und bfüad di Good, bal oan de in der Reißen hat …«

Michel gab ihre Hand frei, vor sie um 's Eck kamen und vom ersten Hause aus gesehen werden konnten.

Er blieb stehen und ließ Stasi allein voran gehen.

Als er ihr nachfolgte, sah er richtig die Puchrainerin wie eine Hexe hinter ihrem kleinen Fenster hocken.

Kaum war er vorbei, so huschte sie aus dem Zuhäusel heraus und schaute dem sündhaften Studenten über den Zaun nach.

Und gegenüber kam die Rauscherin unter die Türe und verfolgte auch den abtrünnigen Menschen mit ihren Blicken.

Gleich nachher standen die zwei Alten beisammen und wisperten sich ihre Meinungen zu.

»Da Herr Pfarrer werd eahm vorg'laden hamm. Moanst it?«

»Freili. Hat ma's ja d' Fräul'n Anna g'sagt, dass da Mesmer gestern zum Ruepp aufi ganga is …«

»Jessas! Da werd's was geb'n!«

»I woaß it, Puachrainerin. Da Pfarra is koa scharfa. D' Fräul'n Anna sagt's aa, dass er viel z' lau is … Gehst d' jetzt in d' Mess? Na geh i mit.«

Sie gingen miteinander durchs Dorf, und wenn der Wind die Zipfel ihrer Kopftücher fasste, sah es aus, als flatterten ein paar schwarze Zungen in der Luft. –

Nach der Kirche ging Michel in den Pfarrhof; sein Herz war bedrückt, und die fröhliche Zuversicht, die ihn am Morgen erfüllt hatte, war gleich verflogen, als er an der Glocke zog.

Die Pfarrerköchin, die im Dorfe als Verwandte des hochwürdigen Herrn d' Fräul'n Anna genannt wurde, öffnete selber.

Sie war ein rundliches, gutmütiges Frauenzimmer, das bloß als Wächterin aller Heiligkeit ein wenig Schärfe und im Umgange mit den eifrigsten Betschwestern des Ortes richterliche Strenge angenommen hatte.

»Ah, da Herr Schtudent!«, sagte sie. »Lassen S' Ihnen doch auch amal im Pfarrhof seh'n?«

»Ja … i waar … ich wär schon lang kommen, aber i hab halt bei der Arbeit mitg'holfen.«

»Natürli … das geht vor … no ja … wollen S' jetzt zum Herrn Pfarrer nauf?«

»Ich bin so frei, wenn er daheim is …«

»Er hat Ihnen doch herb'stellt, net? Freilich is er daheim. Gehen S' nur nauf! 's Zimmer wissen S' ja noch, net?«

Michel machte eine linkische Verbeugung und schlich behutsam über die Treppe hinauf.

Vor der Türe des Studierzimmers schnaufte er noch einmal tief auf und klopfte.

»Herein!«

Der Pfarrer Holderied, ein hochgewachsener, dabei aber ziemlich beleibter Herr, schrieb an seinem Stehpulte und wandte sein freundliches Gesicht dem Eintretenden zu.

»Ahan! Der Studiosus … No, Michel, jetzt setz dich amal auf's Kanapee. Die Bücher kannst ja wegschieben … so … und jetzt lass dich amal anschauen. Groß bist wor'n, und eine Breiten hast d' kriegt. Du musst ja in deiner Klass' drin stehen, wie der Gulliver unter den Zwergen. In der wievielten bist d' jetzt?«

»In der siebenten …«

»Siebenten … also zweiten Gymnasialklass' älterer Ordnung. Da bist d' aber schon ein sehr ausg'wachsener Sekundaner …«

Michel räusperte sich und setzte zu einer Rede an, die er sich ausgedacht hatte.

»Ich wollte dem Herrn Pfarrer nur mitteilen, dass, indem ich wegen meiner Jahre, indem mir der Herr Rektor gesagt hat, dass ich das Alter überschritten habe und nicht noch einmal repetieren darf …«

Der Pfarrer zog die Luft hörbar durch die Zähne.

»Auweh … hat's wieder was? Net aufsteig'n dürfen?«

Michel nickte bejahend und wollte fortfahren: »Dadurch, dass mir der Herr Rektor mitgeteilt hat, dass ich zu alt sei …«

»Auf deutsch, sie lassen dich nimmer repetieren in Freising? Und mit'n Studium is 's aus?«

»Leider …«

»No, leider …«

»Oder, wenn der Herr Pfarrer erlauben, möcht ich sagen, ich bin eigentlich froh, indem dass …«

»Jawohl! Indem dass du nie dazu passt hast. Is ja eine Schinderei, an Buben mit G'walt abrichten wollen … Da herin, in dem Zimmer hab ich's dei'm Vater g'sagt und hab'n g'warnt. Is ja ein Unsinn. Weil sich's der Alte einbildt, muss der Junge studieren! Sonst braucht's ja nix. Und jetzt sin mir so weit, wie mir vor Jahren hätt'n sei können. Was sagt denn der Vater jetzt dazu?«

»Da Vata? Der weiß no gar nix«, sagte Michel, der sich recht erleichtert fühlte.

»Der muss es aber doch zu allererst wissen …«

»I hab g'meint, wenn vielleicht da Herr Pfarrer die Güte haben möchten …«

»I? Also i soll ihm diese Hiobspost beibringen? Aber ich mein doch, Michel, das is deine Pflicht und Schuldigkeit, dass du offen mit ihm red'st und ihm Rechenschaft ablegst.«

»Ja aber, entschuldigen Herr Pfarrer, ich glaub, mich lasst er gar net richtig ausreden, und nachher, ich hätt was vor, und da glaubt er mir net, dass es mir Ernst is …«

»Vorhaben tust was? No, darf ma das net wissen?«

»Ja, eigentlich weiß ich natürlich auch net, ob es das Richtige is, aber ich mein halt, weil ich jetzt doch so lang in der Schul war, und indem dass ich, das heißt, damit vielleicht doch noch was rausschaut dabei, hätt ich g'meint, ob ich net anderthalb Jahr oder zwei in die landwirtschaftliche Schul gehen sollt.«

»Ein Landwirt willst werden? Das is fei gar net so unvernünftig.«

»Wenn mir der Herr Pfarrer helfen möchten! Ich hab alleweil dazu Freud g'habt, und zu dem andern, da hab ich halt gar net passt.«

»Das kann ich dir bestätigen, mein lieber Michel. Vom ersten Tag an hab ich g'sagt, es ist Unsinn. Ah! Es ist schon wirklich strafbar dumm, einen jungen Menschen so hermartern! Deine Zeugniss' in den ersten Jahren haben einem das ja gezeigt. Was hab ich dei'm Vater zug'redt, aber nein! Er muss und muss.«

»Vielleicht, wenn der Herr Pfarrer jetzt mit ihm reden …«

»Hm … No, jedenfalls kann ich amal dei'm Vater sagen, dass 's mit dem Studieren aus und gar is. Die Gewissheit haben wir.«

»Jawohl«, bestätigte Michel.

»Schön. Und damit kommt die Frage, was g'schieht jetzt? Will er nix mehr tun, und du musst gleich einen Bauernknecht machen, nachher sind die ganzen neun Jahr verloren. Kann und will er dich nach Weihenstephan gehen lassen, so is das ein Ausweg; der beste und vielleicht der einzige. Ich will's ihm vorstellen. Ob's bei dei'm Vater was hilft, natürlich, das weiß ich nicht.«

»Mehr schon, als wann d' Mutter was saget oder ich …«

»Bis dato hab ich noch wenig Erfolg g'habt. Das werden wir also abwarten müssen. Tja … und jetzt haben wir noch was miteinander z'reden.«

Michel wollte den Pfarrer fragend oder erwartungsvoll ansehen, aber er fühlte, wie er brennrot wurde, und schlug die Augen nieder.

Dem geistlichen Herrn, der sich an das Stehpult lehnte, huschte ein leises Lächeln um die Mundwinkel, und vielleicht hatte er, wie jener Hellene, mehr Wohlgefallen an Jünglingen, die erröten, als an jenen, die erbleichen.

Er trommelte leise mit den Fingern aufs Pult und ließ eine wirkungsvolle Pause herrschen.

Dann fragte er: »Hast d' vielleicht ein bissei eine Ahnung?«

»Ja …«, kam es leise zurück.

»Mir sind wahre Räuberg'schichten erzählt worden von einem Herrn Studenten, der unsern Burschen beim Fensterln Konkurrenz macht und mit eifersüchtigen Knechten wahre Schlachten liefert. Ist da was Wahres dran?«

»Verzeihen, Herr Pfarrer, ich hab mich allerdings verleiten lassen …«

»Verleiten? Das is ein Wort, das ich net gern hör. Da steckt so was drin, als wollt' man die eigene Schuld auf einen andern abwälzen. Ich bin der Ansicht, wenn man was verbrochen hat, muss man selber dafür einstehen.«

Der Vorwurf saß.

Im Michel schoss blitzartig die Erinnerung daran auf, wie gutmütig der Zotzen-Peter bereit gewesen war, alle Schuld auf sich zu nehmen, und er sah sogleich, dass er im Begriffe gewesen war, die Kameradschaftlichkeit auf eine recht jämmerliche Art zu erwidern.

Er verstand, dass sich dieser Rückfall in gewisse unschöne Seminarmanieren kläglich ausnahm, und er gab sich einen Ruck.

»Wenn Herr Pfarrer erlauben, ich möcht es nicht auf einen andern schieben.«

»Das erlaub ich sehr gern. Also g'fensterlt haben wir?«

»Ja …«

»Und sind dabei erwischt worden?«

»Ja …«

»Den weiteren Verlauf kann ich mir schon denken. Nach Ortsbrauch Prügel hin und Prügel her …«

»Ich bin nicht dazu kommen …«

»Zum Austeilen? Also bist du bloß leidender Teil geworden?«

»Eigentlich schon.«

»No, dann hast du ja schon eine nachdrückliche Belehrung gekriegt, und das, was ich dir sagen will, hinkt sozusagen hinterdrein. Jetzt sag mir aber, warst du schon öfter in Ried drüben?«

»Nein …«

»Oder hast sonstwo so Leiterübungen g'macht?«

»G'wiss net, Herr Pfarrer. Ich hab überhaupt …«

»Was überhaupt?«

»Ich hab gar net recht g'wusst, was ich tu …«

»So? No, ungefähr wirst ja eine Ahnung g'habt haben. Jetzt lass dir was sagen. Wenn du noch im Sinn hätt'st, ins Gymnasium zurück z' gehen, dann wär' die G'schicht sehr schlimm. Denn wenn ich auch darüber geschwiegen und keine Anzeige gemacht hätte, wär es doch kaum zu vertuschen gewesen. Es gibt Leute, männliche und weibliche, die ihren Eifer damit beweisen wollen, dass sie die Sünden ihrer Nebenmenschen nicht durchgehen lassen, und die unbedingt eine Sühne haben wollen für das, was andere verbrechen. Ich bin überzeugt, dass dein Rektor mehr wie eine Zuschrift kriegt, in der deine Geschichte mit den allergrellsten Farben geschildert wird. Ich weiß das, weil man mir selber die Sache zugetragen hat. Die Leute hier haben in dir schon einen halben Geistlichen gesehen, und auch die Gutmütigen, die Wohlmeinenden haben von dir eine Aufführung erwartet, die unserm Stande entspricht. Die andern, und an denen fehlt's nicht, haben sich natürlich mit einer wahren Freude auf diese Sache gestürzt. Die sind immer dabei, unserm Stand was anzuhängen, und tun ja so nichts, als aufpassen, ob sie nicht ein Mäkelchen an uns finden. Darin sehen sie ihre besondere Frömmigkeit und ein großes Verdienst. Außerdem weißt du ja, dein Vater hat es den Leuten immer unter die Nase gerieben, dass er besser sei wie sie, weil sein Sohn einmal Geistlicher werde. Wenn sie ihm jetzt diese Hoffnung vereiteln könnten, hätten sie noch ein Extravergnügen. Es ist sehr hässlich, dass es solche Charaktere in einer kleinen Gemeinde gibt, aber es gibt sie, und ich weiß davon genug, dass ich es behaupten darf.

Kurz und gut, deine Verfehlung hätt' dir wahrscheinlich oder gewiss die Laufbahn versperrt, denn was im Gymnasium erfolgt wäre, das weißt du ja selber. Jetzt schau amal an! Wann du wirklich selber Lust zu unserm Berufe hätt'st, wär alles verscherzt wegen einer flüchtigen Laune. Weil du nicht die Kraft gehabt hast, einer Versuchung zu widerstehen.

Das kannst du dir für dein ganzes Leben merken. Mit einer einzigen Dummheit, mit einer flüchtigen Schwäche kann die Frucht vieler Jahre verloren gehen und kann ein ganzes Leben zerstört werden. Nun ist der Fall bei dir ja anders und wenigstens in seinen Folgen net so schlimm. Du willst Landwirt werden, und für den Beruf ist die Geschichte nicht so verhängnisvoll, und die Leute werden sie auch anders beurteilen, wenn sie wissen, dass du den geistlichen Rock nicht tragen willst. Aber schön ist sie deswegen auch nicht. Man tut net alles, was einem grad einfallt, man legt sich Rechenschaft ab und verweigert sich das, was man nach der Stimme seines Gewissens als unrecht erkennt. Wenn du Landwirt wirst und auf einem größern Gut lernst, da kommt die Versuchung oft an dich heran. Gibst du nach, dann verlierst du die Achtung von deinen Vorgesetzten und den Respekt bei deinen Untergebenen.

Man muss in jedem Stand ein reinlicher Mensch sein, der seine Pflicht erfüllt. So, das hab ich dir sagen wollen, und jetzt denk nach darüber, und wegen dem andern, da will ich sehr bald mit deinem Vater reden. Ich wünsch dir alles Gute für deine künftige Laufbahn. Und wenn ich dich so anschau, muss ich sagen, du passt auch besser dafür; als Studiosus warst du mir schon gar zu ausgewachsen. Adje!«

Michel zog nach ehrerbietigen Verbeugungen die Türe hinter sich zu und sah wieder nicht, wie der Herr Pfarrer Holderied von seinem Stehpulte aus ins Grüne hinaussah und lächelte.

Als er durch den gewölbten Gang schritt, schellte die Glocke, und wie er die Haustüre öffnete, stand die Puchrainerin davor

»Gelobt sei Jesus Chrischtus … ah, dös is ja der Michi! Bischt du beim Herrn Pfarrer g'wen? Hoscht d' g'wiss …«

Er gab ihr keine Antwort und ging an ihr vorbei ins Freie.

»Der muass'n schö z'sammputzt hamm«, murmelte die Alte vor sich hin und ging rasch in die Küche, wo sie von Fräulein Anna die aufregendsten Neuigkeiten erwartete.

ZWÖLFTES KAPITEL

Der Rueppbauer fuhr in seinem Bernerwägerl den Dachauer Berg hinauf, am Unterbräu vorbei. Er schielte hinüber und sah den Wastl breitbeinig unterm Haustor stehen und ihm nachschauen.

»Schaug no zua«, brummte er vor sich hin. »Lackl vadächtiga, du hast dös letzte Fufzgerl von mir kriagt.«

Gewiss ahnte der Wastl die unfreundliche Gesinnung, denn der Ruepp hatte seit Jahren bei ihnen eingestellt, und wenn er jetzt vorüberfuhr und sich einen andern Unterstand suchte, war es leicht zu erraten, dass er belzig war.

Aber das schuf ihm keine Reue, denn er war ein Mann, der Gerechtigkeit auf der Welt haben wollte, und wenn einer hinausgeschmissen werden musste nach Verdienst und Recht, dann schmiss er ihn hinaus.

Da gab es keine langen Erwägungen und keine kleinlichen Geschäftsrücksichten.

Er tat nicht dergleichen, und vielleicht ging das Ereignis überhaupt spurlos an ihm vorüber, denn wie gleich darauf der Unterbräu herauskam und sich neben ihn stellte und dabei nach seiner Gewohnheit die langen Lappen seiner Ohrwascheln in die Muscheln einkniff, sagte der Wastl kein Wort davon, dass der Ruepp so abweisend an ihm vorbeigefahren sei.

Oben auf dem Berge, wo eine Straße zum Amtsgericht abzweigte, hatte der Ruepp noch eine andere unangenehme Begegnung.

Vom Gerichte herunter kam der Unterhändler Schlehlein, und neben ihm ging eifrig redend und gestikulierend ein städtisch gekleideter Mensch, der dem Ruepp bekannt vorkam. Er hatte nicht lange Zeit, ihn zu beobachten, denn die beiden hatten ihn nun auch erblickt und steckten die Köpfe zusammen.

Der Schlehlein nickte zu irgendeiner Bemerkung bestätigend mit dem Kopfe und lachte höhnisch.

Die hatten von ihm geredet, und plötzlich fiel es dem Bauern ein, wo er den andern schon gesehen hatte.

Das war ja der Pfleiderer, der Zuchthäusler, der Verwandte von der alten Loni!

So ...so?

Da steckten also die zwei beisammen?

Freilich, selbiges Mal auf der Fahrt von Schwabhausen her hatte ihm ja der Schlehlein erzählt, dass er den Menschen gut kenne. Und er hatte ihm damals gesagt, dass er für die Loni den Notar zum Testamentmachen holen wolle.

Herrgott, wie dumm das gewesen war! Gegen so einen Spitzbuben war doch jedes Wort zuviel. Und hernach, freilich, hernach hatte er ja beim Heimfahren dem betrügerischen Haderlumpen die Peitsche um die Ohrwaschel geknallt.

Und jetzt steckten sie beisammen?

So ... so?

Dann hatte der Schlehlein dem andern allerhand zugetragen und ihn aufgeredet.

Der Ruepp war sehr verdrießlich und nachdenklich, als er beim Zieglerbräu ausspannte.

Die zwei gingen an ihm vorüber, zum Hörhammer hinunter, und drehten sich ein paarmal nach ihm um, und jedesmal lachte der Schlehlein recht dreckig.

»Lach no! Wer'n ma nacha scho sehg'n, ob's ös was mach'n könnt's. Waar ja net übi, wenn ma si vor so a paar Gauner aa no fercht'n tat.«

Er war aber doch recht beklommen, als er gleich darauf den Berg zum Amtsgericht hinaufging.

»Weg'n einer Verlassenschaft?«, fragte ihn der Gerichtsschreiber.

»Da müssen S' über'n Gang nüber, ins erste Zimmer. Was?«

»Ja, muass i da ...?«

»Dös wird Ihnen schon der Herr Amtsrichter sag'n, was S' müssen. I hab koa Zeit ...«

Drüben klopfte der Ruepp an.

»Herein!«

Ein dicker Herr sah über seinen Zwicker weg auf den Eintretenden.

»I kumm wegen dera Sach.«

»Was für eine Sache?«, fragte der Amtsrichter unwirsch.

»Weil i vorg'laden bin z'weg'n der alten Loni.«

Ein Schreiber, der in der Ecke saß und eifrig kritzelte, wandte sich halb um und sagte, es handle sich vermutlich um die Sache Amesreiter.

»Ja, z'weg'n dera is …«

»Ach so! Das müssen Sie halt gleich sagen; zum Erraten hab ich keine Zeit …«

Der Amtsrichter zog einen Akt aus anderen hervor und blätterte darin.

»Sind Sie der Michael Umbricht, Rueppbauer?«

»Jawoi.«

»Hm … so … übrigens, Sie sind auf zehn Uhr vorgeladen; jetzt ist es erst halb.«

»I hab mir denkt, vielleicht, dass i was derfrag, weil i net woaß, z'weg'n was dass i da eina muass …«

Der Richter wollte den Ruepp schon abweisen, als irgendetwas seine Aufmerksamkeit erregte.

»Bei Ihnen hat diese Apollonia Amesreiter gewohnt?«

»Freili. Guatding zwanz'g Jahr …«

»War sie bedienstet bei Ihnen?«

»Ja. In da letz'n Zeit, wia sie alt wor'n ist und krank, da hamma s' a so g'halten.«

»So? M-hm … Sie haben beim Bürgermeister angegeben, dass kein Vermögen da sei …«

»Jo. Dreihundertvierasiewaz'g March und eppas Pfenning. Hat's da Burgamoasta selm zählt.«

»Dreihundertvierundsiebzig – m … richtig …«

»I ho de Schachtel überhaupts it aufg'macht. De hat da Burgamoasta vor meina aufg'macht.«

»Was für eine Schachtel?«

»Da Loni de sei. A so a Pappadeckelschachtel is g'wen und mit an Spagat zuabund'n …«

»Die haben Sie vorher nicht geöffnet?«

»Na. Für dös is da Burgamoasta Zeugen.«

»Wieso Zeuge? Der kann doch nicht wissen, was Sie daheim mit der Schachtel angestellt haben.«

»I ho durchaus gar nix o'g'stellt. I hab s' eahm akrat a so bracht, wia s' im Schrank drin g'wen is.«

»So? Und da waren dreihundert Mark drin?«

»Dreihundertvierasiewaz'g March und eppas Pfenning.«

»Und der Bürgermeister hat vermerkt, dass der Betrag kaum hinreiche zur Deckung der Beerdigungskosten und der Bezahlung eines Grabsteines …«

»Den Grabstoa lass i setzen. Dös hab i an Burgamoasta scho g'sagt, und bei dem bleib i steh …«

»So …«

»Weil sie a richtige Person g'wen is, und weil i mir nix nachsag'n lass.«

»Das klingt sehr schön, aber da kommt noch was nach. Es hat sich nämlich ein Erbe gefunden, ein Verwandter der Verstorbenen …«

»Was waar na dös für oana?«

»Das werden Sie gleich hören. Ein gewisser Simon Pfleiderer, Aktuar oder Schreiber in München.«

»Der Bazi?«

»Unterlassen Sie solche Ausdrücke! Die schicken sich nicht da herin.«

»Mi derf do sag'n, dass oana a Lump is, der z'weg'n an Stehl'n im Zuchthaus war. Durch dös hat ja de alt Loni a Testament macha woll'n.«

»Ein Testament? Also! Da deckt sich ja Ihre eigene Aussage mit der des Pfleiderer. Jetzt erklären Sie mir einmal, wenn nichts da war, wegen was hat denn die Amesreiter ein Testament machen wollen?«

»Durch dös, weil sie net woll'n hat, dass der sell Lump eppas kriagt. Dös hat sie schriftli macha woll'n.«

»Wenn nichts da war? Das ist ja Unsinn!«

»Sie hat dös ausdrückli g'sagt, dass sie mit dem Menschen durchaus gar nix z'toa hamm will. Da san Zeugen da für dös …«

»Dann muss sie doch etwas besessen haben! Sonst ist es ja lauter Blödsinn!«

»In dera Schachtel war net mehra, wia dreihundertvierasiewaz'g March und eppas Pfenning. Dös muass da Burgamoasta aufweisen.«

»Sie reden immer von der Schachtel. War nicht anderswo Geld aufgehob'n?«

»Da war nix vorhanden.«

»Keine Pfandbriefe? Keine Schuldscheine?«

»Koan Schuldschei hab i überhaupts it ausg'stellt.«

»Sie haben keinen ausgestellt? Also sind Sie oder waren Sie was schuldig?«

»De dreitausad Mark, de wo sie mir geb'n hat …«

Der Amtsrichter stand von seinem Stuhle auf und schaute den Ruepp unwillig an.

»Was sind denn Sie eigentlich für ein hinterhältiger verdruckter Mensch? Beim Bürgermeister haben Sie kein Wort davon gesagt, und jetzt …«

»Er hat ja mi gar it g'fragt …«

»Unterbrechen Sie mich nicht! Und jetzt muss man Ihnen jedes Wort herauspressen, und da kommt nach und nach das Geständnis, dass die Verlebte eine Forderung von dreitausend Mark an Sie hatte …«

»Bal mi da Burgamoasta g'fragt hätt, nacha hätt' i's eahm aa g'sagt.«

»Stellen Sie sich nicht so dumm! Sie haben recht gut gewusst, dass Sie die dreitausend Mark jetzt an die Erben zahlen müssen.«

»Na, dös hab i net g'wisst, und zahlen muass i's überhaupts it.«

»Was?«

»Na, weil dös ausg'macht war, dass i dös Geld z'ruckzahl'n ko, wann i mag und bal i's leicht zahl'n ko.«

»So?«

»Ja. Dös hat de alt Loni net grad oamal g'sagt, und für dös hon i Zeugen.«

»Das werden Sie mit dem Erben auszumachen haben.«

Es klopfte, und zur Türe schob sich der Aktuar Pfleiderer herein, der sich mit zur Schau getragener Unterwürfigkeit verbeugte; hinter ihm kam der Unterhändler Schlehlein, der sein Maul zu einem höhnischen Lachen verzog, als er den Ruepp sah.

»Was wollen Sie?«, fragte der Amtsrichter.

»Wenn Herr Oberamtsrichter entschuldigen, mein Name ist Pfleiderer und komme …«

»Sie sind vorgeladen, und Sie?«

»Schlehlein is mein Name. Ich bin quasi als Zeugen mitganga, indem ich gegen den Angeklagten eine Zeugschaft ablegen kann …«

»Da herin gibt es keinen Angeklagten und keinen Zeugen.«

»Indem dass ich bestätingen kann, dass dieser betreffende Ruepp zu mir g'sagt hat, dass er an Notari holen will …«

»Sie haben gar nichts zu bestätigen und verlassen jetzt das Zimmer. Ich kann Sie da herin nicht brauchen.«

»Indem dass ich aber …«

»Ich sag's nicht nochmal, gelt? Sie gehen hinaus!«

Schlehlein entfernte sich zögernd und warf seinem Freunde Pfleiderer noch einen vielsagenden Blick zu.

Dieser dienerte wieder ein paarmal und sagte:

»Der Herr Oberamtsrichter werden entschuldigen, wenn ich mir in betreff dieses Zeugen eine Bemerkung erlaube …«

»Sie haben jetzt gar nichts zu bemerken.«

Der Amtsrichter, dem der schielende, unterwürfige Mensch sichtlich zuwider war, blätterte im Akt herum und räusperte sich.

»Nach den Ausweisen sind Sie der nächste Verwandte der verstorbenen Apollonia Amesreiter?«

»Jawohl, wenn Herr Oberamtsrichter gestatten; meine Mutter war sozusagen die einzige Schwester der Erblasserin.«

»M … hm … ja. Andere Verwandte sind nicht vorhanden?«

»Nein, wenn Herr Oberamtsrichter gestatten.«

»Sie haben geltend gemacht, dass Vermögen vorhanden sein müsse.«

»Jawohl. Sozusagen ein größeres Vermögen, indem die Erblasserin seinerzeit viertausend Mark aus ihrem elterlichen Anwesen in Orthofen erhalten hat. Dafür sind die Nachweise zu erbringen, wenn Herr Oberamtsrichter gestatten, und wenn ich mir die Bemerkung erlauben darf, indem nämlich die Rubrikatin, diese Amesreiter, lange Jahre im Dienst war und sozusagen anzunehmen ist, dass sie ihren Lohn ersparte.«

»Für's G'wand braucht mi na gar nix!«, unterbrach ihn der Ruepp in grobem Tone.

»Sie sind jetzt nicht gefragt.«

Der Richter wandte sich wieder an Pfleiderer.

»Also, Sie wollen sagen, dass sich die Verlebte zu den viertausend Mark noch weitere Ersparnisse gemacht habe?«

»Jawohl, und indem von der beklagtischen Seite die Behauptung aufgestellt ist, dass sozusagen überhaupt nichts vorhanden war, so wirft dies natürlich ein schiefes Licht auf den Betreffenden.«

»Ja, da ist inzwischen eine Aufklärung erfolgt. Der Umbricht gibt an, dass ihm seinerzeit – wann war das eigentlich? Wann haben Sie das Geld bekommen? …«

»Dös woaß i nimma so g'nau. A vier, a fünf Jahr werd 's her sei«, brummte der Ruepp. »Aber sie hat dös ausg'macht …«

»Das kommt später. Also der Umbricht erklärt, dass er dreitausend Mark als Darlehen erhalten habe.«

»Ahan!«, rief Pfleiderer.

»Erhalten habe, und er gibt weiter an, dass die Amesreiter die Rückzahlung in sein Belieben gestellt habe. Jedenfalls besteht die Forderung und gehört zum Nachlass. Vielleicht einigen Sie sich darüber, wann und wie das Kapital zurückgezahlt werden soll.«

»Nacha waar's a so, dass 's der kriagat?«

»Allerdings …«

»Und bal i Zeugen für dös herbring, dass de Alt durchaus woll'n hat, dass dös Geld auf mein Buab'n ummig'schrieb'n werd?«

»Wenn kein Testament vorliegt, ist der gesetzliche Erbe Ihr Gläubiger.«

»Wia ko denn dös g'setzli sei, bal i eigens um an Notari g'fahren bi, und dös woaß ja der ander, der Schlehlein, weil er bei mir aufg'hockt is, und da hab i's eahm g'sagt.«

»Das kann stimmen oder nicht stimmen, jedenfalls ist es ganz gleichgültig.«

»So? Da derf na a Mensch sein Will'n it hamm? Und dös kann i beweis'n, dass d' Loni an öften g'sagt hat, der Zuchthäusler derf nix kriag'n.

»Wenn Herr Oberamtsrichter entschuldigen, aber ich lass mir keine Invektiven durchaus nicht bieten von einem Menschen, der wo als Erbschleicher gewissermaßen eruiert ist ...«

»Nur Ruhe! Net wahr? Da herin dulde ich keine Streiterei.«

»Indem er mir sozusagen mein Unglück vorwirft ...«

»Is vielleicht it wahr, dass d' in Zuchthaus g'wen bischt? Is it wahr, dass di de Alt ausg'wiesen hat?«

»Sie sind ruhig, und zwar sofort!«

»Bal's amal wahr is!«

»Das spielt hier keine Rolle. Ob der Pfleiderer vorbestraft ist oder nicht, auf jeden Fall ist er der gesetzliche Erbe und hat Anspruch auf den Nachlass.«

»Dös waar'n G'setza! Bal mi amal g'wiss woaß, dass de Loni den ... ah ... also den da g'rad desz'weg'n enterbt hat, weil er ihr z'schlecht war ...«

»Reden Sie nicht immer das nämliche! Wenn die Amesreiter ihren Verwandten enterben wollte, musste sie ein Testament machen. Wenn sie keines gemacht hat, kommt die gesetzliche Erbfolge; das ist einmal so ...«

»Wenn Herr Oberamtsrichter entschuldigen, möchte ich betreff dieser Strafe sagen, dass ich mir mein Brot ehrlich verdiene, und für den Fall, dass ich durch Leichtsinn in eine gewisse Kalamität geraten bin, so ist dieses eine Jugendsünde, durch die ich genug gelitten habe.«

»Is schon recht, ja. Ich sag Ihnen ja, mich geht das gar nichts an. Also wollen Sie sich wegen der dreitausend Mark einigen? Ja oder nein?«

»I zahl's überhaupts it«, schrie der Ruepp.

»No, das werden Sie sich noch überlegen. Und was ist mit Ihnen, Pfleiderer?«

»Ich kann mich nicht einverstanden erklären, auch wenn der Rubrikat gewissermaßen Zahlung leistet, indem noch viel mehr dagewesen sein muss.«

»Außer den dreitausend?«

»Jawohl, wenn Herr Oberamtsrichter gestatten, indem noch bedeutende Ersparnisse da waren und das elterliche Vermögen schon viertausend war …«

»Was sagen Sie, Umbricht?«

»I sag, dass i dem durchaus gar nix zahl …«

»Bestreiten Sie, dass außer dem unbedeutenden Barbestand und außer dieser Forderung an Sie noch weiteres Vermögen vorhanden war?«

»Was soll denn da g'wen sei? Sie hat ja do aa was braucht.«

»Nun, wenn sie bis zuletzt bei Ihnen im Dienst war …«

»Sie ko's ja aa herg'schenkt hamm. Was woaß denn i? Und überhaupts mach i mei Gegenrechnung. In de letz'n Jahr hat de Alt nix mehr g'arbet. Da wer i s' net umasunst g'fuattert hamm …«

»Geht jetzt alles nicht daher. Antworten Sie mir auf meine Frage: war außerdem noch Vermögen da?«

»Durchaus nix …«

»Bestreiten Sie also. Schön. Dann haben Sie«, wandte sich der Richter an Pfleiderer, »das Recht, den Umbricht zum Offenbarungseid vorzuladen.«

»Da kann i jed'n Tag schwör'n.«

»Stellen Sie den Antrag?«

»Gewiss, wenn Herr Oberamtsrichter gestatten, und ich möchte auch, dass die Frau den Offenbarungseid leistet.«

»Das können Sie verlangen. Also Umbricht, Sie und Ihre Frau …«

»D'Afra? Z'weg'n was müasst den de schwör'n? De woaß do gar nix.«

»Das kann sie ja dann auf Eid erklären, aber schwören muss sie.«

Der Ruepp wurde unruhig. Er stellte sich von einem Fuß auf den andern und drehte den Hut mit den Händen.

»Dös braucht's na do scho net, dass z'letzt no dös ganz Haus aufs Gericht eina müasst weg'n dem do …«

Der Amtsrichter gab ihm keine Antwort, sondern blätterte in seinem Kalender, und diese Gelegenheit benützte der schielende Schreiber, um den Ruepp höhnisch und herausfordernd anzugrinsen.

Er verzog sein Gesicht gleich wieder zu einem würdigen Ernst, als der Richter aufsah und sagte:

»Den Termin setze ich fest auf heut in vierzehn Tagen. Ihre Frau wird schriftlich geladen.«

»Ja, muass dös sei, dass ma d' Afra da eina sprengt?«

»Das muss sein, jawohl. Und für heut sind wir fertig. Adje!«

»Dös g'langt do, bal i alloa schwör' ...«

»Nein ... Ihre Frau kommt mit. Adje! ...«

Pfleiderer entfernte sich nach vielen höflichen Bücklingen; der Ruepp aber blieb noch immer unschlüssig stehen, als hätte er noch was zu sagen, und erst, wie ihm der Protokollführer warnend zunickte, ging er schwerfällig und langsam hinaus.

Auf der Gasse sah er wieder den Schlehlein eifrig mit dem Zuchthäusler redend vor sich hergehen.

»Lacht's no ... ös ...«

Aber die Lumpen hatten ihm doch ein Bein gestellt, und eine mahnende Stimme in seinem Innern sagte ihm, dass er leicht darüber stolpern könnte.

Die Afra schwören ...

Er wusste, wie ängstlich sie war, und er ahnte, dass sie von der Geschichte, von der verfluchten dummen Geschichte mehr wusste, als sie bis jetzt gesagt hatte.

Herrgott, wenn er selbig'smal gleich zum Notar gegangen wäre!

Alles wär' anders gekommen, alles wär' gut geworden.

Der schlechte Kerl da vorn hatte ihn verführt. Wenn der nicht dazu gekommen wär' ...

Aber das half jetzt nichts mehr.

Verdrossen setzte er sich beim Zieglerbräu an einen Tisch. Es schmeckte ihm kein Essen und kein Trinken.

Und kaum eine Stunde später rasselte sein Wagen die steinige Straße hinunter und aus Dachau hinaus.

DREIZEHNTES KAPITEL

Der Ruepp kam am besten über seine Kümmernisse weg, wenn er sie übers Heute auf ein Morgen und Übermorgen hinausschob.

Da wollte er daran denken und fest dahinter gehen und schon eine Hilfe finden; wenn er sich das vorgenommen hatte, warf er die Last, die auf ihm lag, ab und säuberte sich den gegenwärtigen Tag von allen grauen Sorgen.

Und war's dann heller um ihn, wusste er sich einen Lohn für seine festen Vorsätze zu finden, indem er zum Wirt hinunterging und am Ofentisch über allgemeine Beschwernisse Reden anhörte und führte.

So saß er auch jetzt täglich beim Bier, und wenn die drei oder vier andern, die zum Abendschoppen kamen, gegangen waren, blieb der Langgörgl bei ihm hocken.

Der war vor Jahren ein guter Bauer in der Nachbarschaft, in Kemaden, gewesen und durch liederliches Wirtschaften von Haus und Hof gekommen.

Seine Frau hatte ein kleines Gütl in Weidach geerbt; man hieß es beim Langgörgl.

Dort hauste jetzt der ehemalige Schaffler von Kemaden, fuhrwerkte mit einem Paar Ochsen und brachte sich als Taglöhner fort, kümmerlich und wenig geachtet, weil er sich aus seiner guten Zeit nichts erhalten hatte wie seinen Durst und seine Faulheit.

Wenn die andern nach dem Gebetläuten heimgingen, blieb er beim Ruepp sitzen und ließ sich eine Maß und zwei zahlen, die er sich mit Lobreden und Schmeicheln verdiente.

»Siehgst as, i hab's allaweil g'sagt, der Ruepp, sag i, is mir der Liaber in der ganzen G'moa. Mit dem, sag i, ko ma über all's red'n, und der hat an Vastand. De andern Büffi, de tean recht g'schwoll'n, weil sie a Glück g'habt hamm und unseroans ins Unglück kemma is, und, sag i, de hamm ja koan Begriff von dera Sach. Da best Mensch is gar nix, bal er koa Glück net hat, und ko'st no so füri schiab'n und füri tracht'n, bal da Karr'n von selm hinter si geht, helft da nix. Dös ko'st aba net an jed'n vazähl'n, da g'hört a Vastand dazua. Und siehgst, Ruepp, i sag dös mit Wahrheit, du bischt mir da Liabast da umanand und bischt aa da G'scheitest. Da is da Lukas zum Beischpiel. Ja, mei Gott! Wo waar denn der hi'kemma, bal eahm sei Bäurin net den Haufa Geld zuabracht hätt, und wann er net so an ausg'schamt's Glück bei dem sell'n Holzhandel g'habt hätt ...«

»Wia r'a mit die Juden s'Moarholz kafft hot, in Irzenhamm hint«, bestätigte der Ruepp.

»Ja, z' Irzenhamm. Aba der woaß wohl nimma, dass er sei Geld g'rad an Zuafall zum vadank'n hot. Und i sag dös, a jeda möchte den Profit gar it. Dass er dera Wittiberin 's Holz so billi o'druckt hätt. I woaß g'wiss, du hätt'st di auf den Handel net ei'lassen, und dös g'fallt mir vo dir, siehgst. I sag dir's pfei'grad, weil's wahr is. Und oft denk i mir, bal si da Lukas gar a so protzt, als wann er da allerbest waar, protz di no, denk i mir, aba vo dem sagst du wohl nix, wo du dei Geld her host ...«

»Magst d' no a Maß, Langgörgl?«

»I sag net na ...«

»Wia, Kellnerin, schenk eahm no oani ei!«

»Ja, ja, Ruepp, a so is auf dera Welt. Mit da Redlichkeit kimmst zu nix, und bal mi no a so spart und no a so tracht, da helft dir all's nix. Aba d'Leut muasst betrüag'n, und koa G'wissen derfst hamm, na geht's ehnder. Und grad de Leut, de wo's d' rüberzog'n host, de reschpektier'n di nacha am mehrern, und de andern, de wo si durchi frett'n mit da Ehrlichkeit, de san am wenigschten g'acht'. Is vielleicht net a so?«

»Recht hoscht. Und dös derfst glaab'n, Langgörgl, den sell'n Handel in Irzenhamm, den hätt i aa macha kinna. Warum denn net? Aba mög'n han i net, weil i a G'wissen hob.«

»Für dös kenn i di, Ruepp, da brauchst d' mir gar nix sag'n. I hab's oft scho g'sagt, da herin an dem Tisch han i's g'sagt, red's zua, sag i, und red's, was mögt's, da Bessa is do da Ruepp in da ganzen G'moa und a richtiga Mensch, der wo an Vastand hot und den Kloan aa was gelt'n lasst ...«

Bei solchen Gesprächen blieb der Ruepp lange hocken, und wenn er genug Bier getrunken hatte, konnte er sich selber auf dem Heimweg einreden, dass alles lang nicht so gefährlich sei, wie es ihm in der ersten Angst vorgekommen war.

Wissen, was man richtig wissen heißt, tat die Afra nichts von dem Geld, das er weggenommen hatte. Vielleicht, dass sie einen Verdacht hegte, weil er damals in der Kammer war, aber das konnte er ihr ja ausreden, und außerdem, von ihrem Verdacht brauchte sie doch nichts zu sagen, und sie konnte ruhig schwören, dass sie nichts wisse.

Was man wissen heißt, also genau, wenn man was gesehen hat.

Die Loni, freilich, die hatte am Ende schon mit ihr geredet, denn sie hatte vor der Bäuerin keine Geheimnisse gehabt, und ob sie das verschweigen konnte?

Ah! Papperlapapp! Wenn er ihr zuredete, musste sie doch ihm mehr glauben, und dann war halt das so eine Rederei von der Alten, die ihr Gedächtnis nicht mehr so genau beisammen gehabt hatte.

Das wollte er schon machen; die Afra hatte ihm zuletzt immer nachgegeben und nie hartnäckigen Widerstand geleistet.

Wart nur, gleich morgen wollte er mit ihr reden und ihr alles richtig vorstellen.

Aber am andern Morgen sah sich wieder alles viel grauer und zweifelhafter an.

Dann saß er auf dem Bettrande und horchte nach der Küche hin, wo er seine Bäuerin arbeiten hörte.

Sollte er hinausgehen und Zwiesprach mit ihr halten?

Pressierte ja nicht. Es waren noch zehn Tage, noch neun Tage bis zu dem Mittwoch.

Es war gescheiter, zu warten, denn wenn sie es zu früh wusste, hatte sie Zeit zum Nachdenken, und dann kamen ihr erst recht allerhand Bedenken.

Er hörte Schritte im Flöz und eine Stimme. Der Michel war's. Ah ja, mit dem hatte er auch noch was zu reden; er hatte es ganz vergessen über seinen eigenen Sorgen.

Er schloff in die Pantoffel und wollte schon hinausgehen, aber er blieb an der Türe stehen.

Zu was Verdruss aufrühren, solang das andere nicht in Ordnung war?

Und gleich darauf saß er wieder auf dem Bettrand und stierte vor sich hin auf den Boden.

Im Hof draußen pfiff der Kaspar vor sich hin und spannte den Gaul ein.

Arbeiten.

Ja, wenn man arbeiten könnte, und wenn man nie was anderes gewusst hätte, wie das!

Aber so war's, als hielte ihm jemand die Hände, oder als wären sie so schwer geworden, dass er sie kaum aufheben konnte.

Als wie gelähmt war der Ruepp.

Nun gab er sich doch einen Ruck und ging in den Hof.

»Wo aus?«, fragte er den Kaspar.

»Ins Riadfeld hintri.«

»Was toa?«

»Siehgst ja, Mist fahr'n.«

»I hätt heut selm gern g'ackert ...«

»Du?«

Kaspar fragte es so höhnisch, dass im Ruepp der Zorn aufstieg.

»I. Ja ... i ... Was is denn dös für a saudumm's Frag'n?«

»Dös wer ma no derfa, bal's oan seltsam vorkimmt.«

»Ja ... seltsam. Und morg'n acker i amal g'wiss.«

»Wo nacha?«

»Dös is mir wurscht. In da Broat'n hint.« Kaspar lachte.

»De hamm i und da Peta am Samsta scho firti g'macht.«

»s' Eckhofer Feld, han i sag'n woll'n«, verbesserte sich der Ruepp.

»Von mir aus g'nua; ko'st d'heut hintri fahr'n ...«

»I dank da schö für 'd Erlaubnis, aber i hab g'sagt, morg'n, und na bleibt's bei dem.«

Kaspar trieb den Gaul an und ging neben dem Wagen her, ohne dem Vater nochmal zu antworten.

Er kannte diese Laune, die ihn hie und da zur Arbeit trieb und die nie länger wie einen Tag oder zwei anhielt, und er wusste, dass nach dem Lärm, den der Alte dabei machte, wieder das Faulenzen und Saufen kam.

Der Ruepp schaute ihm verdrossen nach. Er fühlte gut, wie wenig Respekt sie im eigenen Hause vor ihm hatten, und auch, dass das seine guten Gründe hatte. Aber er wollte ihnen noch zeigen, dass er auch anders konnte, wenn nur erst die dumme Geschichte vorbei war.

Ja, dann wollte er noch einmal das Regiment führen und Ordnung schaffen daheim, etliche Jahre, und hernach übergeben.

Er gähnte und wollte ins Haus zurück, als er den Postboten den Hohlweg heraufkommen sah.

Der Kaspar drehte sich auch nach diesem um.

Früherszeiten, da war selten eine Post heraufgekommen, aber seit Jahr und Tag ging das nicht mehr aus. Alle Daumen lang hatte der Postbot was zum unterschreiben, Ladungen und Mahnbriefe.

Wenn sie's anderswo in der Nachbarschaft nicht gemerkt hätten, dass es auf dem Rueppbof hinter sich ging, dann wusste es doch der Postbot und konnte es den Leuten erzählen.

Mit der Lüderlichkeit, mit der verdammten. Wiah ... hö!

Der Ruepp ging dem Manne entgegen.

»Hast d' was für mi?«

»Für di? Na, eigentli für d' Bäurin. Aba i ko's dir aa glei geb'n.«

Er kramte ein Schreiben hervor und füllte ein gedrucktes Formular aus, indem er es auf seine Tasche legte.

»So ... jetza hamm ma's«, sagte er und gab dem Ruepp das zusammengefaltete Papier. »An schön Herbst hamma; da wird 's as Kraut bald eina bringa.«

»Werd nimma lang dauern, wann's a so weita geht ...«

»A Kraut und a Schweiner's dazua, auf dös g'freu i mi scho lang. Guat Morg'n, Ruepp!«

Dieser versteckte das Schreiben und ging langsam in seine Kammer. Hier öffnete er es.

Richtig. Es war die Vorladung der Afra Umbricht zur Ableistung des Offenbarungseides.

Mittwoch, den 3.Oktober.

Wie eine drohende, finstere Mahnung stand der Tag vor ihm.

Mechanisch zählte er an den Fingern ab, wie lange es noch bis dahin sei ... Deanstag, Mittwoch, Donnerschtag ... noch acht Tage.

Ob er nicht jetzt gleich zu seiner Bäuerin hinausgehen sollte.

Er öffnete leise die Türe und horchte.

Die Leni war bei ihr in der Küche; da ging's nicht, und er musste es verschieben.

Aber auf wann?

Die Unruhe trieb ihn den ganzen Vormittag im Hof herum, bald war er im Stall, bald in der Tenne und überall, ohne zu wissen, was er eigentlich wollte. Es kam ihm alles wie fremd vor, als hätte er damit nichts mehr zu schaffen, als hätte er kein Recht mehr darauf.

Beim Mittag machen, saß er schweigend am Tisch und vergaß beinahe aufs Essen.

Der Zotzen-Peter erzählte, dass beim Schaffler in Buch ein paar Ochsen versteigert würden.

»Wann waar nacha dös?«, fragte der Kaspar.

»Am dritt'n Oktober hat da Heiß g'sagt ...«

Dem Ruepp gab es einen Riss.

Mittwoch, den 3. Oktober.

Der Tag stand vor ihm, als wär' er mit großen Buchstaben an die Wand gemalt.

Geschah an dem Tag noch irgendetwas außer dem einen, das ihm so zentnerschwer auflag?

Er stand auf und ging ohne Gruß hinaus.

»Was hat a denn?«, fragte die Bäuerin.

»Was werd er hamm«, brummte der Kaspar grob. Er wollte schon sagen, dass ihm vielleicht der Postbote wieder eine Überraschung gebracht habe, aber vor den Dienstboten unterdrückte er es.

Kaum hatte die Zenzi das Vaterunser vorgebetet, ging die Rueppin in die Kammer, wo sie den Bauern suchte.

Er war nicht da, war auch nirgends zu finden. Ohne recht zu wissen, wohin er gehen wollte, war er in Gedanken verloren hinter das Austraghäusel geschlichen. Er sah durch das verstaubte Fenster in die Stube. Hinten stand das Bett, in dem die Alte gelegen war, und da vorne links war ihr Kleiderkasten.

Alles noch wie an dem Tag.

»Was treibst denn da?«

Er wandte sich um. Die Bäuerin stand vor ihm und sah ihn mit einem scheuen Blick an.

»Nix. Schaug'n tua i halt …«

»I suach di überall'n, und derweil bist du da. Is was g'schehg'n?«

»Was soll denn g'schehg'n sei? I bin ganz zuafälli da hintri kemma und hab halt amal eini g'schaugt.«

»Dass du was hoscht, dös kenn i do guat.«

»No ja … eppas z'red'n hätt i scho mit dir …«

»Mit mir …?«

»Ja, aba alloa; in d' Kuachl kimmt all Aug'nblick wer.«

»Was werd na dös scho wieda sei? Willst d' da eina?«

Der Ruepp zögerte ein wenig.

War es nicht seltsam, dass er gerade in der Loni ihrer Kammer über das reden sollte?

Aber er gab sich einen Ruck.

»Warum denn it?«

Sie traten ein. Ein paar dürre Blätter lagen auf dem Tisch, und die stammten wohl von einem Kranze für die Verstorbene.

»Was hoscht na z' reden mit mir?«

»No ja, du ko'st da's leicht denk'n …«

»Is weg'n da Loni was?«

»Ja. I bi z' Dachau drin g'wen und hab dös richtig o'geb'n, wia's is, z'weg'n de dreitausend Mark, de wo mir de Alt g'liecha hot, und wia ma's ausg'macht hamm, dass i's z'ruckzahl'n derf, bal i mi leicht tua und … no ja, du woast as ja so …«

»Vo dem woaß i gar nix …«

Die Rueppin sagte es hart und abweisend.

»Was woaßt d' net?«

»Weil i net eini kemma mag in de G'schicht. I will gar nix z' toa hamm damit, durchaus gar nix …«

»Tua no net gar a so! Über so was red ma do mitanand …«

»Na, und i misch mi net ei …«

»Vo mir aus brauchatst di aa net ei'mischen; i lasset di wohl in Ruah damit, aba …«

»Was?«

»Der sell Ding is aa da g'wen, der sell Zuchthäusler …«

»Was will denn der?«

»Der Ambsrichta sagt, dass er irbt …«

»Siehgst as! Jetzt geht's a so, wia 'r i mir's denkt ho. Und du bist schuld …«

»Über dös kinnan mir net allaweil streit'n. I hätt ja an Notari g'holt, und dass er net kemma is, für dös kon i nix …«

»Ja … i …«

»Lass mi halt ausred'n! Dersell Lump hätt jetzt gar behaupt'n mög'n, dass no mehra Geld da g'wen waar als wia de dreihundertvierasiewaz'g Mark, und da hamm mir g'stritten geg'n anand, net, und da Ambsrichta hat g'sagt, i müasst auf dös schwör'n …«

»Michi!«

»Was hast d' denn narrisch?«

Ihr Gesicht war gerötet, und ihre Augen richteten sich so starr auf ihn, dass er die seinen zu Boden schlug.

»I ko auf dös leicht schwör'n, dass it mehra da war in dera Schachtel.«

Sie wollte eine hastige Antwort geben, hielt sich aber mit Gewalt zurück. Dabei strich sie sich mit der Hand über Augen und Stirne.

Es war eine seltsame Unruhe in der sonst so stillen und zurückhaltenden Frau.

Der Ruepp, der das wohl merkte, fuhr zögernd fort:

»Und da Ambsrichta hat g'sagt, weil dös a so G'setz waar, sagt er, und weil also dös amal g'setzmaaßig is, ah … also durch dös, weil mi vaheirat san … dass du aa schwör'n muasst, hat er g'sagt …«

Er hatte die letzten Worte hastig hervorgestoßen und schwieg jetzt.

Nach einer Pause fragte die Rueppin: »Dös tatst du von mir verlanga?«

»I net, aba der sell b'steht drauf, und der Ambsrichta sagt, dass 's sei muass …«

Jetzt schrie sie:

»Du woaßt recht guat, dass i net schwör'n ko. Neamd woaß 's bessa, wia du …«

»Sei do staader! Müassen's d' Deanschtbot'n hör'n? Du brauchst ja bloß schwör'n auf dös, dass d' nix woaßt …«

»Wenn i's aba woaß?«

»Was denn?«

»Geh, tua net a so! I ho wohl nix g'sagt, weil i mi g'schamt hab für di. Weil mi gar it red'n mag von so was! So weit is kemma …«

»Was nacha?«

»Muass i von dem red'n? Moanst d', i hab's net g'nau g'wisst, wia viel dass d'Loni gehabt hat? In de ersten Täg von ihra Krankheit hat sie mir's zoagt und hat g'sagt, dass dös an Michi g'hör'n soll, und jetzt sollt i mei Seligkeit verschwör'n? Aba zu dem kriagst mi net.«

»Mi muass do schaug'n, wia ma de G'schicht außi bringt. Du ko'st do mi net an Stich lassen?«

»I geh it auf's G'richt, i geh net …«

»Bal ma mit dir net red'n ko …

»Na, i will nix hör'n. I will nix hör'n und nix wissen davo. Mei Seligkeit verschwör i net …«

»Pass auf, lass dir sag'n …«

»Nix …« Sie hielt sich die Ohren zu und stampfte den Fuß auf den Boden.

»Bitt hab i di, zuag'redt hab i dir, nia hab i dir a schiach's Wort geb'n, und jetzt is so weit. Aba zu dera Schlechtigkeit kriagst mi net …«

»Afra, mir müassen …«

Sie war aber schon zur Türe geeilt, öffnete sie und lief über den Hof.

Der Ruepp schaute ihr mit blöden Augen nach.

VIERZEHNTES KAPITEL

Der Rechtsanwalt Lachermayr, ein junger Anfänger in seinem Berufe, saß dem Ruepp gegenüber und redete eifrig auf ihn ein.

»Eigentlich versteh' ich Sie nicht, warum Sie lieber tausend Mark zahlen wollen, als schwören, das heißt, wenn Sie ein gutes Gewissen haben.«

»I kannt jed'n Tag hi'steh und schwör'n ...«

»Also ...«

»Aber d' Afra mag it. Sie scheucht's a so, sagt s', und liaba is ihr dös Geld hi ...«

Der junge Herr zog die Achseln in die Höhe.

»Tja ... aber der Pfleiderer geht nicht darauf ein. Da is sein Brief ...«

Er las dem Ruepp vor. »Ich erkläre ... et cetera ... dass ich mich auf keinen außergerichtlichen Vergleich einlasse und kein Angebot annehme, indem ich darauf bestehe, dass die Wahrheit zutage kommt. Hochachtungsvollst ... et cetera ... und dann kommt noch eine Nachschrift, die ist allerdings sehr bezeichnend. Da heißt es nämlich: Höchstens, wenn der obengenannte Umbricht sogleich die Forderung der Verstorbenen, also dreitausend Mark, und außerdem weitere dreitausend Mark bezahlt ...«

Der Ruepp sprang vom Stuhle auf.

»A so an ausg'schamter Lump! Aba i woaß guat, wer da dahinta steckt. Dös is der sell Schlehlein.«

»Ich hab's Ihnen ja gleich gesagt ...«, antwortete der Anwalt.

»Ich war gleich dagegen, dass man dem Pfleiderer was anbietet. Diese Art Leute kenn ich. Der glaubt, Sie sind in einer Zwangslage ...«

»Was waar na dös ?«

»Dass Sie nicht schwören können ...«

»I ko aba schwör'n.«

»Sie können, sagen Sie, und wenn wir dann weiter reden, sagen Sie, Ihre Frau kann nicht, oder vielmehr, sie will nicht ...«

»Weil sie it füri steh mag, weil sie's a so scheucht ...«

»Ja, gut, ich weiß zwar nicht, warum man sich scheut, das, was wahr ist, auch zu beschwören. Aber wo stehen wir jetzt? Der Mensch nützt die Situation aus und verlangt von Ihnen das Sechsfache …«

»Dös is do an offenbariger Wucher …«

»Ah was, Wucher. In gewissem Sinn ist es eine Erpressung, aber keine strafbare. Was wollen Sie jetzt tun?«

»Ja, i zahl do net sechstausend Mark! Wo nahm i denn 's Geld her? Und überhaupts is ja dös so ausg'schamt, dass ma gar it red'n ko.«

»Schön, aber dann gibt es eben nur den einen Ausweg, dass Sie schwören.«

»I schwör scho, aba Sie müassen's halt a so drah'n, dass d' Afra net mit muass.«

»Das kann ich nicht. Das hab' ich Ihnen schon ein dutzendmal gesagt.«

»Bal sie aba nix woaß!«

»Dann soll sie in Gott's Namen ihr Nichtwissen bestätigen.«

»Wia is dös?«

»Dass sie nichts weiß, muss sie sagen, aber um den Eid kommt sie nicht herum. Reden Sie halt mit Ihrer Frau. Der Termin is auf meinen Antrag verlegt worden, auf den 10. Oktober. In diesen acht Tagen besprechen Sie's nochmal, vielleicht halten Sie auch eine Nachsuche, und wenn der Zufall will, dass sich noch was findet, nicht wahr, dann kann ja Ihre Frau mit dem besten Gewissen erklären: So, das ist alles, und mehr war net da, und das kann ich auf meinen Eid nehmen …«

Der Ruepp, der gut verstand, wo der Advokat hinaus wollte, fragte zögernd:

»Bal si was fand'?«

»M … ja … net wahr, wenn man recht sorgfältig sucht, geht oft noch was her, was man zuerst übersehen hat oder gar net bemerkt hat …«

»Bal si aba nix find?«

»No ja, dann hat eben die gewissenhafteste Prüfung nichts ergeben?«

»Und muass d' Afra na aa schwör'n?«

Herr Lachermayr wurde ungeduldig.

»Jaa! Jetzt sag' ich's zum letztenmal. Schwören muss sie unter allen Umständen, ob was da ist oder nicht …«

»Am zehnten, hamm S' g'sagt?«

»Ja, heut über acht Tag …«

»Und … aa … und …«

Der Ruepp drehte seinen Hut in der Hand und überlegte.

»Bal ma vielleicht dem Schreiberspitzbuab'n saget, ma legt no an etla Hundert drauf, wann er's guat sei lasst?«

» … Ich hab' Ihnen ja vorgelesen, wieviel er verlangt. Und wenn Sie jetzt mit ihm handeln wollen, wird er natürlich erst recht glauben, dass Sie … sagen wir, in Verlegenheit sind. Wenn Sie nicht gleich eine große Summe opfern wollen, mit den kleinen Angeboten richten Sie nichts aus. Höchstens das eine, dass Ihre Sache recht unsicher ausschaut …«

»Koa große Summe kann i net zahl'n, und überhaupts braucht's as it …«

»Also dann in acht Tagen. Adje!«

Als der Ruepp in seinem Wagen saß und auf der Landstraße dahin klepperte, dachte er darüber nach, wie oft er jetzt schon die Fahrt gemacht hatte, die ihm eine einzige erspart hätte.

Ja, wenn und wenn und hätt' ich; für die Reu' gibt der Jud' nichts.

Was der Advokat vom Finden gesagt hatte, fiel ihm ein. Der traute ihm auch nicht und gab ihm heimlich den Rat, das Geld herzuschaffen.

Aber wie denn?

Mit den paar tausend Mark hatte er die drückendsten Schulden bezahlt, und damit war's fort, wie weggeblasen.

Sonst wär' er schon selber so gescheit gewesen.

Wo er hinsah, es gab keinen Ausweg. Es war, als wenn ein Zaun um ihn herum gezogen wäre, aus dem er nicht hinausschliefen konnte, und der sich immer enger und enger zusammenschloss.

Eins war ganz gewiss: dass die Afra nicht schwören wollte. Noch zweimal hatte er davon angefangen, aber sie hatte wie närrisch getan und ihn kaum angehört.

»Ich tu's net. Ich mach 's Arge net no ärger und verspiel mei Seligkeit dazu, und wenn's d' mir koa Ruah lasst, geh i zum Pfarrer abi und bitt 'n, dass er mir hilft.«

Das war keine leere Drohung. Die Afra war ganz auseinander und hatte ihr leidsames Wesen verloren.

So bockig und verbissen war sie, und so verzweifelt tat sie gleich.

Hatte sie am End nicht recht?

»Na«, brummte der Ruepp vor sich hin. Denn sie hätt's ihm ja gleich sagen können, dann hätt' er das Geld nicht weggegeben, schon weil er sich vor ihr scheniert hätte.

Er hätt' so getan, ja, er hätt' so getan, als hätt' er das Geld bloß zum Aufheben genommen.

Nur weil er geglaubt hatte, dass keine Menschenseele was davon wisse, hatte er sich verleiten lassen; bloß deswegen.

Jetzt musste er es herschaffen, ging's wie's wollte.

Unbedingt.

Zu leihen nehmen? Das gab ihm niemand.

Darin konnte er sich selber nicht anlügen, weil er es zu oft ausprobiert und gesehen hatte, wie es immer schwerer ging, bloß etliche hundert Mark zu kriegen. Aufs Anwesen, das schon mit drei Hypotheken verpflastert war, gab ihm kein Mensch was.

Vielleicht konnte er was verkaufen?

Schlagbares Holz hatte er nicht mehr, Vieh stand niedrig im Preise, es blieb nichts übrig, wie etliche Tagwerke Grund verschachern.

»Oeh ...«

Der Gaul zog so scharf an, dass er dem nachdenklichen Ruepp beinahe die Zügel aus der Hand riss.

Ein Wagen war in gutem Trab vorgefahren, und der Lukas saß darin mit dem Kooperator von Altomünster.

Der verstand es mit allen Geistlichen und Amtsleuten, stand überall gut und war angesehen.

Der Ruepp hielt seinen Gaul, der nach wollte, mit grobem Zerren zurück.

»Fahr zua, Tropf scheinheiliga ...!«

Aber die alte Feindseligkeit kam heute nicht recht in ihm auf.

Vor Jahren hatte ihn einmal der Lukas wissen lassen, dass er den Acker am Weiherer Holz, der ihm passend lag, kaufen oder gegen ein anderes Grundstück eintauschen wolle.

Damals hatte er den Klöckl, der unter der Hand für den Lukas sachte anfrug, mit barschen Worten abgewiesen.

Ob es nicht jetzt ginge?

Es waren freilich Jahre mit offenen und heimlichen Feindseligkeiten darüber vergangen, und der Lukas hatte ihm mehr wie einmal Abneigung und Despektierlichkeit gezeigt. Aber was machte das bei einem Handel aus?

Wenn er die vier Tagwerk verkaufte, war er über das Schlimmste weg.

Der Gedanke setzte sich in ihm fest, und lange vor er heimkam, war der Ruepp entschlossen, den sauren Gang zum Lukas hinüber zu machen.

Er musste; es gab sonst keinen Ausweg.

Einen Haken hatte es. Seine Hypothekgläubiger mussten mit der Verkleinerung des Anwesens einverstanden sein, sonst ging's nicht.

Das hatte er vor einem Jahre zu seinem Verdrusse erfahren, als er eine Wiese am Schleifbach hatte verkaufen wollen.

Aber, wenn er dem Schmauß das Eckhofer Feld abhandelte, das war um etliche Tagwerk größer, und dann war ja sein Anwesen nicht verringert.

Er wusste, dass es ihm feil war, und es ließ sich schon so einrichten, dass er den Kaufpreis etliche Wochen schuldig blieb, und derweil hatte er sich mit dem Bargeld vom Lukas geholfen.

Nur schlau sein, dann war man nicht gar so leicht unterzukriegen. Der Ruepp straffte sich, wie er nur wieder einen Plan hatte. Da war halt doch ein Loch im Zaun, durch das er hinausschliefen und wieder ins Freie gelangen konnte.

Er sah den Kaspar seitab im Feld Mist breiten; hinter ihm der Michel.

War denn die Vakanz nicht aus?

Da fiel ihm ein, dass ihm die Afra gesagt hatte, der Bub könne nicht mehr nach Freising zurückgehen, oder wolle nicht mehr.

Und die Geschichte, die er im Wirtshaus gehört hatte, tauchte in seiner Erinnerung auf.

Die letzten zwei Wochen war's ihm gewesen, als ging ihn das alles nichts mehr an; frei vergessen hatte er es, und auch die Bäurin hatte in ihren Ängsten nichts mehr davon gesagt.

»He du, Michi!«

Michel steckte seine Mistgabel in den Boden und kam langsam heran.

»Nur a weng g'schwinder … gel! Was is denn mit dir? Bleibst du ganz oafach dahoam, und i wer gar it g'fragt?«

»I hab ja mit'n Vata red'n woll'n …«

»Woll'n … is dös a Furm? Dös muass do z' allererscht mir recht sei. Und überhaupts, braucht's da gar nix, als dass ma sagt, jetzt hör i auf? Und dös ganz Geld waar außi g'schmissen?«

»Wann mi da Vata amal o'hör'n möcht, i hätt ja scho lang gern g'redt, aba am Freitag hab i gar koan Antwort it kriagt, und da Vata hat g'sagt, dass er koa Zeit hat für dös …«

»Weil mi gar it red'n mag über so an Aufführung. Oa Jahr ums ander dös sündteure Geld koscht'n und nix wia faulenzen und dahoam bei de Menscha umanand laffen! Schama tat i mi … aba wart no, mir wachsen no z'samm …«

»Wann mi da Vata heut o'hör'n will …«

»I wer's scho sag'n, wann's mir passt, und dös sag i dir jetza scho, mir wer'n g'schwind mitanand firti sei … wüah!«

Der Wagen rollte weiter.

Michel ließ den Kopf hängen, als er zurückging.

Da kam auch der Kaspar auf ihn zu.

»I gib eahm it leicht recht«, sagte er. »Aba dös Mal lasst si nix dageg'n sag'n. Du tuast dir scho a weng leicht, du!«

»Leicht! Wann du wissest, wia schwar dass i trag'n hab an dem?«

»An was nacha?«

»Dass i von dahoam furt hab müass'n, und i hab's nia anderst glaabt, als dass 's do nix werd ...«

»So is recht. Dös hätt'st du vor fünf und sechs Jahr net aa sag'n kinna?«

»Da bin i a Bua g'wen, auf den ma net g'hört hat.«

»Es muass dir na do scho passt hamm, sinscht hätt'st di scho bessa g'rührt. Und was hoscht na jetzt an Sinn?«

»Dös woaß i net ...«

»Is dös aa no a Red für an ausg'wachsna Menschen? Er woaß it, was er tuat. Er hockt halt amal dahoam, ander Leut auf da Suppenschüssel ...«

»Dir hock i net drauf ...«

»Na, sag i ...«

»Vorläufi amal net, und Rechenschaft bin i dir aa koane schuldi.«

»Waarst ma's no schuldi g'wen, i hätt dir's scho vatrieb'n, de Faulenzerei ...«

Er ging brummend weg wieder an seine Arbeit, und auch der Michel stocherte unmutig und verdrossen im Mist herum.

Die Ungewissheit lag ihm ganz gewiss schwerer auf wie dem unguten Kerl, dem Kaspar.

Aber seit zwei Wochen war daheim alles wie verkehrt; der Vater ließ sich kaum mehr beim Essen sehen, und wenn er mit der Mutter reden wollte, gab sie ihm keine richtige Antwort, hatte immer gleich nasse Augen und seufzte.

»O mei Bua, i ko jetzt gar nix denk'n über dös. Wia werd's uns no alle mitanand geh.«

Wenn er fragte, was sie denn so bedrücke, und ob es seinetwegen wäre, schüttelte sie den Kopf.

»Dös waar no dös allerg'ringst, und wenn dös ander net waar ...«

Aber eine Auskunft gab sie nicht, immer nur so unklare Andeutungen.

»Mi woaß wohl, es hamm ander Leut aa Sorg'n und Vadruss, aber wenn no oans net is, na ko all's recht wer'n ... wenn no oans net is ...«

Was das war?

Wahrscheinlich hatte sich der Vater tiefer in Schulden hinein gearbeitet, als sie alle geglaubt hatten, und er sah sich jetzt nicht mehr hinaus.

So war seine Zukunft ganz und gar aufs Ungewisse gestellt, und diese Sorge mit der Reue um die verlorenen Jahre drückte ihn nieder.

Ein Tag um den andern verging, und anscheinend kümmerten sie sich daheim nicht einmal darum, dass die Zeit, wo er hätte einrücken müssen, herankam und vorbeiging, bis ihn jetzt der Vater grob anfuhr.

Manchmal dachte er sich, ob es nicht das Beste wäre, auf und davonzugehen und irgendwo bei einem Bauern einstehen.

Aber wenn er sich das überlegte, standen schon gleich wieder die Schwierigkeiten vor seinen Augen.

Wer nahm ihn, so wie er war, ohne rechte Kenntnisse, und wer glaubte ihm, dass es ihm Ernst sei mit der Arbeit?

Sein eigener Bruder verhöhnte ihn ja damit und machte sich lustig über den lateinischen Knecht, der keine Sense und keine Gabel richtig in die Hand nahm. Es war ja auch bloß eine halbe Sache, so wie er es jetzt trieb; er tändelte mit der Arbeit und ging den andern im Weg um.

Eine so bleierne Müdigkeit kam über ihn, dass er die Gabel wegwerfen und heimgehen wollte.

Drüben am Weg kam gerade der Zotzen-Peter vom Ackern heim.

Der Kaspar pfiff ihm und ging langsam zu ihm hinüber; er gab ihm den Auftrag, mit dem Mistbreiten weiter zu machen, und trieb selber die Ochsen heim.

Der Peter griff flink zu und kam bald dem Michel näher.

»Nimm net so vui auf d'Gabel und gib eahm grad an Schlenzer. Siehgst a so …« sagte er.

»Du ko'st as halt bessa …«

»Dös lernt sie leicht … so jetza … feit dir was?«

»Mir? Na …«

»Weil's d' a G'sicht machst, als wann dir d' Henna 's Brot g'stohl'n hätt'n. Hoscht am End gar Zeitlang auf Freising?«

»G'wiss net.«

»Dös moanat i halt aa. Pass no auf, im Winta bal'st dableibst, mach ma's ins luschti …«

»Ja, dös hab i grad voring g'sehg'n, wia lustig dös wer'n kunnt.«

»Hoscht d' mit'n Kaschbar was g'habt?«

»Der hat ma's jetzt scho vorg'worfen, dass i no dahoam bin …«

»Ja, i kenn an scho; dös is a müahsama Deifi, a müahsama. Grad bengs'n und knauz'n an ganzen Tag. Aba auf den pass'n ja mir gar it auf, vastehst. Z'weg'n dem brauchst de Trentsch'n net hänga lass'n …«

»Mi freut überhaupt nix mehr …«

»Hö … hö! Gar so weit werd's do scho net g'fehlt sei. Lass da sag'n, mit da Eitel-Nanni han i scho g'redt; ihr is scho recht, hat s' g'sagt, bal mir ummi kemma, und dös han i ausg'macht, i stell an Strohbusch'n auf bei da Bruck'n hiebei, und durch dös woaß sie, dass mir kemman, und sperrt an Hund in Stall. Probier'n ma's de nachst'n Tag?«

»Na, Peta …«

»Warum denn net?«

»Mi g'freut's net. I bin amal net aufg'legt dazua.«

»Geh weita! A lebfrischa Mensch muass do allaweil aufg'legt sei …«

»I ko mi net zwinga, und i hab meine Gründ; i sag dir's scho amal …«

»Na geh'n i alloa ummi, sinscht kennt si ja d' Nanni gar it aus …«

»Geh no …«

Der Peter wandte sich ab und brummte vor sich hin.

Es war halt doch so, dass der Pfarrer dem Michel die Schneid abgekauft hatte, denn seit der Zeit brachte er immer Ausreden vor, wenn er ihn zu einem Besuch in die Nachbarschaft überreden wollte.

Es war aber ein bissel anders.

Die ernsten Ermahnungen des geistlichen Herrn hatten nicht so viel Kraft gehabt wie die bösen und guten Worte der Stasi, die gerade an diesem Tag wieder mit ihm zusammen treffen wollte an der Lukasleiten, und die ihm gesagt hatte, dass sie ihn nie mehr, aber durchaus nie mehr anschauen möchte, wann er noch einmal zu so einem schlechten Weibsbild ans Fenster ginge.

Und die Freundschaft eines saubern Mädels, das Gehorsam und Treue zu belohnen weiß, ist allemal stärker wie die beste Kameradschaft.

Der Zotzen-Peter hätte es leicht herausbringen können, was seinem Einfluss so entgegen wirkte, wenn er dem Michel nachgegangen wäre, der sich nach der Heimkunft aus dem Hause schlich und, so rasch er konnte, zur Lukasleite hinübereilte.

Er stellte sich am Waldrande hinter einen Baum und brauchte nicht lange zu warten, so kam ein Frauenzimmer mit rüstigen Schritten die Anhöhe herunter.

Es war die Stasi, die einen kleinen Korb trug, für eine Ausrede, wenn sie daheim wer gesehen und gefragt hätte. Es war ihr aber gelungen, unbemerkt zu entkommen, und sie begrüßte jetzt den Michel mit freundlichem Lachen.

»I ko fei gar it lang bleib'n. S' letztmal hat mi d' Muatta scho g'fragt, wo i g'wen bi, und i hab g'sagt, i hätt grad no a weng Tannazapf'n klaabt. Aber allemal glaabt s' mir's net.«

»Jetzt bleib nur a weng. Wer woaß, wia oft mir no z'sammkomma ...«

»Warum? Gehst du furt?«

»I woaß net ...«, antwortete er zögernd.

»Nach Weihenstephan?«

»M ... mei ... mit dem werd's a so nix, und dahoam kann i a net bleib'n ...«

»Was hast denn, Michi?«

»Schlecht geht's ma ... So ver ... so verleidt is mir all's, dass i gar it woaß, was i o'fanga soll ...«

»Ah geh ... jetzt woanst d' gar ... wer werd denn woana? Bal'st it aufhörst, na muass i ja selm o'fanga ...«

Das gute Zureden des Mädels stimmte den Michel noch weichmütiger; die Tränen liefen ihm die Backen herunter, und wie sie immer reichlicher kamen, zog er sein Sacktuch heraus und wischte und wischte, und dabei stieß es ihn, und alle Bitterkeit und Hilflosigkeit der letzten Wochen brachten ihn zu einem fassungslosen Weinen.

»Ja geh ... ja Bua ... da ko mi ja gar it anders ...«

Die brave Stasi setzte den Korb zur Erde und schluchzte und schnupfte auf, und dabei fuhr sie mit der Hand dem langen Burschen liebkosend übers Haar.

»Sag ma's halt, was dir feit. Schau, muasst it so woana ...«

»Bei ins is gar nix mehr, Stasi ...«

»Tean deine Leut recht schiach, weil's mit da Schtudi nix mehr is?«

»N ... na, net amal. I bin ... i bin no gar it z'red'n kemma über dös, aber all's is bei ins ausanand, und ... und i woaß grad, dass i für gar nix bin und de andern bloß im Weg umgeh ...«

»Aba schau, bal's d' auf Weihenstephan kimmst, wia 's d' g'sagt hast, und bal's d' nacha Verwalta werst ...«

»Ja, wenn ...«

Er fasste sich ein wenig und trocknete sich die Tränen ab.

»I glaab nimma, dass was draus werd ...«

»Warum denn net?«

»Dir derf i's ja sag'n, Stasi; bei uns muass was net in Richtigkeit sei; da

Vata redt nix und deut't nix und fahrt allbot nach Dachau, und d' Muatta geht voller Kümmernis dahoam umanand. I glaab, dass er in d' Schulden eini kemma is, und dass er si nimma z' helfa woaß. Und durch dös is halt mit Weihenstephan aa nix mehr …«

»Wer woaß! Vielleicht geht's wieder umma …«

»Na, da hab i gar koa Hoffnung …«

»Aber de alt Loni hat's dir do versproch'n …«

»Ja, wenn s' no a Testament mach'n hätt kinna …«

»Na, so an Unglück …«

Der Michel sah schweigend auf den Boden. Aber warum sollte er dem guten Mädel nicht alles sagen, was er auf dem Herzen hatte?

»Siehgst, da is aa da Vata schuld. I hab's dahoam gar net verzähl'n mög'n, was i in Dachau drin derfragt hab …«

»Was is na dös?«

»Selbig'smal hätt mi d' Muatta nach Dachau einig'schickt, und es waar aa no Zeit g'wen. Aber da hat er mi net weg lassen und is selber eini g'fahr'n, und in Dachau drin is er in's Saufen kemma und hat an Notari verpasst, und dahoam hat er nix g'sagt davo, und na war's z' spaat.«

»Jessas! Ja wia'r a si no net Sünden fercht! Und durch dös hast du 's Geld verlor'n?«

»Ja … und jetzt schimpft er mi no, dass i dahoam hock …«

»Ja so was! Da tat i's eahm aba sag'n …«

»Was helft dös? Da gibt's bloß a Schimpferei … und na sagt er mir höchstens, dass i eahm so viel kost hab …«

»Du host ja net woll'n …«

»Vo dem redt jetzt neamd mehr. Na, es is scho a so, Stasi, I woaß ma nimma z' rat'n …«

»Werst d' sehg'n, es geht bessa, wia's d' moanst. De paar Jahr kimmst d' scho auf Weihenstephan …«

Er schüttelte den Kopf.

»Na, i glaab nix mehr. I muass no umanand betteln, dass mi a Bauer als Knecht nimmt …«

»Du muasst jetzt net glei an Muat valier'n. Bal's d' as dein Vata richti vorstellst, nacha ko er ja gar it anders …«

»I hab dir ja g'sagt, i glaab nimma, dass er ko, wann er will …«

»Dös woaß mi do net …«

Michel seufzte tief auf.

»Und bal i als Knechtl wo unterschliaf, schaugst mi du aa nimma o …«

»Geh, wer werd denn so was sag'n! Warum nacha net?«

»Weil mi ja do a jeda über d' Achsel o'schaugt, und überhaupts, wer woaß, wo i hi kimm. Da umanand nimmt mi neamd …«

»Über dös tat i mi jetzt net so viel bekümmern. Du werst sehg'n, es geht no all's bessa außi. Und bal's d' na firti bist mit dera Schul und bal's d' na Verwalter werst, wer woaß, ob du mi nacha no o'schaugst …«

»Jo, Stasi …«

»Dös sagst d' halt a so …«

»Na, g'wiss is wahr. I denk ja so bloß desz'weg'n so viel dro, weil i an dös ander aa denk …«

»An was nacha?«

»A so halt, schau … I stell mir dös a so für, wann i an Post'n kriagat, und nacha kannt's am End do was wer'n …«

Die Stasi wusste schon, was, aber es war so viel schön, es zu hören, dass sie weiterfragte.

»Was kunnt was wer'n?«

»Du woaßt as scho …«

»Na …«

»No ja, i moan halt, i und du …«

»Ah, du derbleckst mi ja grad …«

»G'wiss net, Stasi. Dös waar mir dös allerliaba …«

»Ja, und bal's d' an recht an schön Post'n hätt'st, passet it am End gar it hi …«

»Du passetst überall'n hi. Wenn nur i so weit waar und grad a weng an Aussicht hätt …«

Die Aussicht redete ihm nun Stasi ein, und wie sie eng beieinander auf einem Baumstumpf saßen, erschien dem Michel eine gute Zukunft möglich und wahrscheinlich und zuletzt noch ganz gewiss.

»Bst! Da kimmt wer«, flüsterte das Mädel nach einer guten Weile.

Schwere Schritte kamen auf dem Fußsteig heran; die beiden verhielten sich still, da sie nur ein kleines Gebüsch davon trennte.

In der Dämmerung erkannten sie den Mann, der achtlos an ihnen vorbeiging und halblaute Worte vor sich hinsprach.

»Da Vata …«, flüsterte Michel.

»Wo kimmt denn der her?«

»I glaab, er war bei ins drob'n.«

»Bei enk?«

»Ja, wia'r i voring von dahoam weg bin, hab i g'moant, dass i'n vorn an der Haustür g'sehg'n hab. I hab aba ganz vergessen, dass i dir's g'sagt hätt …«

Sie vergaßen auch jetzt wieder darauf über dem, was ihnen wichtiger war.

FÜNFZEHNTES KAPITEL

Die Stasi hatte recht gesehen. Wie sie unbemerkt zur Küchentüre hinausging, kam der Ruepp vorne herein und fragte nach dem Lukas.

Die Bäuerin, die sich in der Stube was zu schaffen gemacht hatte, sah ihn erstaunt an, denn seit Jahren war der Nachbar nicht mehr herüben gewesen, und sie wusste, dass er mit ihrem Bauern eine Feindschaft hatte.

Sie sagte aber freundlich, dass sie ihn holen wolle und ging in den Rossstall hinüber, wo sie ihren Mann antraf.

»Du, der Ruepp is drent …«

»Wer?«

»Der Ruepp. I ho mi aa g'wundert, aber er sagt, dass er mit dir was z' red'n hätt …«

»Mit mir? So, no mir wer'n ja sehg'n, was dös is …«

»Er werd do scho net zum Streit'n aufa kemma sei?«, fragte die Bäuerin ängstlich.

»Ah na … streit'n tuat er bloß im Wirtshaus. Er werd was braucha, sinscht kam er wohl net.«

Gleich darauf stand der Lukas vor dem Ruepp.

»S' Good. Was geit's na?«

»I hätt mit dir a weng was z' red'n.«

»Z' red'n? Geh ma halt in d' Stuben eini.«

Er ging voran, der Ruepp hintnach.

»Siehgst«, fing der an … »i hab mir scho an öften denkt, jetzt haust mi so nah beinand und hat a Feindschaft …«

»I hab koane …«

»No ja …«

»Na, i net. I leg koan Menschen was in Weg.«

»Dass mi ins halt z'kriagt hamm …«

»De Wirtshausg'schichten genga mi da herob'n gar nix o. I bekümmer mi um mei Sach, aber net um ander Leut …«

»Do hoscht recht, Lukas; bal ma auf d' Leut hört, werd all's ärger g'macht, und vo dem kimmt's aa.«

»I lass dir wohl dei Ruah und leg dir nix in Weg, Ruepp …«

»Und i bin aa net anderst g'sinnt, derfst ma's scho glaab'n, Lukas …«

»Ja, und was willst d' ma na sag'n?«

»Sag'n? Siehgst, du hoscht mir amal z' wissen g'macht, dass dir mei Feld am Weiherer Holz hint'n guat o'stand. Selbig'smal, i sag's aufrichti, hab i net mög'n, weg'n da Feindschaft, aber jetzt hon i mir denkt, geh zua, denk i mir, für'n Lukas hätt dös Feld an ganz an andern Wert als für di, net, weil's dir viel bessa g'leg'n is, und, denk i mir, gehst ummi dazua und gibst as eahm …«

»I dank dir schö, Ruepp, für dei guate Meinung, aba, i sag dir's, wia's is, i mog's nimma.«

»Du bist halt no zorni, weil i selbig'smal net mög'n ho …«

»Na. Z'weg'n dem schlaget i an Handel net aus, wann mir der Handel selm passet. Aba i kaff bei der jetzigen Zeit überhaupts nix mehr zuawi.«

»'s Feld is it schlechta wor'n, dös muasst do selm sag'n, ehnder 's Gegenteil …«

»No, bessa is aa net wor'n, aba dös machet mir nix aus. I bracht's leicht in d' Höh …«

»Dös brauchst it in d' Höh bringa; schaug di o, wia da Habern dös Jahr g'standen is …«

»Gar so schö war er net, aba, wia g'sagt, mi bekümmert's net, weil i 's Feld ja do net kaff …«

»Z'weg'n de alt'n G'schicht'n solltst du an Profit it hint lassen!«

»Lasset i aa net, g'wiss net. Aba siehgst, selbig'smal, wia's du net mög'n host, hab i mir de Kreuzbroat'n vom Wirt kafft, und du werst scho wissen, dass de a schön's Geld kost hot, und san aa bei an acht Tagwerk. Und na hab i no, wia da Eckl z'trümmert wor'n is, net ganz zehn Tagwerk vom Juden kafft, und es is mir dös schier gar z'viel. Hot mi beinah g'reut, i sag dir's aufrichti, und hat aa d' Bäurin g'mamst, und jetzt kimmt no dazua, dass mir älter san. Wia lang geht's her, na übergib i an Schorschl, und, woaßt scho, da is ma froh um 's Bargeld, dös wo ma si dahaust hot, und waar do dumm, wann i's für Gründstück ausgab, de wo i do net g'halt und an Buam geb'n muass.«

»Du kunnt'st dir ja an Austrag um dös bessa macha …«

»Na, da b'halt i scho liaba 's Geld. Was machet dös aus beim Austrag für de paar Tagwerk?«

»So schnell werst du net übergeben. I denk aa no net dro …«

»Da hülft mir 's Denk'n weni. Ma muass scho, wenn da Bua herg'wachsen is, und g'spür'n tuat ma 's Alter aa …«

»Überleg dir's guat, Lukas! Wann i's an andern gib, reut's di …«

»Na, dös ko mi net reu'n. I sag dir ja, mir is eh scho z'viel wor'n, de Kafferei …«

»Gibst halt dafür was anders her, was dir net so g'legen is. Was du dir vom Eckl zuawi kafft host, is a so z'weit weg.«

»Vor etla Jahr hätt i mir's überlegt, aba jetza, seit dem dass i scho an d' Übergab denk, is 's z'spat. I dank dir schö, aba es geht nimma …«

»Is dös dei letzt's Wort?«

»Ja, i bleib dabei, weil's anderst koan Sinn hot. Dir ko's ja aa gleich sei, du bringst den Fleck leicht o.«

»An wen nacha?«

»Dös woaß i net in Augenblick, aba du findst scho oan.«

»Muass ja net sei; i ko's leicht selm g'halt'n. I ho mir bloß denkt, dass i dir am End an G'fall'n tat.«

»Is mir recht, und mir hamm ja leicht red'n kinna über dös, aba es geht halt amal net …«

»Vielleicht … ah … vielleicht kunnt'n mir's anderst macha?«

»Wia anderst?«

»No ja … i ho mir denkt … net … also zum Beischpiel … vielleicht, dass dös gang, net wahr, dass du mir a Geld gabst auf a Monat oder zwoa, und zum Beischpiel … net wahr … bal i dir's net auf'n Tag z'ruckgab, g'höret dir mei Feld …«

Der Lukas sah mit seinen stahlgrauen Augen den Mann ruhig an.

Es war etwas Hastiges und Unsicheres in ihm, was ihm schon gleich aufgefallen war, und jetzt kam er mit dem Eigentlichen heraus.

»So was mach i net, Ruepp; i will di net beleidinga und möchte di net verzürna, i sag dir's aba schnurgrad, auf solchane Sachen lass i mi net ei. I hab koa Geld net zum Herleiha.«

»Für dös wer i dir no guat sei …«

»Na, net amal; i sag dir nix nach, aba wann's d' mi scho fragst, schneid i aa net lang um …«

»Du gehst halt aa dem G'red nach. I woaß guat, dass allerhand g'sagt werd, als wann i in die Schuld'n drin steckat …«

»G'sagt werd's, dös is wahr, und dass i mir meine Gedanken mach', wann du mit an solchan Vorschlag zu mir umma kimmst, dös is g'wiss, aba dös hat koan Bezug auf dös. I lasset mi auf so was net ei, und wann du no so guat stand'st bei de Leut. A sellas G'schäft steht mir net o.«

»A jeda ko amal in a Verlegenheit kemma, und i hätt g'moant, a Nachbar kunnt dem andern helfa …«

»I glaab's net, dass dir g'holfen waar, na … und von da Nachbarschaft, da hab i net viel g'spannt bis jetzt.«

»No ja, nacha net. Nimmt ma's von an Fremden, dös is scho so da Brauch …«

»Für so oan is a G'schäft, für mi waar's a Verdruss, und da is mir der erst liaba wia da letzt …«

»Also bfüa Good …«

»Adje … und oans möcht i no sag'n, Ruepp. Vo dem, was mir heut g'redt hamm, derfragt von mir koa Mensch was …«

»Von mir aus …«

»Na, dös is it gleichgültig. I woaß, warum is's sag. Wann's a G'red gibt, na bist du ganz g'wiss, dass 's von mir net ausgeht …«

Der Ruepp brummte was Unverständliches vor sich hin und ging.

»Was hat er denn woll'n?«, fragte die Lukasin neugierig, wie ihr Bauer in die Küche kam.

»Ah nix. Weg'n an Grenzstoa hat's a si g'handelt, aba mi hamm ins ganz freundli g'redt mitanand …«

»Grenzstoa? So?«

Sie sah ihren Bauern recht zweifelhaft an, aber sie wusste, dass sie mit Fragen nichts ausrichten konnte; was der nicht gleich sagen wollte, sagte er in Jahr und Tag nicht.

Der Ruepp ging hastig vom Hof weg, als fürchtete er jetzt erst, dass ihn wer sehen und seinen vergeblichen Bittgang erraten könnte.

Er sprach vor sich hin.

»Also nix … wieder nix … du ko'st di leicht prahl'n, du … bal ma koa Sorg und koa Kümmernis hat … Da ko ma für an Menschen hi'steh und recht groß toa. I mag solchane G'schäften net … Ja, du machest as aa net anderst, wann dir 's Wassa so hoch raufsteiget …«

Der Ruepp war froh, dass ihn daheim niemand mit Fragen anging, und dass ihm die Bäuerin auswich. Am andern Tag blieb er noch im Bett liegen, als die Sonne schon hoch stand.

Er hatte keinen Willen zur Arbeit mehr, und ohne dass er sich Rechenschaft darüber gab, war es ihm, als hätte sie keinen Sinn für ihn und er kein Recht auf sie.

Er fasste Pläne, die er wieder aufgab, suchte Auswege und fand, dass ihm alle verschlossen seien.

Er schlenderte im Hof herum, ging in den Stall und wusste nicht, was er darin suchte, er sah den Zotzen-Peter und den Kaspar vom Felde heimkommen und wunderte sich, dass die noch etwas schafften, denn alles kam ihm nutzlos und leer vor.

Er sah finstere und scheue Blicke auf sich gerichtet und hatte nur den einen Wunsch, ihnen auszuweichen, sich vor ihnen zu verstecken.

Beim Essen redete er kein Wort; Leni setzte die Schüssel so hart auf den Tisch, dass ihr Unmut deutlich wurde, und beim Vaterunser sagte die Bäuerin das »Führe uns nicht in Versuchung« so laut aus den andern Bitten heraus, dass es allen auffiel.

Sie schwiegen aber, und die Löffel klapperten auf den Tellern. Es war, als säße ein Fremder am Tische oder ein Ausgestoßener, mit dem niemand Gemeinschaft haben wollte.

Der Zotzen-Peter sagte der Zenzi halblaut etliche Dummheiten, die das Weibsbild zum Lachen reizten; sie hielt aber die Hand vors Maul und kicherte in sich hinein, als wäre alles laute Wesen verboten.

Nach dem Essen lief der Ruepp weg; es war nicht zum Aushalten daheim, wo die Stille um ihn herum mit Fragen und Vorwürfen geschwängert war. Er holte sich nicht einmal Hut und Janker in der Kammer, damit niemand sein Fortgehen merkte.

War er noch Herr im Hause? War er nicht wie ein liederlicher Knecht, der blau macht, wie ein Bub, der auf verbotenen Wegen ging?

So warm war es wie an einem Sommertag, und doch so viel schöner. Vom tiefblauen Himmel herunter lachte die Sonne, und ihr Schein legte sich mild auf die Stoppelfelder.

Wo Leute arbeiteten, sah es sich gemächlich und friedlich an, so wie Arbeit am Abend kurz vor dem Feiern geschieht.

Auf den Höhen und drunten im Tal streckten sich die Bauernhöfe wohlig im Lichte, als fühlten sie sich mit ihren vollen Scheunen geborgen nach mühseligen Tagen.

Manchmal drang ein tiefes Brummen vom Orte herauf und zeigte an, dass eine Maschine die reiche Ernte ausdrosch.

Der Ruepp sah nichts, hörte nichts; er ging mitten durch den Segen wie einer, den er nichts anging. Er war in Gedanken verloren, rechnete mit falschen Zahlen und suchte hilflos nach einem neuen Betrug, der den alten unschädlich machen konnte.

Was wollte er eigentlich in Weidach?
Sich ins Wirtshaus hocken und sein Nichtstun zur Schau stellen?
Davor scheute er sich, und er machte einen Umweg.
Aus seinem Hof heraus grüßte ihn der Höchtl, der Kartoffel ablud.
»Wo aus?«
»A G'schäft han i …«
»Ah so …«
Der Höchtl schulterte seine Schaufel und kam näher.
»Hast d' Erdäpfi scho dahoam?«
»Ja …«
»De hamm heuer dageb'n. Sagst as net aa?«
»San ganz guat wor'n, ja …«
»Du, pass auf, lass da sag'n, is dös wahr, was neuling a Unterhandla beim Wirt verzählt hat?«
»Was hat der verzählt?«
»Dass de alt Loni ziemli a Geld g'habt hat, und dass du dös außa zahl'n muasst?«
»Was waar na dös für an Unterhandla g'wen?«
»Der plattete; Schlehlein, glaab i, hoaßt a.«
»Der muass's ja wissen, der Leutbetrüaga …«
»Is it wahr, gel?«
»A Schmarrn is … bfüad di Good, i muass weida …«
Der Höchtl grüßte. Wie er zurückging, lachte er verschmitzt.
»I moan allaweil, di druckt was, Manndei. Gar so a Schmarrn werd's net sei …«
Der Ruepp bog vor dem nächsten Hofe ab.
Es hatte sich also schon herumgesprochen im Dorfe, und wer ihm jetzt begegnete und freundlich grüßte, schaute ihm schadenfroh und hämisch nach. Darum war's besser, keinem begegnen.
Weiter hinaus zu waren ein paar kleine Häuser, in denen Taglöhner wohnten. Das letzte mit einem verwahrlosten Vorgarten, in dessen Umzäunung verschiedene Latten fehlten, andere zerbrochen waren, gehörte dem Langgörgl.
Ein Weibsbild stand unter der Türe und hielt ein Kind auf dem Arme, dessen schmutziges Gesicht durch Rufen entstellt war.
Der Ruepp blieb stehen und fragte:
»Wo is denn da Langgörgl?«
»Wo werd er sei? Drinna hockt er.«

Die Antwort klang unfreundlich, aber der Bauer trat, ohne recht zu wissen warum, ins Haus.

In der Stube saß der Taglöhner auf einem Kanapee, dessen Überzug zerrissen war; vor ihm auf dem Tische stand eine Bierflasche, in der Fuselschnaps war, von dem es in dem niedrigen, unaufgeräumten Zimmer stank.

»Ah, da schau her, da Ruepp! Was schaffst?«

»Nix. I bin grad a so eina kemma, weil mi da Weg vorbeig'führt hat.«

»Dös is recht. Hock di a weng her.«

Der Bauer setzte sich auf den wackligen Stuhl, der vor dem Tische stand, nachdem er vorher einen schmierigen Janker, der darauf lag, entfernt hatte.

Der Langgörgl erhob sich langsam und holte aus einem kleinen Wandschrank, in dem alles Mögliche durcheinander lag, ein verschmutztes Schnapsglas.

»Magst a Stamperl?«

Der Ruepp nickte zustimmend.

»I hätt heut beim Schnacken helfa soll'n, Ruab'n außa toa, aba mir is gar it recht extra g'wen, da bin i dahoam blieb'n und kurier mi a weng aus. Bei dem Reg'n am Deanstag muass i mi vakält hamm, aba jetzt is ja wieda dös allerschönste Weda. Is schier gar schad, dass ma da herin hockt, aba morg'n is aa no Zeit. De Ruab'n bringa ma leicht hoam ...«

»Ja ... ja ...«

Der Langgörgl schwätzte gleichgültiges Zeug, und der Ruepp hörte kaum, was er sagte.

Er stürzte hastig ein paar Gläser Branntwein hinunter und stierte vor sich hin.

Von der Straße klang hie und da lustiges Peitschenknallen herein, und die Sonnenstrahlen ließen sich durch die schmutzigen Fensterscheiben nicht aufhalten, als wollten sie den Bauern herauslocken aus der Stube.

Wie kam er da herein? Wenn ihm einer vor Jahr und Tag gesagt hätte, dass er am hellen Werktag mit dem übel berufenen Menschen zusammenhocken und Schnaps saufen würde, er hätte es nicht geglaubt.

Und jetzt war er beinahe froh, bei ihm Ruhe vor seinen Gedanken und Sorgen zu finden.

»Trink ma no oans, Ruepp, weil's scho gleich is. Oha, jetz is d' Flaschen laar. Hansgirgl!«

Er schrie noch ein paarmal, da kam sein mürrisch dreinschauendes Weib zur Türe herein.

»Was willst d' an Buab'n?«
»An Schnaps soll er hol'n.«
»Es is koa Geld im Haus ...«
»Was? Herrgottsaggerament! Da geht er halt ohne Geld zum Kramer aufi.«
»Der gibt eahm nix ...«
»I schlag dir 's Kreuz o, du ...«
»Lass guat sei!«, sagte der Ruepp und legte ein Zweimarkstück auf den Tisch, das der Langgörgl an sich nahm.
»Also da! Jetzt schickst an Buam eina, aba g'schwind, sag i ...«
Die Frau warf einen verächtlichen Blick auf die zwei Männer und ging.
Bald darauf humpelte ein zwölfjähriger Bub herein, der trotz seines verkrüppelten rechten Fußes flink genug war. Er nahm Geld und Flasche mit einem frechen Grinsen und kam nach kurzer Zeit wieder zurück.
»Hast d' nix außakriagt?«, fragte der Vater grob.
»Na ...«
»Was? I beutel di do scho glei, dass dir Hör'n und Sehg'n vageht. Kost' d' Flaschen it mehra wia'r a Mark!«
»Da Krama hat g'sagt, dös g'halt er z'ruck für dös ander ...«
»'s Mäu halt! Und mach, dass d' außikimmst! Und an Krama zoag i's scho, ob mir der a Geld z'ruckhalt'n ko ...«
Der Bub humpelte gleichmütig hinaus und schnitt unter der Türe eine Fratze.
»So ausg'schamte Leut als wia z' Weidach muass 's net glei wieda geb'n«, schimpfte der Langgörgl. »Weil ma'r amal Unglück g'habt hat, treten s' auf oan umanand. Mir is ja ganz wurscht, aba dir sag i's, weil du a richtiga Mensch bist, der wo oan vasteht.«
Und er erzählte dem Ruepp, der ihn zuweilen mit gläsernen Augen anglotzte, die Geschichte, wie er, der Schaffler von Kemaden, ein Ehrenmann auf und auf, durch die Hinterlist der Menschen und durch die eigene Gutmütigkeit von seinem Sach gekommen war.
»Ja, mei Liaba, so hamm s' as mir g'macht, und jetzt gab mir so a Haderlump net amal aufs Geld außa, und a jeda möcht mi veracht'n. Aba du bischt anderst g'sinnt, und desweg'n steh i aa auf deiner Seiten, und derfst ma's scho glaab'n, i helf zu dir, bal aa de andern sagen, du hätt'st von an alt'n Deanstboten 's Geld druckt ...«
Der Ruepp fuhr auf.

»Wer sagt dös?«

»I sag's net, de andern brachten's a so außa, aba i steh auf deiner Seiten, mei Liaba, und da gibt's nix ...«

»Was scher i mi um dös G'red?«

»Da hoscht amal recht, um dös bekümmerst di gar nix, und bal's wieda oana zu mir sagt, dem sell'n zünd i a Liacht auf ...«

»Hör auf vo dem!«

»Na, pass auf, lass da sag'n, i loos' da it zua. Was, sag i, an Ruepp möcht's ös schlecht macha, und a so bringt's as daher, sag i, als wann er an arma Weibsbild, de wo z'erscht nix g'habt hat, sag i, seine paar Groschen nahm ...«

»I will nix hör'n davo ...«

»Pass no auf, i red ja für di. Hab beim Wirt aa für di g'redt, wia der sell Bazi, den wo i scho von frühers her kenn, wia der g'sagt hat, dass 's beim G'richt aufkemma waar, und dass s' di auf an Schwur hi'treib'n ...«

»Moanst d' vielleicht, i schwör it?«

»Freili schwörst, und, lass da sag'n, wia's i dem hi'g'rieb'n hab. Di kennt ma, sag i, und neamd kennt di so guat, als wia'n i und da Ruepp, sag i, über den werst du wohl nix behaupten kinna, und, sag i, dös is an Ehrenmann. Der braucht von so oan, wia du bischt, koan Leumund durchaus net, und du werst'n eahm aa it nehma kinna. So hab i g'sagt, mei Liaba ... Da trink no oans!«

»I mag nimma ...«

»Ah, werst do net auf de Leut aufpassen. De kinnan ja di gar it moana, und du stellst di ganz oafach hi und schwörst, und bal di oana schlecht redt, da bin i scho da. Du helfst zu mir, und i helf zu dir ...«

Der Ruepp schob das Glas zurück und stand auf.

»I geh jetzt ...«

»Bleib do no da ...!«

»Na ... Bin i was schuldi?«

»Geh zua! Hoscht ja du an Schnaps zahlt ...«

»Ah so ... ja ... hab i an Schnaps zahlt ... hab i ...«

Er schwankte und konnte sich kaum aufrecht halten.

Und es war ihm gottesjämmerlich zumut; der Dunst in dem kleinen Zimmer und der ekelhafte Fuselgeschmack im Munde kamen ihm unerträglich vor.

Er wankte hinaus, hielt sich an der Türpfoste ein, und draußen drehte sich alles um ihn.

Wie er auf der Straße vorwärts wankte und sich bald an einem Zaune, bald an einem Wagen, der im Wege stand, einhalten musste, liefen ihm die Buben lachend und schreiend nach.

»Ah! Da Ruepp! …«

Ein paar Weiber zogen sich scheu zurück, wie er vorbei kam, und traten wieder unter die Türen, um ihm nachzuschauen.

»Na, so was! Am helliacht'n Werktag!«

Außerhalb des Dorfes setzte er sich auf einen Feldrain und war bald eingeschlafen.

So sahen ihn etliche Leute, die von der Arbeit heimgingen.

Eine Magd wollte ihn aufwecken, aber der Knecht, der neben ihr ging, hielt sie zurück.

»Lass den b'suffen Kerl schlaf'n …«

»Auf'n Abend zua werd's eahm do z'kalt, bal so Nebel aufsteig'n …«

»Ah was! Wann dem so was schadet, waar er scho lang hi …«

Er wurde aber doch geweckt.

Vom Dorf her kam eine Frauensperson, die erschrocken stehen blieb, wie sie den Schlafenden sah, und die ihn heftig an der Schulter rüttelte.

»Was is? Wer sagt, dass i … ah, du bischt es …«

Der Ruepp sah in das zornige Gesicht seiner Bäuerin.

»Wo kimmst denn du her?«, fragte er verschlafen und verdrossen.

»I möcht wissen, wo du g'wen bist. Wia du nach Schnaps stinkst! Schamst di gar it?«

»Mir is all's gleich …«

»Es scheint si. Da Herr Pfarrer hat aa g'sagt, Sie hamm einen schweren Stand, Rueppin …«

»Da Pfarrer? Bist du beim Pfarrer g'wen?«

»Ja, mi hat's dahoam nimma g'litt'n, dass d' as woaßt …«

»Unta da Woch zum Pfarra laffa«, brummte er und richtete sich langsam auf.

»Du woaßt guat, was mi hi'trieb'n hat. Aba jetzt geh zua; is ja a Schand, wia du da g'hockt bist vor alle Leut. Jetzt woaß i, warum der Ecklknecht so dumm g'lacht hat, wia'r a mir voring begeg'net is.«

»Was liegt denn da mir dro?«

»Dir liegt an nix was, dös is leider wahr.«

Sie ging etliche Schritte voran, und das Herz schwoll ihr so von Erbitterung an, dass sie ihm am liebsten ins Gesicht geschrieen hätte, wie seine Liederlichkeit alles, aber auch alles, zu Grund gerichtet habe.

Allein als sie sich umwandte und sah, wie er schwerfällig und müde mit unsicheren Schritten hinter ihr herwankte, kam sie wieder Mitleid an, und sie schwieg.

Er rief ihr halblaut nach.

»Afra!«

»Was denn?«

»Laff mir net davo!«

Sie blieb stehen, und wie er bei ihr war, brach er in Schluchzen aus, und die Tränen liefen ihm herunter.

»I bin der gar Neamd mehr … I bin scho der Allerschlechtest …«

»Hör do auf, mitten am Weg!«

»D' Leut wissen's eh scho. Sie sagen's im Wirtshaus und red'n dahoam davo. I bin der Allerschlechtest weit umanand …«

»Nimmst da's halt anderst für!«

»Nix helft mir, neamd helft mir. I bin da gar Neamd …«

»Geh zua, Michi, dös hat jetzt koan Wert gar it, da auf da Straßen …«

Er griff hastig nach ihrer Hand, in die er sich ganz verkrallte.

»Afra, du muasst mir helfa …«

»Dös woaßt scho, dass ma dir hilft …«

»Na … na, du hoscht ma's ja abg'schlag'n, aba du muasst as toa, sinst is all's hi …«

Sie blieb stehen und sah sich um, ob niemand in der Nähe sei.

»Schwör'n … moanst du?«

»Es muass sei, Afra …«

»Dös werd nia«, sagte sie bestimmt, doch ohne Heftigkeit.

»Bitt di gar schö …«

»Lass guat sei. Wann i wollt, kunnt i net. I fallet um, wann i d' Hand aufhebat …«

»Bitt di gar schö …«

»Na, es muass anderst aa geh, Michi, und mei Seligkeit verschwör i net wegen dem lumpeten Geld …«

»Bitt di gar schö …«

Er lief neben ihr her, und als sie ihre Hand losriss, hielt er sich an ihrem Rock fest. Wie ein Schulbub bettelte er.

»I ko net und i ko amal net«, sagte sie fest.

Er ließ los und blieb wieder etliche Schritte zurück. Dabei murmelte er undeutlich vor sich hin und wischte sich mit dem Ärmel die Tränen ab.

Im Hohlweg wartete sie, bis er herangekommen war.

»Du legst di jetzt ins Bett, und i mach dir a warme Suppen, und morg'n red'n mir anderst von dera Sach ...«

Er antwortete nicht und folgte ihr willenlos und ließ sich von ihr in die Kammer hineinschieben.

In der Küche sagte die Rueppin zur Leni: »Wir müassen an Vater a Suppen aufschmalzen; er is it recht beinand.«

»Ja, beinand! Was dem feit, woaß i scho. Stinkt ja da ganz Flötz nach'n Schnaps.«

»Jetzt sei it so unguat!«

»Is ja a Schand! Bei ins werd's allaweil no schöner ...«

Leni Riss die Herdringe zornig auf und machte Feuer; die Mutter half mit, und wie die Suppe fertig war, trug sie den dampfenden Teller in die Kammer.

Die Kammer war leer.

»Wo is denn ...? Leni!«

»Was?«

»Da Vata is it da ...«

»Er werd it weit sei ...«

Aber die Rueppin war von einer großen Unruhe befallen, über die sie sich keine Rechenschaft geben konnte.

Sie ging in den Hof hinaus und rief. Niemand gab Antwort.

Dann kam sie in die Küche zurück und fuhr die Leni heftig an.

»So schaug do, wo da Vata is!«

»Wo soll i denn schaug'n? Er werd scho wieda kemma ...«

Aber er kam nicht.

Da lief die Bäuerin in den Stall hinüber.

»Is denn neamd da? Zenzi! Peta! ...«

Die Zenzi tauchte auf; sie war gerade beim Melken.

»Wos geit's?«

»Is da Bauer net herin g'wen?«

»Na ...«

»Wo is denn da Michel? Wo san de andern?«

Die Zenzi schaute verwundert die Bäuerin an, die immer aufgeregter wurde.

»De wer'n scho da sei ...«

Im Hof draußen kam der Michel zu ihr.

»Host du an Vater it g'sehg'n?«

»An Vater? Na … warum … ?«

»Frag it lang und steh it umanand! Suach'n halt!«

Aber alles Suchen war umsonst.

Der Ruepp war in Haus und Hof nicht zu erschreien und nicht zu finden.

Der Kaspar kam später, weil er den einen Gaul zum Beschlagen geführt hatte.

»Is dir da Vata it begeg'nt? Dass er am End nomal in's Dorf abi is?«

»Na, mir is neamd begeg'nt. Was tuast denn so narrisch? Der is scho öfta ausblieb'n …«

Michel musste ins Dorf hinunterlaufen und im Wirtshaus nachschauen.

Er kam unverrichteter Sache zurück.

Da setzte sich die Rueppin auf einen Küchenschemel und fing zu weinen an.

»Dös geht it guat aus …«

Michel tröstete sie, die andern waren unwirsch, dass sie hatten aufbleiben müssen.

Als sie dann ins Bett gingen, blieb die Bäuerin in der Küche; immer wieder ging sie zur Haustüre hinaus und spähte und horchte.

Es rührte sich nichts.

Als der Tag graute, weckte sie alle.

»Da Vata is it hoamkemma; es is an Unglück g'schehg'n, i woaß g'wiss …«

Eine halbe Stunde später klopfte ein Mensch aufgeregt ans Küchenfenster.

»Jessas!«

Es war ein Knecht vom Lukas, der in aller Früh durchs Weiherer Holz gefahren war und den Ruepp gefunden hatte.

»I möcht's enk liaba it sag'n …«, stotterte er.

Die Bäuerin schrie auf, die andern drängten sich um den Knecht.

»Was denn? …«

»Ja …«

Der Ruepp hatte sich nur ein paar Schritte vom Weg an einer Buche aufgehängt.

*

Es bleibt wenig mehr zu erzählen.

Kaspar, dem die verstörte Mutter das Anwesen übergab, konnte es mit dem Gelde, das er sich erheiratete, gerade noch erhalten und kam jahrelang nicht recht in die Höhe. Der Michel aber nahm Dienst bei einem Bauern in Weichs und hatte Mühe, sich Anerkennung zu verdienen.

Man hieß ihn den »lateinischen Knecht« und blieb lange misstrauisch gegen ihn.

Er ließ sich nicht irre machen und schaffte redlich weiter, doch kam er nicht in die Höhe und blieb ein Dienstbot sein Leben lang.

Die Stasi vom Lukas heiratete nach Jahr und Tag den Moosrainer in Aufhausen und wurde eine rechtschaffene Bäuerin.

NACHWORT

von Bernhard Gajek

Die Textgeschichte

»Der Ruepp« ist Ludwig Thomas letzte größere Dichtung. Er schrieb sie in wenigen Monaten nieder – vom 4. Januar bis 22. April 1921; im März pausierte er.

Eine kurze Zeit für einen derartigen Roman – selbst wenn man die Güte der Vorarbeiten und die mehr als siebenjährige Vorbereitungszeit bedenkt. Auch das vorausgehende Jahr 1920 hatte eine reiche Ernte gebracht: Nach dem ersten Teil des Romans »Münchnerinnen« hatte Thoma sich in einer zweiten, halb fiktiven Autobiografie, dem »Kaspar Lorinser«, als Bauernsohn vorstellen wollen, nachdem er sich in den »Erinnerungen« als Glied einer jahrhundertealten Jägerfamilie dargestellt hatte. Bevor er jedoch zum »Ruepp« ansetzte, gelang ihm eine seiner schönsten Erzählungen aus dem Hochgebirge und der Jägerei: »Der Jagerloisl«, der in dreieinhalb Monaten (13. April bis 30. Juli 1920) abgeschlossen werden konnte. Das Gedächtnisgedicht auf den Freund Ludwig Ganghofer, die Humoreske »Papas Fehltritt« (die das Thema der Komödie »Moral« wieder aufnimmt) und die Sammlung der Personen-Porträts zu dem Band »Leute die ich kannte« waren bis zum August und September 1920 fertig. »Marget«, seine reifste Bauernerzählung, wurde in drei Wochen, vom 26. November bis 19. Dezember 1920, zu Papier gebracht. Und am vorletzten Tag des Jahres begann er die deftige Geschichte von der schimpffreudigen Bauersfrau, der »Dachserin«, mit der er mittelbar auch seine unflätige Schreibe im *Miesbacher Anzeiger* als bodenständige Derbheit verteidigte.

Von alldem ist ausgiebig in den Briefen die Rede, die Thoma von Mitte August 1918 bis Anfang August 1921, bis kurz vor seinem Tode also, an Maidi von Liebermann schrieb, jene Frau, die er 1904 kennengelernt, um die zu werben er jedoch nicht gewagt hatte. Nun wurde sie zur Adressatin zahlreicher Selbstdarstellungen, die Thoma häufig mit Ausführungen zu den Werken der letzten drei Lebensjahre verband. Doch die Anfänge des »Ruepp« reichen weit vor das Jahr 1918 zurück.[1]

Vorarbeiten

1. Der »Gerolts Hof«: »selbstverschuldeter Rückgang« (1913)

Die ersten erhaltenen Entwürfe zum »Ruepp« dürften aus dem Jahr 1913 stammen. Damals hatte Thoma den Bauernroman »Der Wittiber« beendet – jene Geschichte von dem verwitweten Schormayer-Bauern, der seine Magd geschwängert, den Sohn zu deren Mörder gemacht und den Hof ruiniert hatte. »Der Wittiber« wurde am 2. März 1911 abgeschlossen und erschien im selben Jahr, illustriert von Ignatius Taschner.[2]

Im selben Monat begann Thoma das Schauspiel »Die Sippe«;[3] er stellte es zurück, nachdem ihm am 15. Juni 1911 die Fronleichnamsprozession in Egern den zündenden Einfall für die Bauerntragödie »Magdalena« gebracht hatte.

Die Entwürfe zu der am 29. November 1913 uraufgeführten »Sippe« stehen auf den ersten sechs Blättern eines in Saffian gebundenen Notizbuches (L 2455). Die Blätter 8 und 9 enthalten »Ideen zum ›Dichtergreis‹«,[4] das heißt zu dem 1916 gedruckten und uraufgeführten Einakter »Dichters Ehrentag«.[5] Blatt 8 beginnt mit einer unterstrichenen Datierung: »den 25. Oktober 13«. Schon auf dem übernächsten Blatt (10^{V}) fängt ein ausführlicher, 23 Seiten langer Entwurf an; er ist überschrieben mit »Der Gerolts Hof /: Blasius«.[6]

Es ist erstaunlich, was dieser erste Entwurf schon enthält. Im Grunde ist der spätere, von Januar bis April 1921 ausgearbeitete und schließlich »Der Ruepp« genannte Roman bereits da. Das Thema – die Hybris, der selbstverschuldete, ja selbstgewollte Ruin eines Bauern – ist klar gefasst. Die Motive, die handlungserregenden Situationen, sind an die Charaktere geknüpft – den Gegensatz zwischen dem trunksüchtigen, seine Schwächen durch Prahlen verdeckenden Bauern und der Frau, die die Misere durch Arbeit und Selbstaufopferung zu steuern sucht und dennoch ihren und der Kinder Untergang vor Augen hat. Doch ist der Konflikt zwischen den Hauptfiguren stärker, als in den folgenden Fassungen psychologisch begründet: Der »Setzer«, der Bauer, hätte Geistlicher werden sollen und hadert nun mit der »grausamen Weltregierung«, anstatt sich seines Bauerntums zu freuen; er will nicht bleiben, was er ist, und »hat keinen Sinn für die Schönheit, auf freiem Besitze eigener Herr zu sein«. (S. 11^{V}) Diesen Beispielswert behält Thoma in den weiteren Entwürfen bei. Aber das Problem des Ruepp, der theologische Abweg eines Bauern, wird auf zwei Personen verteilt, und damit entsteht eine ebenso spannungsvolle, archetypische Situation wie die zwischen zwei Eheleuten, nämlich der Konflikt zwischen dem Ehrgeiz des Vaters und der Selbstfindung des Sohnes. Auch die Motivation der Bäuerin »Apollonia-Loni« ist psychologisch und milieugerecht: Ihr uneheliches, in die Ehe gebrachtes Kind ist der Anlass zu der tiefen seelischen Verletzung, die der Mann seiner Frau zufügt, als er sich »in hülfloser Wut« in die Enge gedrängt fühlt.

Dies führt zu dem Gespräch der Bäuerin mit dem Pfarrer; es ist wegen des Umfangs – ein Viertel des ganzen Textes – und des Namens, den Thoma dem Pfarrer gibt, bemerkenswert. Der meint sich in seiner Ehre und Wirksamkeit als Geistlicher in Frage gestellt, als die Bäuerin, sein »allerliabsts Pfarrkind«, den Ehemann verlassen und zu ihrem Vater zurückkehren will. Der himmlische Vater würde ihn, den Pfarrer, zur Rechenschaft ziehen:

> »die Ehe is ein Sakrament, u. koa Spassetl … net weg'n an Mo, net wegn de Leut, weg'n unsern Herrgott. Da gabs ja gar koa Weltordnung nimma … ja was waar denn net dös? Und mei allerliabsts Pfarrkind, de wo bei mir in Christenlehr ganga is und an Katechismus bei mir glernt hat … de mach that mir dös o … ja, da treffat ja mi aa de größt Schand.. u. unser Herrgott müaßt sagn … Daisenberger, mit dein Unterricht is net weit hergwen Madel … hätt i bald gsagt … dös derfst ma ne o'thoa … «
> »Es geht net …«
> »Es geht scho … alls geht … no viel mehra geht … wenn ma bloß dös halt, was leicht zun haltn is, o mei Madel da hätt d'Religion koa Kraft und verzeih ma's Gott … koan Werth.
> Wenn amal was hart geht, da geht [d' Frömmigkeit] der starke Glaabn erst o … da muaß sie der Mensch zoagn, ob er was is oda net … also vasprich ma's …«
> »Hochwürden … aber …«
> »Nix [mehr dagegn sag'n..] aber … schau […] wenn i di no so gern hätt, und i mag di gwiß gern und halt was auf di, aber i kunnts macha, wia'r i möcht, i kunnt di net lossprecha von da Todsünd […] i kunnt di net befrein von dem Versprech'n, was d' vorm Altar feierlich geb'n hast … i net und sunst aa koana …«
> »Na muaß iz' Grund geh …«
> »Geh scham di, sag do so was net! Z'Grund geh wegn dem Ladierl, weg'n dem bsuffan … da werst do du de stärker sei und wegn dem

sein dumma Gred Wenn's Bier aus an Menschn redt, was waar denn dös gar so wichtig? Hau eahm an nassen Hadern rum, wann er nomal so wüast daher redt, aber von dein Christenthum gehst net weg … Ja … und deine Kinda? Host da dös gar net übalegt?«
»De [nea?] hätt i schon mitgnumma und wenn i mir d'Händ wegarbeten hätt müass'n …«
»… Jetza … Da hast was gsagt … mitgnumma … De hätt er dir net lass'n, und s'Gsetz hätt eahm gholfen und d'Kinda waarn aufgwachsn ohne Muatter u. [bals] hättens oft hörn müass'n … oft, Loni, d'Leut san net so guat, de san hart … de hättens hörn müassn, Dass d'Muatta weggloffn is …
Dös kunntst du net aushaltn, den Gedanken kunntst du net aushaltn, so viel kenn i di …
…
Und da muaß i schon frag'n, wo bleibt denn da eigentli d'Religion..«
»H. Pf … ein[en] lüderliche[n]s [Hadern] Mensch hat er mich geheißen u. i hätt den heirathen sollen, von dem ich den [ersten] Bankert gehabt habe …
M … m …«
Sie weint bitterlich.
Da geht eine Röthe über das altersweiße Gesicht des Pfarrers und er muss mit der Rührung kämpfen …
»M … m … es is schon viel gsagt … es ist schon wahr, Dass doch nix gröbers gibt, als an bsuffen Mo … aber … Loni, hast net scho ghört, wie so a Mensch flucht und sogar unsern Herrgot schlechte Nama gibt … was soll ma sag'n«
(L 2455, S. 14^{v}–16^{v})

Auf dieser ersten Textstufe sind psychologische Fragen und geistliche Figuren – neben dem Pfarrer ein junger, missionarischer Kooperator – von großer Bedeutung. Aber warum nennt der Geistliche sich »Daisenberger«? Der Name ist aus Thomas Lebensgeschichte bekannt. Es ist Joseph Alois Daisenberger (1799–1883), der Pfarrer von Oberammergau. Er hat Ludwig Thoma (am 21. Januar 1867, dem Tag der Geburt) getauft und als Kind geistlich-väterlich betreut. In den »Erinnerungen« wird Daisenberger als »eine edle Persönlichkeit« und als »das Urbild eines gütigen Priesters« geschildert. Über seine Lippen sei »nie ein hartes Wort […], nie ein unduldsames« gekommen. »Er kümmerte sich nicht um Ansichten, sondern um das Schicksal eines jeden, er war Freund und

Vater in jedem Haus, immer bereit, zu helfen. [...] Er hatte stets ein gutes Wort für mich, den er getauft hat; ein Umstand, der meiner Mutter zur Hoffnung und Beruhigung diente, wenn es bei mir im Aufwachsen nicht immer schnurgerade nach oben ging.«[7]

Das dürfte im Februar, jedenfalls im Frühjahr 1917 geschrieben sein und macht autobiografisch verständlich, weshalb die positive Priesterfigur in Entwürfen und im fertigen »Ruepp«, aber auch in allen anderen dichterischen und schriftstellerischen Arbeiten Thomas nach Daisenbergers Vorbild geformt ist. Der Name Daisenberger scheint nur hier zu fallen. Aber die Abneigung gegen das Politisieren des Klerus bleibt. Sie ist freilich nur der eine Grund, der mit dem Kulturkampf in Deutschland und Bayern und der damit durchgreifenden Änderung im Verhältnis von Staat und Kirche zusammenhängt. Offenbar schwebte Thoma der »Geistlich-Geistliche« vor, und ihn meinte er – mit Recht – in Joseph Alois Daisenberger erlebt und verloren zu haben. Dass der Pfarrer Seelsorger nicht Politiker sein solle, hatte Daisenberger bei Johann Michael Sailer (1751–1832) gelernt, dem Landshuter Theologen (und späteren Bischof von Regensburg), bei dem er studiert hatte. Sailer hatte mit der Forderung nach »Geistlich-Geistlichen« Generationen von Pfarrern geprägt. Sein Einfluss ging zurück, als der Staat gegen die Kirchen antrat und diese den Widerstand organisierten.

Umfang und Eindringlichkeit des seelsorgerlichen Gesprächs im ersten Entwurf zeigen, wie tief der Eindruck war, den Daisenberger auf Thoma als Kind gemacht hatte. Dass dieser Geistliche auch Literat war, hebt Thoma in den »Erinnerungen« hervor. Daisenberger hat die »Antigone« übersetzt und das Oberammergauer Passionsspiel von Ottmar Weiß in die heute noch gebrauchte Form gebracht. 1850 bis 1880 leitete er das Spiel und schrieb selbst geistliche Übungsdramen, mit denen er die Spieler zu »mustergültigen« Darstellungen der »Passion« brachte, wie Eduard Devrient bestätigte. Ein Zufall war, dass die *Augsburger Abendzeitung,* die das Kind Thoma dem geliebten Pfarrherrn bringen durfte, dann (ab 1895) die ersten Dichtungen Thomas veröffentlichte.[8]

Zurück zum »Gerolts Hof«. Dem Gespräch zwischen Pfarrer und Bäuerin wird eine scheinbare Beruhigung zugeschrieben. »Halber Frieden im Geroltshof. Der Setzer nimmt sich ein wenig zusammen.« (S. 16^{V}) Aber die Katastrophe wird nur aufgeschoben. Auch der Kooperator nimmt sich die Ermahnungen des Pfarrers zu Herzen; er lässt die klerikale Politik, wendet sich aber dem Lehrer zu, »der als liberal verrufen ist. Mit dem Enthusiasm. der Jugend schlägt nun sein Herz dem besonnenen, ruhigen Mann entgegen. Er übereilt vielleicht, wird irre an manchem, vertheidigt den Standp. des Lehrers übertrieben u. wird denunziert.« (S. 21). Mit diesem Schluss, dem einige abschätzige Hinweise auf die unschönen Charaktere der »Geistlichen der Umgegend« vorangehen, endigt die erste Niederschrift von Ende 1913. Sie hätte mit dem Schicksal des Kooperators einen weiteren Konflikt einbezogen, ähnlich dem des Sylvester Mang im »Andreas Vöst«, der das Theologiestudium unter dem Einfluss »moderner« Ideen und aus menschlichen Gründen, aber mit Zustimmung des alten, gütigen Pfarrers Maurus Held aufgibt. Auch dies wird dann auf den Sohn des späteren Ruepp und den verständnisvollen Pfarrer Staudacher beziehungsweise Holderied übertragen und damit enger in die Familiensphäre einbezogen.

2. »Die alte treue Dienerin«: »daß er ein Lump ist, thut ihr weh« (1913)

In diese Richtung weist auch die kurze Niederschrift, die im selben Notizbuch (L 245 5, S. 30^{v}) zehn Seiten weiter das Motiv von der »alten treuen Dienerin« einbringt: Eine betagte, kranke Magd gibt dem Geld benötigenden Bauern ihre Wertpapiere, obwohl sie weiß, dass sie nichts zurückbekommen wird.

> »*Die alte treue Dienerin.*
> In ihrer Stube, oben. Nette, reinliche Stube. Kanarienvogel, Alte Andenken. Das Bild des Vaters mit einem vertrockneten Bukett. Erinnerungen an die Kindheit; ein kleiner Schuh im Glaskasten; den hat *er* einmal getragen, sein Bild. Das Bild der Mutter. –
> Er pumpt die Alte an. Leere Sprüche, große Sprüche. Projekte. In einigen Wochen zurückzahlen.
> Die Alte hört ihn geduldig an. Gibt ihm die letzten 2 Pfandbriefe. Ein bisschen zittert ihre Hand. Wieder große Sprüche. Er geht. – Die Alte nimmt den Schuh aus dem Glaskasten. Schaut ihn an.
> Sie weiß, daß ihr Geld verloren ist. Aber das ist das wenigste. Daß er ein Lump ist, thut ihr weh.«

Kein Zweifel: Hier wird die Loni, die »alte treue Dienerin« vom Ruepp-Hof, geschildert – noch ohne Namen. »Apollonia-Loni« heißt im »Gerolts Hof« die Bäuerin selbst. Dort fehlt das Motiv der selbstlosen Magd, das auf der folgenden Textstufe bereits die Handlung bedeutsam erweitert, ja trägt.

Beide Texte dürften nach dem 25. Oktober 1913, vermutlich zu Ende dieses Jahres, geschrieben sein. Ungewiss dagegen ist die Entstehungszeit dreier anderer Entwürfe.

3. »Der Strumpf«: »Niemand ist sicher vor dem Verbrechen«

Der eine ist überschrieben mit »Der Strumpf« und steht in einem Wachsleinwandnotizbuch auf den Seiten 1–38. (L 2467. Lemp Nr. 83.) Die elf Blatt nach S. 38 sind leer; die Seiten 13 und 14 blieben wohl versehentlich frei. Es fehlen anderweitige Notizen, die datierbar wären. Inhaltlich aber lässt sich sagen: Das Motiv der »alten treuen Dienerin« ist in die Handlung einbezogen:

> »Die alte Vroni stirbt. Strumpf mit 1100 Mark in Thalern & Goldstückeln. Nur zwei wissen es, der Bauer, die Bäuerin. Der Bauer bringt das Geld auf die Seite, Stimmung in der Kammer. Unterredung mit der Bäuerin.
> Ihre Verwandte war's. 14 Jahre war sie auf dem Hof. Soll das umsonst gewesen sein. Hat auch gearbeitet. Hat aber mehr kriegt. Siech i net ei, warum. Sie spricht dagegen; er wird brutal & sie gibt nach, wie immer.
> Er renommiert nach der Leiche, was er für Einer ist.
> Hat die Vroni grad nobel eingraben lassen. Da gibts nix.
> Hat ma wohl koan Dank dafür; brauchts net. Aber der Hofbauer is so; was zu sein Haus ghört, ghört zu sein Haus.
> Gibts amal net anderst.
> Besoffene Heimkehr. Nobel eingraben. I hätt grad an aufliegets Geld.
> Kauft ein Roß auf dem Heimweg. [1400] 1100 Mark. (S. 8–11)
> Heimweg. Bedenken. Am Kreuz. Gespräch mit dem Wachtmeister
> Der Wachtm. gibt seine Theorie kund: Niemand ist ganz frei, Niemand ist sicher vor dem Verbrechen. Der Hofbauer widerspricht. Ist redselig.
> Der machet aus an Jedn an Lumpn.« (S. 21f.)

Mit dem Gang des Bauern zum Bürgermeister, wo er den zunächst unterschlagenen Betrag angeben will, endet die zusammenhängende und den Dialog andeutende Skizze. Doch wird sie dadurch fortgesetzt, dass mögliche Namen aufgelistet werden. Thoma tut dies häufig, ja regelmäßig.

Von den hier festgehaltenen 27 Personennamen übernahm er sechs, unter anderem »Seine Frau: Apollonia«, das ist die Frau des Hofbauern als des nachmaligen Ruepp; ferner »Lukas«, das ist vorübergehend der Name der Hauptperson, später der seines Nachbarn und Gegenspielers; und dann »Stadelscheck«, dessen Vater sich durch einen Meineid der Rückzahlung an den Bauern entzieht. Außerdem stellte Thoma – quer zur Schreibrichtung – acht Ortsnamen zusammen; einer von ihnen bezeichnet dann den Hof und Ort des Geschehens: »Wendelin Schmauß, Zum Matheis in Irzenham.« Diese namentliche Fixierung der Hauptperson wird kurz darauf (S. 28) wiederholt – mit geändertem Ort: »Wendelin Schmauß, Matheis in Buch« – und mit »Marinus Gerzer, Lukas in Buch« fortgesponnen.

Wenn man danach fragt, woher Thoma diese Namen habe, trifft man auf einen Schwerpunkt seiner Schaffensweise. Meist stellte Thoma derartige Namenslisten anhand von Quellen zusammen. »Bei Namen bin ich sehr gewissenhaft; ich besitze Kalender, Adreßbücher und eigene Notizen, die ich zu Rate ziehe, vor ich einen Helden taufe.«[9]

Beim »Andreas Vöst« und der »Magdalena« war es die »Chronik von Weichs«; Richard Lemp entdeckte sie in Thomas Bibliothek auf der Tuften.[10] Der Verfasser, der »quieszierte« Lehrer Johann Holdenried, könnte einer der »Paten« zu dem guten Pfarrer Holderied im »Ruepp« gewesen sein.[11] Hier dürfte Thoma die »Kriegschronik des Dorfes Armetshofen von Bürgermeister Martin Ruepp, Leitnerbauer daselbst«, »zu Rate« gezogen haben.[12] Dort taucht der Name »Ruepp« zum ersten Mal auf – als Familien-, nicht als Hofname; in der Schlussfassung macht Thoma daraus den Hofnamen »Ruepp auf der Leiten«.

Diese »Kriegschronik« besteht aus zwei Teilen. In der Rolle des Bürgermeisters von Armetshofen, eines kleinen Dorfes bei Schwabhausen, zehn Kilometer nordwestlich von Dachau, beschreibt Thoma, »wie es angefangen hat«, das heißt die Jahre 1911–1914, und »die erste Zeit«, die Monate August und September 1914, genauer: die Auswirkung des Krieges auf das Dorf. Als Anschluss war offenbar »Die Kriegschronik des Dorfes Armetshofen« mit Notizen über Volksernährung und Preisentwicklung gedacht; sie blieb ungedruckt.[13]

In der erstgenannten »Kriegschronik« des »Bürgermeisters Martin Ruepp« sind außer dem späteren Namen der Titelfigur einige Namen enthalten, die Thoma in dem Entwurf »Der Strumpf« mit aufzählt, teils als Vor-, teils als Familiennamen, so der »Fottnerbauer«, »Lukas Schmauß« und der alte »Matheis«, ein Veteran des 1870er-Krieges. Dieser ist zu alt zum Einrücken, jener aber, ein Vetter des Martin Ruepp, war der erste, der fiel. »Den 17. September haben wir für ihn das Totenamt gehabt, und der alte Matheis hat den Böller dreimal für ihn abgelassen.«[14] Deren »Schnall«, das heißt Knall, wird vom »Hofberg« zurückgeworfen, »auf dem sein Anwesen steht«; vielleicht hat dies den Hofnamen »Hofbauer« zu Beginn dieses Entwurfs (S. 6) geprägt.

Jedenfalls bezeichnet Thoma mit »Lukas« und »Matheis« die Höfe, von denen die Hauptakteure in den Entwürfen »Der Strumpf«, »Der Bucherbauer« und »Die Bucherbauern« stammen. Immer handelt es sich um Feinde, und dies wird wechselweise motiviert. (Vgl. unten die Abschnitte 4 und 5.)

Die dem Matheis zugeschriebenen negativen Eigenschaften sammeln sich im Ruepp; dafür enthält die »Kriegschronik« keinen Grund. Wohl aber sind von dort positive Züge des Lukas entlehnt: »Der Lukas war ein wenig still. Er war überhaupts so und ist auch im Wirtshaus nicht laut geworden ... Er war ein rechtschaffener Mann, der gut gehaust hat.«[15] In »Der Strumpf« ist Lukas zwar mit Matheis »zerkriegt. Jedoch hält er sich frei von Gemeinheiten oder Bosheiten ... Einmal hat der M. wieder seinen großspurigen Tag u. meint jovial zum Lukas, sie sollten die Feindschaft aufgeben. Der L. ist kühl abweisend. Von Feindschaft weiß er nichts. War auch net gscheidt zw. Nachbarn.« (L 2467/69, S. 31–34). Das stimmt mit dem Verhalten des Lukas zu Beginn wie am Ende des fertigen Romans überein; dort sind also beide Charaktere getrennt und entgegengesetzt. Das anfangs (S. 6) eingesetzte Motiv vom verführten Mädchen – der Tochter des im Mittelpunkt stehenden Hofbauern – wird umgekehrt, und diese Umkehrung wird beibehalten; auch im »Ruepp« wirbt Stasi als die Tochter des verhassten Nachbarn um den Ruepp-Sohn Michl.

Es bleibt aber das in allen Entwürfen variierte Romeo-und-Julia-Motiv, dass Kinder verfeindeter Eltern sich lieben. Im Entwurf »Der Strumpf« werden die Familien vom Lukas- und Matheishof (die Personennamen werden im zweiten Anlauf leicht geändert), »Wendelin Schmauß, Matheis in Buch« und »Marinus Gerzer, Lukas in Buch«, durch eine Liebschaft zusammengebracht: »Apollonia Gerzer; gesundes strammes Bauernmädel – Verführt den Lateinschüler oder Gymnasisten Georg Schmauß, Nachbarsbuben im Kornfeld« (L 2467/69, S. 29). Das andere erotische Motiv wird in der Folge erweitert: »Der Beni Muckl, ein ganz abdrahtes Knechtl – 18 J. alt – nimmt den Girgl mit ans Kammerfenster. Gespräche bei zwei bis drei Madeln.« (a. a. O., S. 30.)

Das gehört schon zu der oben erwähnten Aufspaltung der Motivation des »Matheis«-Bauern in eine Vater-Sohn-Konstellation. Nicht der Bauer, sondern sein Sohn Girgl hat mit dem Priesterwerden Schwierigkeiten. Am Schluss des Entwurfs »Der Strumpf« heißt es: »Warum laßt der Matheis seinen Ältesten studieren? Aus Renommiersucht. Weder ist er so fromm, noch ist er so überzeugt von dem Berufe seines Sohnes zum Geistl. Aber es kitzelt seinen Stolz, wenn dem Matheis seiner e. geistl. Herr ist.« (S. 35f.) – Das Motiv von den sich liebenden Kindern verfeindeter Eltern, das Unterschlagen des »im Strumpf« versteckten Geldes und die Gestalt des Vetters, der dies aufgreift, folgen in kurzen Sätzen. (S. 37) Mit dem Protest der Bäuerin Afra bricht diese Niederschrift ab: »Die Bäuerin hält ihm die Unwahrheit vor, aber da wird er grob.« (S. 38)

Der mit »Der Strumpf« überschriebene Entwurf (L 2467/69) ist bisher nicht datierbar. Er dürfte zwei weiteren Textstufen vorausgehen.[16]

4. »Der Bucherbauer«: »Arbeit ist eine Moral«

Beide stehen in einem blaugrau kartonierten Heft (L 2434) und greifen als Titel einen Hofnamen aus dem Entwurf »Der Strumpf« (L 2467/69) auf: In dem einen steht über dem »Ersten Kapitel« *»Der Bucherbauer.* Dorfgeschichte von Ludwig Thoma«. Wir nennen diese Fassung L 2434a.[17] Sie ist 16 Seiten lang und in sieben Kapitel unterteilt. Das erste enthält schon die Motive, die die endgültige Fassung entfalten wird; nur die Namen von Orten und Personen sind anders – außer für den »Stadelscheck«:

> »Vor dem Wirtshaus in Gramling. Die Burschen kegeln.
> Der Eckl Hans der Stärkste und Lauteste, das rootharete Knechtl vom Wirth bewundert ihn … Aus der Wirtsstube hört man schreien. Das ist der Matheis, der Bucherbauer. Er hat einen kleinen Gütler in der Arbeit. Sein Vater hat dem Stadelscheck seinem Vater 200 Mark geliehen. Der alte Stadelscheck hats hinterher abgeläugnet. Hat sich weggeschworen. Wüthendes Schimpfen hin und her …« (S. 1f.)
> »… Der Matheis zahlt und geht heim. Abend. Stille. Frösche quakken. Die Kegelkugel donnert an die Wand.
> Selbstgespräche des Matheis.« (S. 4)

Die Einleitung stellt dörfliche Gruppierungen einander gegenüber – nämlich Burschen (das heißt Jungbauern und spätere Hofbesitzer) und

Knechte, Burschen und Dirnen, vor allem aber einen reichen und einen armen Bauern: Deren Konflikte reichen aus der Vergangenheit in die Gegenwart und rühren aus dem »Wegschwören« einer Geldschuld her. In späteren Entwürfen spricht Thoma deshalb vom »Kalten Eid« oder vom »Meineid«; denn dieses Motiv rückt in den Mittelpunkt.

Auch das Milieu stimmt bereits mit der Endfassung überein. Doch sind die Charaktere noch anders angelegt; ihre Eigenschaften und Lebensumstände werden später auf mehrere Figuren verteilt, und neue Namen treten hinzu:

> »*Zweites Kapitel.* Zwei Höfe stehen am Bach. Der Matheis und der Lukas. Der Matheis der größere ... Die Prahler hat sie (das heißt die Matheis-Bauern) sein Vater genannt ...
> Das beste am Matheiserhof waren die Bäurinen. Die Jetzige ist wohl kränklich, aber immer noch hinterher. Hat viel Verdruß, denn der Matheis ist nicht hasenrein. Eine Magd ist schnell weggekommen. Gleich wie die Bäuerin wieder gesund geworden ist.
> Eine gute Stütze für die Bäurin ist die alte Loni.
> *Apollonia Gerzer.* Entfernt verwandt ...
> Der Älteste vom Matheiser, 19 Jahre alt, soll noch studieren. Ist noch auf dem Gymnasium. Der Pfarrer hat abgeredet, denn der Girgl hat nicht das Zeug dazu ...«
> Über den Lukas spöttelt der Matheis gerne. Der ist ein Siebengescheidter, weil er Bienenzüchter und Obstbaumzüchter ist ... ... Fichtenpflanzung ... Der Matheis behauptet, daß sich der Lukas dort zu schaffen macht, um seinen Hof auszuspionieren.« (S. 4–6)
> Das dritte Kapitel berichtet davon, dass »die schwer kalbende Kuh stirbt, weil Matheis den sachkundigen Lukas nicht holen will«.
> »Gescheidter Diskurs der beiden« (das heißt der Matheiserin und der Loni).
> Die Loni tröstet ...
> Die Loni redet auch vom Sterben ...
> Sie möchte einen Stein vom Steinmetzen in Altomünster.« (S. 7–9)

Das vierte Kapitel nimmt das Motiv auf, dass der Matheis »nicht hasenrein« sei, das heißt mit einer Magd ein Verhältnis begonnen habe; es erinnert an den Anfang des »Wittiber«: Matheis ist beim »Hüter Kralik ... ein alter Wilddieb und Schlingenleger«; er stellt »die Tochter Lena ... zur Aushülfe bei der Ernte ein« – ein »stattliches, üppiges Weibsbild«, das ihm »Blicke« zuwirft. (S. 9f.)

Auch die religiösen Verhältnisse werden angesprochen und aus dem Unterschied zwischen einem alten, leutseligen, konservativ-aufrechten und menschenfreundlichen Pfarrer und dem jungen, mit Bauern unerfahrenen und auf Neuerungen bedachten Kooperator handlungswirksam und zeittypisch entwickelt.

»Heuernte. Schöner Tag.
Der Pfarrer begegnet [geht mit] seinem Kooperator.
Gespräch.
Der Koop. möchte das Volk hier bessern. Bessern?
Hauptsach: verstehen.
Die Leut nicht anders machen wollen. Sind ganz recht so. Experimentieren. Mei lieber junger Mensch. Jetzt will ich Ihnen was sagen. Der Bez. Amtm. exper. Der Assessor. Der Pfarrer. Der Kooperator. Was thät denn aus de Leut wern. Gott sei Dank, hamms gußeiserne Köpf. Den Einzelnen zureden. Es hat alles an Grund, auch d'Sünd und d'Schlechtigkeit. Da muss ma's Kurieren anfangen.
Wenn ma kann. Nur net exemplarisch wern lassen. Betschwestern – Harpyen.
Ergänzg: Der Pf. schildert das Leben der Bauern. Wie viel Entsagung darin liegt. Arbeit ist eine Moral ... auch das Äußerliche der Religion wertvoll als geistiger Inhalt eines Lebens.
Sitte, Gebräuche, dazu gehört es.
Der Staat versteht nichts davon. *Eid.* etc. Trachten. Feste. Nun soll u. kann die Geistlichkeit viel geben.
Macht keine Heiligen aus ihnen; für Versuche sind sie zu gut.
Der Bauer ist kein Spielzeug.« (S. 9–12)

Das ist das Programm, das Thoma zeitlebens für die Geistlichen auf dem Lande aufgestellt hatte: einfache Seelsorge, Hilfe für den Einzelnen und ruhige Fortsetzung des Hergebrachten. Auf der ersten Textstufe[18] deutete er durch den Namen des Pfarrers an, welche pastoraltheologische Schule er damit fortgesetzt haben möchte. Der junge Kooperator scheint missionieren und aktivieren zu wollen; er vertritt den Typ, den Thoma bekämpfte und in Figuren wie den Kooperatoren Köckenberger in der »Magdalena«, Sitzberger im »Andreas Vöst« oder dem »Westfälischen Glaubensboten« anprangerte. Sie stellen die Ausübung amtlich-kirchlicher Macht über die priesterliche Zuwendung zum Einzelnen und nehmen diesen so als Gegenstand und nicht als je neue und andere Aufgabe.[19]

Erst dadurch – das legt Thoma diesem und anderen Geistlichen seines

Typs in den Mund – bekämen Arbeit, Moral, religiöse und weltliche Gebräuche ihren menschlichen Gehalt, der gewachsen und bodenständig sei und die Familien wie das Gemeinwesen erhalte und nicht durch eiferndes Eingreifen verspielt werden dürfe.

Im fünften Kapitel wird Girgl, der Sohn des Matheis, eingeführt. Er »kommt am Tag nach Lonis Tod heim – mit schlechtem Zeugnis; der Pfarrer hat Verständnis u. will mit dem Vater reden. Die Zenzi umhalst den Girgl, der sich verlegen wehrt.« (S. 13f.) Bis auf den Namen und die zeitliche Verschiebung von Girgls Heimkehr stimmt das mit der Endfassung überein. Die »Umhalsung« durch das Nachbarmädchen ist die Andeutung für die Liebesgeschichte zwischen Girgl/Michl und Stasi, der Tochter des späteren Lukasbauern.

Das sechste Kapitel lässt Lonis Verwandten auftreten, der den Streit um die Erbschaft in Gang setzt. Das Motiv wird jedoch später eingesetzt, nicht um Raum und Zeit für Milieuschilderungen zu gewinnen, sondern um die Handlungsweise der Hauptpersonen, des Matheis und seiner Frau, einlässlicher und zwingender auf jene Verschärfung der Lage und auf die Katastrophe hin vorzubereiten. Dazu gehört auch der Wechsel zwischen beruhigenden und beschleunigenden Erzählteilen. Das siebte Kapitel stellt der geschilderten Zuspitzung und der Handlung im Haus die Beschreibung der Arbeit auf dem Feld und der Weiterentwicklung Girgls gegenüber und motiviert sie aus Girgls familiärer Lage: Er wird vom Bruder als unerwünscht und unzugehörig abgelehnt – trotz der tüchtigen Mitarbeit. So ist Girgl besonders empfänglich dafür, dass er vom »Beni Muckl«, dem späteren Zotzen-Peter, in die Riten des Dorflebens eingeführt wird und sich als gleichwertig erweist.

Das letzte Kapitel deutet den amtlichen und städtischen Teil der Handlung an:

> »Matheis am Amtsgericht. Er redet ziemlich dumm daher. Der Richter verwarnt ihn, aber beim Matheisen gibts nichts. Er bleibt bockbeinig u. verrennt sich in die Sache.
> Schmerz. Das hat man, wenn man gut ist mit den Leuten. Verdruß, Nachred u. s. w.« (S. 17)

Auf dem Umschlagschild trug Thoma – vielleicht später? – ein:

> »Der Bucherbauer.
> Entwurf.«

Der andere Entwurf ist ähnlich überschrieben: »Die Bucherbauern. Eine Dorfgeschichte von Ludwig Thoma.« Er steht in einem blaukartonierten Heft mit 36 Blatt gelblichen Büttenpapiers und umfasst 10 Kapitel auf 33 Seiten. Wir bezeichnen ihn mit L 2434b. Richard Lemp datiert ihn auf »Ende Mai 1918«[20]. Grafischer Zustand und Inhalt machen wahrscheinlich, dass er bald nach dem Entwurf »Der Bucherbauer« (L 2434 a) geschrieben wurde.

Das erste Kapitel stimmt mit dem in »Der Bucherbauer« (L 2434 a) weitgehend überein und ist zügig und ohne Streichungen niedergeschrieben. Auch das zweite Kapitel beginnt jeweils gleich. Dann aber wird das dritte Kapitel von »Der Bucherbauer« (»die schwer kalbende Kuh« und der »gescheidte Diskurs der beiden« Frauen) in das neue zweite Kapitel übernommen, das auch das Gespräch zwischen dem alten Pfarrer und neuem Kooperator in Länge und Inhalt erweitert:

> »So ... so ... meint der Alte. No ja ... mir is lieber, wenn Sie's net gar so scharf anpacken. Er schildert ihm das Bauernleben. Stellt ihm gegenüber, wie leicht er sich thut, und was dagegen so ein Bauernmensch leisten muss.
> Wenn man den B. nur bei der Sitte u. Religion hält. Heilige macht man keine draus.
> Ist auch gescheidter, denn es ist erst noch die Frage, wies mit der Arbeit bei den Heiligen stünde.
> All das wird auf einem Spaziergang im Freien gesprochen. Man kommt bei den Wirtsknechten vorbei. Kaspar wird ins Gebet genommen, Lustiges Hin u. Widerreden ...
> Der Pfarrer erzählt dem Koopr. was ihm die Sophie zur Antw. gegeben hatte: Die Buben müssen eahnern Gspaß hamm ... Da gibts amal nix.«

Der Reformen so abgeneigte Pfarrherr verteidigt also auch das Fensterln gegen moralische oder sonstige Neuerungen, beruft sich auf die vielleicht nicht unerfahrene Pfarrköchin, und der Erzähler besiegelt dies mit einer derben Bestätigung: »Kaspar kam zu seinem Gspaß.« (S. 15–18).

Die folgenden sieben Kapitel (Kapitel 4–10, S. 19–33) erweitern die Fassung »Der Bucherbauer«: Die Krankheit der Bäuerin weckt in der – von Lena in Zenzi umbenannten – Magd den Gedanken an eine Einheirat; doch macht sie sich nicht nur an den Lukas (so heißt hier die

Hauptperson) und an dessen Sohn Girgl heran. Dieser schleicht mit dem Muckl an ein Kammerfenster und muss »Scheiteln« und eine »Rauferei« überstehen – Hinweis auch darauf, dass er nicht mehr aufs Gymnasium zurück will.

Beide Entwürfe brechen mit der Szene vor dem Amtsrichter ab. In der ausführlicheren Fassung (»Die Bucherbauern«, L 2434 b) ist der Magistratsschreiber als gesetzlicher Erbe der verstorbenen Magd dabei. Doch ist beide Male die Handlung über den Stand in »Der Gerolts Hof« und »Der Strumpf« bis zu dem Punkt geführt, wo die äußere Entscheidung fällt und die Hauptfigur in die Enge getrieben wird: Jetzt hilft nur noch ein »kalter Eid«, ein Meineid. Das ist in »Der Strumpf« schon angedeutet: »Der Monteur verlangt den Offenbarungseid vom Hofbauern und von seiner Frau.« (S. 17) Die Druckfassung knüpft hier an, indem sie die Gewissensfrage zwei Personen, dem Bauern und der Bäuerin, stellt und beide in einen rechtlichen, religiösen und vor allem familiären Konflikt stürzt. So wird – wie schon bei der Vater-Sohn-Konstellation in »Der Bucherbauer« – das Motiv auf zwei sich entgegengesetzt verhaltende Personen aufgeteilt: auf die Bäuerin, die den falschen Schwur aus Liebe zu Loni wie aus Wahrheitsliebe leidenschaftlich verwirft, und auf den Bauern, der auf die eigene Gerissenheit setzt, um den Kopf aus der Schlinge zu ziehen, und schließlich zum Strick greifen muss. Die Katastrophe ist in den bisherigen Entwürfen nicht ausgesprochen. Aber die Linien laufen auf sie hinaus.

Der »Miesbacher Anzeiger« als Subtext des »Ruepp«

»Katastrophe« ist nicht nur das Leitwort des Romans, sondern auch das Thema, das Ludwig Thoma vor und während der Niederschrift des »Ruepp« immer leidenschaftlicher und tagesnäher journalistisch behandelt hat. Seit dem 15. Juli 1920 begann er wieder für den *Miesbacher Anzeiger* zu schreiben, für eine Tageszeitung, die seit 1874 den Bereich Miesbach im Voralpengebiet um den Schliersee und Tegernsee publizistisch bediente. 1919 pachtete der Redakteur Klaus Eck die Zeitung, und der Miesbacher Apotheker Fritz Salzberger stellte den Kontakt zu Ludwig Thoma her.[21]

Der *Miesbacher Anzeiger* hatte unter Klaus Eck die national konservativen Tendenzen verstärkt und die Polemik gegen Preußen, Berlin und die Sozialdemokratie verschärft. Dies war wohl der Boden, auf dem Eck und Thoma sich treffen konnten. In Thoma schien die Lust, journalistisch in die Politik einzugreifen, erwacht zu sein, nachdem er seine Mitarbeit am *Simplicissimus* seit 1915/16 vor allem auf poetische Beiträge beschränkt hatte.

Der *Miesbacher Anzeiger* war Thoma nicht unbekannt. Als junger *Simplicissimus*-Redakteur hatte er 1901 und 1902 zwei Bauerngeschichten darin untergebracht.[22] Im April und Juli 1917 hatte er dort für die Kriegsanleihen geworben und zur Einigkeit im Kriege aufgerufen.[23] Seit dem 15. Juli 1920 jedoch schrieb Thoma regelmäßig für das Blatt. Bis zum 18. August 1921, acht Tage vor seinem Tod, lieferte er 170 Beiträge. Sie erschienen – bis auf zwei Erzählungen und das Gedicht auf Ganghofers Tod – anonym.[24]

Diese Artikel machten die Zeitung in Bayern und darüber hinaus bekannt. Die heftigen Ausfälle und häufig zügellosen Angriffe auf das Zentrum, die Sozialdemokratie, die jüdische, sozialistische oder kommunistische Intelligenz und die Berliner Regierung trugen dem unerkannt bleibenden Verfasser den Titel eines »Cato von Miesbach« ein: »Man ist gewohnt, dass Hetzartikel mit dem Besenstiel geschrieben werden; dieser edle Publizist jedoch hat vor den Kollegen das eine voraus, dass er mit der Mistforke schreibt und daraus keinen Hehl macht.« So die *Berliner Volkszeitung* am 5. April 1921.[25]

»Rücken wir zusammen und reden wir deutsch«

Das traf zu. Doch Thoma war ein erfahrener, ja routinierter Journalist. Er schrieb nicht drauf los, sondern machte von einer Gattung Gebrauch, die er im *Simplicissimus* oft genug verwendet hatte: Er verfasste Pamphlete, das heißt politische Schmähschriften, und rechtfertigte dies als das bayerisch-bäuerliche Gegengewicht gegen die großstädtisch-proletarische Journaille. »Rücken wir zusammen und reden wir deutsch ...« So hieß es im Anzeiger Nr. 82 vom 9. April 1921 unter dem anspruchsvollen Titel »Deutsch reden«.[26]

Dieser wie alle derartigen Beiträge sind jeweils wenige Tage, oft erst am Tag vor dem Erscheinen geschrieben worden. Der oben genannte Artikel »Deutsch reden« entstand also in den Wochen, da Thoma die letzten Kapitel des »Ruepp« verfasste und an dessen »wichtigster Wende« arbeitete.[27]

Zwischen Beginn, vorläufigem Abschluss und stilistischer Überarbeitung des »Ruepp«, von Januar bis Mai 1921 also, brachte der *Miesbacher Anzeiger* 80 Beiträge Thomas. Allein im April 1921, der – nach des Autors Zeugnis – wichtigsten Zeit, waren es 29; an acht Tagen waren es sogar täglich zwei. In den vorausgehenden und folgenden Monaten waren es elf (Januar), 13 (Februar), 16 (März) und 11 (im Mai 1921) gewesen. Im Juni stieg die Anzahl auf 30, im Juli und August ging sie auf 21 und 19 zurück.[28]

Zur Zeit der Niederschrift des Romans und in den Monaten danach war Thoma also publizistisch ungewöhnlich tätig. Vergleicht man das vorausgehende Jahr, so liegt dort das Schwergewicht auf der Dichtung. Die Tagesschriftstellerei intensivierte sich erst nach und nach: Von Mitte Juli bis Ende Oktober hatte Thoma ein oder zwei Artikel an den *Miesbacher Anzeiger* geschickt. Im November waren es fünf und im Dezember schon zwölf. Die Anzahl der Artikel nahm also zu, je mehr der Autor sich der schöpferischen Phase, der Abfassung des »Ruepp«, näherte, und in ihr steigerte sie sich.[29]

Thematische Parallelen als Subtext

Das ist eine Beobachtung, die sich auf die Menge bezieht und allein noch wenig besagt. Nimmt man sie zum Anlass, den Inhalt, die Themen, die Personen, die Bewertungen und Grundsätze dieser Artikel mit dem »Ruepp« zu vergleichen, so erkennt man Parallelen zwischen der journalistischen und dichterischen Intensität jener Zeit. Darüber hinaus ergeben sich Entsprechungen und Beziehungen, die Thomas vielberufene politische Ansichten und seinen letzten Roman wechselseitig beleuchten und erschließen. Die im *Miesbacher Anzeiger* kontinuierlich vorgebrachte Forderung nach Verantwortung und der Beispielswert des »Ruepp« verlaufen thematisch und zeitlich parallel, ohne dass die beiden Bedeutungsebenen ausdrücklich auf einander bezogen werden; die eine bildet den Subtext der anderen, auch ohne dass der Leser dies sofort erkennt. Aber der Zusammenhang kann benannt und belegt werden.

Im »Ruepp« geht es um die Geschichte eines Bauern aus den 80er- und 90er-Jahren des 19. Jahrhunderts. Er leiht von einer »alten treuen Dienerin« – so der Titel jener Notiz aus dem Jahre 1913 – Geld, um wieder einmal einer Krise zu entgehen.[30] Aber er schludert und prahlt weiter wie bisher und lässt sich auf gewagte Geschäfte ein, zu denen ihn ungute Agenten verlocken. Den großmannssüchtigen Spekulationen widmet er Kraft und Geld und schlägt Ratschläge und Warnungen überheblich aus, weil er sich selbstherrlich dünkt und sich den rechtschaffenen, vernünftigen und althergebrachten Verfahrensweisen entwachsen und überlegen glaubt. Die seinen Charakter bestimmende Überheblichkeit, die Hybris, lässt ihn den in der bäuerlichen Wirtschaft vernünftigen und bewährten Ausweg verschmähen: die unentwegte, von der Jahreszeit vorgegebene Arbeit. Er verspielt den Kredit und verliert das Vertrauen der Familie und seiner Nachbarn. Seine Charakterschwäche wird zum Schicksal; unfähig, das Rechte und Angemessene anzuerkennen und zu tun, verhindert er, dass die »alte treue Dienerin« ihr Testament machen kann, obwohl er hätte wissen müssen, dass es der Ausbildung seines Sohnes und damit auch ihm und dem Hof zugute gekommen wäre. Er unterschlägt auch noch das Barvermögen jener Dienerin und bringt sich so auch öffentlich in eine ausweglose Lage, die allenfalls durch seinen und seiner Frau Meineid zu umgehen gewesen wäre. Die Katastrophe – der Selbstmord – wird unausweichlich; die Wirtschaft und der Hof sind auf lange ruiniert. Nur die zähe Arbeit von ein, zwei Generationen wird die Schuldenlast des Ruepp tilgen können.

Der Ruepp ist also ein Mann, der gegen eigene Einsicht und fremden Rat, wider die bäuerliche Sitte und entgegen dem bürgerlichen Gesetz unrichtig und unrecht handelt – aus einer nicht weiter abgeleiteten Charakterstruktur heraus, wie von einem bösen Schicksal bestimmt. Wie die meisten Erzählungen und Romane spielt auch der »Ruepp« im Dachauer Land, jener »kleinen Welt«, die Thoma seit seinen ersten Bauerngeschichten im »Agricola« (1895–1897) zum Schauplatz wesentlicher Kräfte und Ereignisse menschlichen Lebens bestimmt hatte.[31] Die »kleine Welt« sollte das Modell der »großen« sein, und daran hielt Thoma fest.

Unterstellt man dies dem »Ruepp«, so ist auch hier nach der »großen« Welt zu fragen. Sie kann schrittweise ermessen werden – räumlich und zeitlich: das Dachauer Land, die Hauptstadt München, das Land Bayern und das Reich. Sodann wären die Latenzphase und Niederschrift des Romans auf die Jahre 1913–1920 und 1921 zu beziehen.

Der räumliche wie der zeitliche Bezug lässt sich über den Subtext ermitteln. Wir wiesen darauf hin, dass vor allem Thomas neuerwachte journalistische Aktivität auffalle, und wir verdeutlichen nun so, was der Autor und sein »Ruepp« mit der »großen« Welt im Sinne haben. Dazu überprüfen wir die Mitte Juni 1920 einsetzenden Beiträge zum *Miesbacher Anzeiger.*

»Notwehr des beunruhigten, ständig bedrohten Landes«

Die Grundsätze, die der Erzähler dem Ruepp häufig genug (als Sentenz) nahelegt, vertritt Thoma nachdrücklich und ausdauernd in dieser Zeitung. Schon im ersten Aufsatz vom 15. Juli 1920 empörte er sich über das angebliche Zaudern der Berliner Regierung, die der wachsenden Unordnung nicht steuern könne; die Selbsthilfe durch Einwohnerwehren sei der Ausweg: »Wir lassen nicht noch einmal unser bayerisches Vaterland versauen ... unser eiserner Wille, dies zu verhüten, ist einzig und allein unsere Garantie und unser ›Reservatrecht‹, das wir uns selbst geschaffen haben – komme, was da kommen mag.«[32]

»Es gibt Lagen [...], in denen Duldung, Lauheit Verbrechen sind. Die unsrige ist eine solche«, versichert er seinen »sehr verehrten Mitbürgern israelitischer Konfession« zwei Tage darauf – als Aufforderung an die jüdischen deutschen Bürger, sich gegen die jüdischen »Brandstifter« zu wehren. »Der Wolff, der Harden, der Jacobsohn, der Kraus, neben den Levin, Leviné, Toller, Mühsam, Bela Kun und so vielen anderen – die haben das Feuer des Rassenhasses angefacht.«[33]

Mitte August dient »ein Flur- und Ortsschutz« in der Provinz Brandenburg als Beispiel für den selbsttätigen Kampf um Überleben und Recht.

»Es handelt sich nur um Notwehr des beunruhigten, ständig bedrohten Landes, bitter nötig geworden durch die die Unfähigkeit der Regierung, Leben, Eigentum und friedliche Arbeit zu schützen. Damit zugleich um Notwendigkeit der Volksernährung und Staatserhaltung.«[34] Über die »Lehre von der Notwehr« hatte Thoma 1891 seine Dissertation geschrieben. Dort hieß es:

»Die mangelhafte staatliche Organisation weist den Einzelnen auf sich selbst an oder lässt ihn Schutz nur in eng begränzten Kreisen wie Familie und Gemeinden finden ... Daß aber der Staat den Rechtsschutz nur da ausschließlich für sich in Anspruch nehmen kann, wo er ihn wirksam zu leisten vermag, ist eine Forderung der Vernunft. Wo seine Hülfe fehlt oder zu spät käme, geht seine Machtbefugniß auf den Einzelnen über.«[35]

Thomas Dissertation ist nicht nur hier der Kontext. Deren Thema kehrt in seinen Dichtungen wieder und wird nun als brisante Parole mehrfach ausgegeben – so am 31. August, 17. September, 28. November oder 8. Dezember 1920.[36]

»ein unglaubwürdiger Zeuge, trotz seines Eides«

Dass hier nicht mehr für den »Einzelnen« oder für »eng begränzte Kreise wie Familie und Gemeinde«, sondern für das Land gesprochen wird, liegt auf der Hand. Aber die Rechtfertigung der Selbstbehauptung ist in der Dissertation von 1891 und in den Beiträgen zum *Miesbacher Anzeiger* gleich. Der »Ruepp« knüpft daran an – als Beispiel dafür, wie notwendig es sei, rechtzeitig zu tun, was das Anwesen und die Wirtschaft erhalten kann, und als Warnung, die Zwangslage nicht in Selbstvernichtung endigen zu lassen.

Auch ein anderes Stichwort des Romans fällt wiederholt, das vom falschen Eid. Thoma greift mehrfach Matthias Erzberger an, der kurz zuvor als Finanzminister hatte zurücktreten müssen. Unter dem verunglimpfenden Titel »Erzbergerei!« bringt er sein »ceterum censeo«, die Aufforderung zum Kampf gegen einen Zentrums-Politiker, vor, den er für den Ausbund von Korruption hält und »den ein deutsches Gericht als unglaubwürdigen Zeugen, trotz seines Eides, gebrandmarkt hat.«[37]

Und der flotte, bedenkenlose Übergang ehemaliger Offiziere und Diplomaten in den Dienst der Republik wird als Eid- oder Treuebruch hingestellt.[38]

Thoma macht der Gegenseite seinen Lieblingsvorwurf: Sie bemäntele »durch Phrasen« die »Entrechtung und Zerstörung von Zucht und Ordnung«; das entspricht seiner seit je geübten Kritik an gehaltlosem, aufwändigem Gerede. Es fügt sich dann zu der direkten und indirekten Charakteristik der Romanfigur, die durch Phrasen den Unwillen zur entschlossenen Arbeit verdeckt. Die Forderung, die Misere durch Arbeit zu bekämpfen, krönt auch das – namentlich gezeichnete – Gedicht zur Weihe der Bayerischen Landesschützenfahne; der Anklang an den Schluss von Goethes »Faust II« ist gewollt: »Wenn Jeder recht nach aufwärts strebt, Dann kommen wir nach oben.«[39]

»Sinn für Arbeit, Ehrlichkeit und Säuberlichkeit«

»Arbeit« ist in Thomas Beiträgen zum *Miesbacher Anzeiger* ein Wert, der nahezu jeden anderen in sich aufhebt. Auch dies ist nicht neu, sondern kennzeichnet die Wertvorstellungen der »kleinen« wie der »großen« Welt im dichterischen wie schriftstellerischen Werk. So wirft Thoma der sozialdemokratischen Presse und Partei vor, sie sei weder sozial noch demokratisch, denn sie setzten den »Sinn für Arbeit, Ehrlichkeit und Säuberlichkeit« herab, befürworteten eine »Luderwirtschaft« und unterdrückten den »Arbeitenden zu Gunsten der Arbeitslosen und Arbeitsscheuen«.[40]

Mit solchen, historisch falschen Behauptungen macht Thoma aus dem Berliner Kabinett eine schlecht wirtschaftende Instanz und verantwortungslose Pseudoregierung. Seine pamphletische Schelte stand nicht allein. Sie gehört zu dem unausweichlichen Streit, der nach dem Zusammenbruch um dessen Beurteilung und Bewältigung geführt werden musste – auch in den von Thoma angegriffenen Parteien. Thoma verband mit den Vorwürfen eine Begründung, die das Problem historisch machen sollte. Er stellte die angebliche Unfähigkeit der Berliner Parlamentarier und deren Schwierigkeiten, »neue Arbeit«, das heißt wieder zu Wirtschaftlichkeit und staatlicher Festigkeit zu finden, als Fortsetzung des »wilhelminischen Systems« dar, dem es an Vernunft, Wirklichkeitssinn und Tatkraft gefehlt und das diejenigen, die gegen Überheblichkeit und Hybris sprachen, zu schweigen gezwungen habe.[41]

Wie immer personalisierte er auch hier. Als Journalist ergreift er einen tragfähigen Anlass, um seine Meinung überzeugend und anschaulich zu entwickeln. Hier ist es die Gestalt Bismarcks, der er Wilhelm II. gegenüberstellt. Thomas Bismarckverehrung war groß, aber nicht unbegrenzt. Sie reichte in seine Schulzeit zurück und entsprang dem Kult, der nach der Reichsgründung auch in Bayern eingesetzt hatte.[42]

»Das Testament Bismarck's«

Thoma benützte den dritten Band von Bismarcks »Gedanken und Erinnerungen« dazu, seine Stellung zur brennendsten Frage der Zeit auszusprechen. Unter der programmatischen Überschrift »Das Testament Bismarck's« fragte er erneut und scharf, was die Katastrophe verursacht habe und ob sie vermeidbar gewesen wäre.

»Die Familie Bismarcks hat uns in serviler Rücksicht auf Wilhelm II. auch um dieses Testament gebracht. Sie unterdrückte den 3. Band, der uns die ganze Gefahr des wilhelminischen Systems und der verderblichen Kopflosigkeit, Charakterlosigkeit und Zuchtlosigkeit der obersten Reichsbehörden gezeigt hätte … Was 1908 mit so jämmerlichem Kleinmute begonnen und wieder aufgegeben wurde, wäre in jenem verhängnisvollen Zeitpunkte, als uns England das Bündnis anbot – von 1898 bis

1901 –, vielleicht doch mit mehr Kraft ausgeführt worden.« Hätten die Deutschen Gelegenheit gehabt, »den Ernst und die Größe« von Bismarcks Vermächtnis »zu verstehen – dann, ja, dann wäre die Umkehr gekommen … es war eine Möglichkeit, und dass sie hinterrücks vernichtet wurde, ist und bleibt eine unsühnbare Schuld«.

Thoma hat recht und unrecht. Bismarck selbst hatte im Juli 1890 schon den Verlag Cotta vertraglich verpflichtet, »je nach Wunsch des Verfassers einzelne Bände erst nach dessen Tod erscheinen zu lassen und bis dahin das Manuskript unter sicherem Verschluß zu halten.«[43]

Das konnte Thoma nicht wissen; doch spürte er etwas Richtiges, was auch für die am 20. November 1898, genau vier Monate nach des Kanzlers Tod, erschienenen ersten zwei Bände galt: Was Bismarck als Warnung gemeint hatte, wurde ästhetisch gewürdigt und als Bestätigung der scheinbar stürmischen Aufwärtsbewegung des Reiches gedeutet. In wenigen Wochen waren über 300.000 Exemplare verkauft.[44]

Richtig war ferner: Herbert von Bismarck, der Sohn, hatte kurz vor seinem Tode im Jahre 1904 den Cotta-Verlag gezwungen, den dritten Band bis nach dem Tod Wilhelms II. zurückzuhalten, und seine Witwe hatte dies 1905 bekräftigt. 1919 schloss der Verlag mit der Familie Bismarck einen Kompromiss: Publikation mit der Vorbemerkung, dass »die Erben des Kanzlers … gegen die alsbaldige Veröffentlichung Einspruch erhoben« hätten. Thoma wusste davon. Er hatte den Band im November 1919 erwartet und sein oft versuchtes Bismarck-Drama auf das vollständige Memoirenwerk gründen wollen.[45]

Der Kaiser selbst prozessierte von Holland aus gegen die Auslieferung des Buches; er machte das Urheberrecht an seinen Briefen geltend. Als er in letzter Instanz gewonnen hatte, verzichtete er auf sein Recht und gab das Buch frei.[46] Es lag Ende 1920 vor – mit dem ursprünglichen Datum »1919« und der Widmung, die Thomas Titel »Das Testament Bismarck's« rechtfertigte: »Den Söhnen und Enkeln zum Verständniß der Vergangenheit und zur Lehre für die Zukunft«. Schon die ersten Seiten brachten die fatale Charakteristik, die Wilhelms Vater, der spätere Kaiser Friedrich III., über den 27-jährigen Prinzen Wilhelm an Bismarck geschrieben hatte: »Angesichts der mangelnden Reife sowie der Unerfahrenheit meines ältesten Sohnes, verbunden mit seinem Hang zur Ueberhebung wie zur Ueberschätzung, muß ich es geradezu für *gefährlich* bezeichnen, ihn jetzt schon mit auswärtigen Fragen in Berührung zu bringen.«[47]

Damit war die Lesehaltung Thomas bestimmt; er sah alles, was er Ende

1920 politisch vertrat, bestätigt und an die abgöttisch verehrte Person Bismarcks gebunden. Er brachte in seinem Artikel Vergangenheit und Zukunft in diesem Sinne zusammen und sah die Schuld am Zusammenbruch darin, dass der Kaiser, dem der eigene Vater eine zentrale Charakterschwäche bescheinigt hatte, den Mahner entfernt habe, der ihm und dem deutschen Volk den Weg zu Wirklichkeitssinn, Maß und Verantwortung gewiesen hätte.

Thomas Artikel erschien am Sonntag, dem 19. Dezember 1920 – wie die meisten seiner Beiträge auf der ersten Seite des *Miesbacher Anzeigers*. Es war kein Pamphlet, keine Rezension, sondern eine rhetorisch durchgeformte Abrechnung mit denen, die wie Wilhelm II. »Bismarck's Testament« zu unterdrücken oder zu verleugnen suchten. Dazu zählte Thoma Bismarcks ehemalige Gegner: das Zentrum und die Sozialdemokratie der frühen Weimarer Republik. Ihnen warf er Unernst vor, wo Jammer über das Versäumte und Schrecken über die Folgen am Platze gewesen wären. Mit metaphorisch eingesetzten Gattungsbezeichnungen, einer Anapher (und einem Hieb auf Friedrich Ebert) schloss er seine bittere Rede: »Deutschland liegt am Boden; die Tragödie ist zu Ende ... Die Tragödie ist zu Ende. Lauft in die Hanswurstbude, wo Fritze Ebert das komische Nachspiel eröffnet hat!«[48] Das spielt auf die Mischung aus Tragödie und Komödie an, mit der die griechische Polis ihre Theatralien beging; wir kommen darauf zurück.

Der Bauer als »Retter und Gesetzgeber des Landes«

Zwei Tage darauf, am 21. Dezember 1920, deklarierte Thoma mit gleichem Pathos, dass »Bestehen oder Untergang des Landes ausschließlich in der Hand der Bauern liegt!«[49] Thoma kämpft gegen Walther Rathenaus Industrialisierungsprogramm und will – wie damals Bismarck – die Bauern als »Retter«, aber auch »Gesetzgeber« des Vaterlandes sehen; er selbst stellt sich auf deren Seite. Das stimmt mit der Verurteilung der industriefreundlichen und bauernfeindlichen Zollpolitik überein, die Bismarcks Nachfolger Caprivi eingeleitet und die Thoma im »Andreas Vöst« (1906), seinem ersten Bauernroman, aufgegriffen hatte.

Damit blieb Thoma in dem Milieu, das ihm für einen großen Teil seines dichterischen Werkes Thema, Motive und Stoff gegeben hatte. Es schien sich jetzt wenigstens als Subtext, das heißt unterschwellig dafür anzubieten, die vielen Fragen, die er im *Miesbacher Anzeiger* immer häufiger erörtert hatte, auch poetisch zu behandeln.

Mitte November hatte er noch »ein Bauernlustspiel – aber eins von Wert«, dann den »Bismarck« und dann einen »Bauernroman« geplant.[50] Aus der als Schlusspointe des Bismarck-Artikels angeführten Gattungsfolge auf einer Bühne sollte der Mischton einer Erzählung werden. »Ich bin jetzt an einem halb ernsten, halb lustigen Bauernroman. Er heißt ›Der kalte Eid, das ist: der Meineid. Der Stoff ist gut, die Behandlung will ich schon erstklassig machen.«[51]

Den »Stoff« hatte Thoma seit dem Spätherbst 1913 unter der Feder. Was aber hat ihn dazu gebracht, das Notizbuch jener Jahre aufzuschlagen und am 4. Januar 1921 mit der endgültigen Ausarbeitung der abgelegten Entwürfe zu beginnen?

»Kopflosigkeit, Charakterlosigkeit und Zuchtlosigkeit«

Die bisher beigebrachten Stichworte, Personen-Charakteristiken und Argumentationen aus dem *Miesbacher Anzeiger* des Jahres 1920 laufen als Subtext dem parallel, was Thoma in jenen Entwürfen entwickelt hatte: Der einen Minister stürzende falsche Eid, die »Duldung« von »Lauheit und Verbrechen«, die »Unfähigkeit« einer Regierung, Wirtschaft und Staat zu erhalten, die anhaltende Forderung, sich nicht zu »schweigenden Knechten einer Sauwirtschaft« machen zu lassen, und der hartnäckige, pragmatische Preis von »Arbeit, Ehrlichkeit und Säuberlichkeit« sind auch Themen und Ausdruckswerte des Romans (und waren es fast aller Dorf- und Stadtgeschichten Thomas).

Ein auslösendes Stichwort, das den Autor zu der Bereitschaft brachte, aus der Kulisse auf die Bühne, seine Bühne zu treten, dürfte in dem heftig argumentierenden Artikel über »Das Testament Bismarck's« vom 19. Dezember 1920 zu finden sein. Die negative Beschreibung des »wilhelminischen Systems und der verderblichen Kopflosigkeit, Charakterlosigkeit und Zuchtlosigkeit der obersten Reichsbehörden« überträgt auf eine Instanz, was Thoma seiner Romanfigur mitgibt und woraus er deren Schicksal motiviert. Thoma meint das System, nicht die Person des Kaisers. Der »Ruepp« ist kein Schlüsselroman. Aber die »große« Welt ist wie die »kleine«. Zu dem Thema des hybriden und für das Ganze verderblichen Regenten kommt noch vieles hinzu, was in den Notizen und Entwürfen angelegt und in anderen, vergleichbaren Texten bereits angeklungen war – eben als Subtext. Diese Überlagerungen von Teilkräften zu *einer* Gestalt entspricht dem immer geübten, aber im Alter erst ausgesprochenen Verfahren: »Ich arbeite nie nach Modell; das ist immer verfehlt. Man kriegt keinen Typ. Schriftstellerische Figuren müssen wie malerische Typen sein, Zusammensetzungen aus vielen Individualitäten, sie müssen eine ganze Rasse, einen Stand verkörpern. Nur dann sind sie treffend, können interessieren.«[52]

Es kam in der Tat noch manches dazu, und die unmittelbare Auslösung der letzten, am 4. Januar 1921 beginnenden Niederschrift war eine weitere, ähnliche »Individualität«, die freilich dem »wilhelminischen System« und Wilhelm II. nahe gestanden war: der ehemalige Reichskanzler Theobald von Bethmann Hollweg. Er starb am Samstag, dem 1. Januar 1921. Am Samstag, dem 8. Januar 1921, war der Leitartikel des *Miesbacher Anzeigers* Thomas Nachruf »Bethmann Hollweg †«.[53]

»eine Mischung von Eitelkeit, Schwäche und Feigheit«

Thoma rechnete scharf mit dem Toten ab, dem er – zu Recht – eine ausschlaggebende Rolle beim Kriegseintritt Deutschlands zuschreibt. Bethmann Hollweg hatte im Juli 1914 Österreich-Ungarn zu raschem Handeln gegen Serbien geraten und sich hinsichtlich der Bündnistreue auf Bismarck berufen. Thoma unterschlägt jedoch die Zweifel, die Bethmann Hollweg schon im November 1914 an einem deutschen Sieg gehegt und dass er jede Gelegenheit zu einem »Frieden der Selbstbehauptung« zu nützen gesucht hatte.[54]

Hier geht es nicht darum, ob Thoma historisch recht hatte oder irrte; seine großenteils unrichtige Beurteilung dient uns dazu, den Subtext zum »Ruepp« und dessen Charakter und Handlungsweise zu benennen. Thoma sucht seinerseits – anhand von Bethmann Hollwegs Entscheidungen – nach dem Anteil, den ein einzelner an entscheidender Stelle an der Anbahnung einer Katastrophe, an der »Furchtbarkeit unseres Schicksals«, haben kann. So gespreizt formuliert Thoma selten; es verrät die Erregung. Denn er spricht über sein schöpferisches Prinzip. Es ist ihm nicht nur vom *Miesbacher Anzeiger* her geläufig, sondern ist sein poetisches und darstellerisches Verfahren überhaupt: die Ableitung einer historischen und gesellschaftlichen Entwicklung aus der Person. Bethmann Hollweg, dessen Kanzlerschaft Thoma häufig kritisiert hatte, trage »die schwerste Schuld am Zusammenbruche Deutschlands«. Die Kriegserklärung, »diese ungeheuerliche, verbrecherische Dummheit war nur der Anfang einer Reihe der verhängnisvollsten Fehlgriffe, die alle ihre tiefsten Gründe in einer Mischung von Eitelkeit, Schwäche und Feigheit hatten ... wer zählt alle die Verbrechen her, die schon im September 1914 den klarsehenden Männern das Schicksal Deutschlands zeigten? Der Deutsche hängt im Glück wie im Unglück an Phrasen ... Im Übrigen wird auch über den Charakter des Mannes ... der Stab gebrochen werden.«

Thoma schreibt dem ehemaligen Kanzler zu, was den Ruepp als Hofbesitzer treffen soll: die Schuld am Zusammenbruch. Die »große« und die »kleine« Welt, Geschichte und Geschichten gleichen sich darin und scheitern aus »einer Mischung von Eitelkeit, Schwäche und Feigheit« – aus psychologischen und moralischen Gründen. »Phrasen« – für Thoma der eigentliche Missbrauch der Sprache – helfen weder dort noch hier. Und all dies gipfelt in der Verurteilung des »Charakters des Mannes«. Die Parallele zu Person und Handlungsweise des Ruepp ist klar. Bethmann Hollweg ist eine weitere »Individualität«, die Thoma dem »Typ« seines Ruepp hinzufügt. Darüber hinaus fällt die zeitliche Nähe auf: Am 1. Januar 1921 starb der ehemalige Kanzler; am 4. Januar begann Thoma mit dem Roman, und fast gleichzeitig schrieb er den Nachruf, der am 8. Januar erschien. Dieser bestand in einer Beschreibung der Person und Verhältnisse des ehemaligen Kanzlers; sie hätte auch auf den Kaiser gepasst. Löst man dies von den konkreten Personen ab, so ergibt sich eine zutreffende und nahezu vollständige Charakteristik des Ruepp. Das spricht dafür, dass der Tod Bethmann Hollwegs und die dadurch heraufgerufenen Überlegungen zum Verhältnis von Charakter, Schicksal und Schuld das zweite, sogar unmittelbar auslösende Moment für die Niederschrift des Romans waren.

»blind, leichtsinnig, töricht«

Auch während Thoma nun den »Ruepp« ausarbeitete, berührten sich die Beiträge für den *Miesbacher Anzeiger* und der Roman auf erstaunliche Weise. Am 15. Januar 1921 besprach Thoma die »Deutschen Dokumente zum Kriegsausbruch«,[55] die Maximilian Graf von Montgelas, ehemaliger Kommandeur der 4. Bayerischen Infanteriedivision und späterer pazifistischer Agitator und Zeit-Historiker, und der Marburger Völkerrechtler Walther Schücking 1919–1920 in vier Bänden herausgegeben hatten. Thoma zeigt sich betroffen: Der »Eindruck des ganzen Werkes ... ist niederschmetternd. Nicht etwa, weil von einer

Schuld, von einem mörderischen Willen der deutschen oder österreichischen Regierung die Rede sein kann, sondern weil wir nun erst ganz verstehen, was für eine furchtbare Talentlosigkeit, was für eine hilflose Dummheit bei uns am Ruder war, weil wir sehen, wie diese Halbmänner, hinter denen die ungeheure Lebenskraft des deutschen Reiches stand, blind, leichtsinnig, töricht in die längst gesponnenen Netze der Entente gerannt sind. Und noch eines muss hervorgehoben werden: Was auch hinterher noch die Seele mit Grauen erfüllt, das ist die Persönlichkeit Wilhelms II., die aus seinen Randbemerkungen zu den Aktenstücken vor unsere Augen tritt. Das ist kein größenwahnsinniger Despot, am allerwenigsten ein blutdürstiger Kriegsfürst, den wir vor uns sehen, es ist ein Schwächling, dem die Größe des Momentes noch Gelegenheit gibt, sich aufgeblasen in Szene zu setzen [...] Wir greifen ein paar Beispiele heraus ...«

Die Kritik ist schärfer, aber in der Tendenz – gegen die »Phrasen« des Kaisers – jener ähnlich, die Thoma im Oktober 1906 im Stadelheimer Gefängnis an den »Reden Kaiser Wilhelms II.« geübt hatte.[56]

»die Pandurenfahrt in den Abgrund«

Der tags darauf – am 16. Januar 1921 in der Nr. 12 – abgedruckte Artikel »Die Enthüllungen« geht noch weiter[57]: nicht nur Kritik an der deutschen Führung, sondern der Hinweis auf die Möglichkeit, die Katastrophe zu vermeiden, machen den Tenor aus. Wir achten wieder auf Stichworte, die zum »Ruepp« führen, und unterlassen die historische Überprüfung:

»Die deutschen Dokumente zum Kriegsausbruch beweisen, dass die Falschspieler in Wien und die Phrasendrescher in Berlin mit einem Ernste gewarnt worden sind, den man nicht anders als würdig, ja sogar wohlmeinend nennen kann. Von London, Petersburg, Rom und Bukarest aus sind kluge, beherzigenswerte Mahnungen am Anfange des Juli 1914 ergangen, neben denen sich die frivolen Unwahrheiten des Grafen Berchtold (das ist Leopold Graf Berchtold, der von 1912–1915 österreichischer Außenminister war und den Krieg betrieben hatte) fast ebenso kläglich ausnahmen, wie die aufgeputzte Ritterlichkeit Wilhelm's II. ... Wir standen vor einem Abgrund und sahen seit Agadir (das heißt der zweiten Marokko-Krise, 1911) recht deutlich, wie er sich vor uns aufgetan hatte. Ein besonnener Mann hätte jeden Tritt berechnet, um an ihm vorbeizukommen, ein Feigling wurde schwindlig und befreite sich von der Angst durch den Sprung in die Tiefe … Die deutschen Regierungsmänner … machten … die Pandurenfahrt in den Abgrund mit.«

Thoma personalisierte die historische Katastrophe erneut und urteilte dadurch moralisch – was die Ursachen wie die Folgen angeht. »Falschspieler« und »Phrasendrescher« seien schuld gewesen. Man wird an das 6. Kapitel des Romans erinnert, wo Ruepp sich den falschspielenden und phrasendreschenden Agenten anschließt, anstatt – als »besonnener Mann« – die Versuchung zu meiden. Das oben anschließende Bild vom »Feigling«, der »schwindlig« wurde und sich »von der Angst durch den Sprung in die Tiefe« befreite, passt zum Ende des Ruepp: Er wird sich der Verantwortung entziehen und, die Schlinge um den Hals, vom Baum stürzen.

»diese Lüge«

Das Problem treibt den Autor weiter um. Er nimmt das erstaunliche Eingeständnis, das ihm die »Deutschen Dokumente zum Kriegsausbruch« abgenötigt hatten, am 6. März scheinbar zurück. Aus Anlass einer »Anklagerede Lloyd George's auf der Londoner Konferenz« (3. März 1921) zitiert er eineinhalb Spalten lang Äußerungen aus der englischen Presse und Aussagen nichtdeutscher Diplomaten, die die planmäßige Kriegsvorbereitung Englands, Rußlands und Frankreichs belegen sollen.[58] Vor allem die Wiedereinführung der dreijährigen Militärdienstzeit habe Frankreichs Wirtschaft so belastet, dass das Land den wirtschaftlichen Ruin nur durch eine Flucht nach vorne, das heißt den Krieg mit Deutschland habe abwenden können. 2,3 Millionen französische Soldaten hätten 800 000 deutschen und 500 000 österreichischen gegenübergestanden. Wilhelm II. dagegen »hielt Reden – Friedensreden und Drohreden … Als endlich der Aufmarsch der feindlichen Heere an den Grenzen keine Zweifel an den Kriegsabsichten der Gegner mehr ließ, erklärte der deutsche Kaiser plötzlich den Krieg an Rußland und Frankreich – und lieferte dadurch den Gegnern die willkommene Gelegenheit, Deutschland als den Urheber des Krieges hinzustellen. – Und die betörten Völker glauben an diese Lüge bis auf den heutigen Tag.« Thoma argumentiert in der Folge moralisch und historisch: Lloyd George, Clemenceau und Wilson hätten mit dem Versailler Frieden »Europa … um eine notwendige, in Jahrhunderten geschaffene Entwicklung gebracht«.[59]

Im März 1921 scheint Thoma kaum am »Ruepp« gearbeitet zu haben. Die Handschriften enthalten für diesen Monat kein Datum, und briefliche Zeugnisse fehlen. Möglicherweise reiste Thoma nach Berlin, um mit Willy von Liebermann über Maidis Scheidung weiter zu verhandeln. Artikel im *Miesbacher Anzeiger* wie »Ehrenmänner« sprechen für Eindrücke an Ort und Stelle: Der Autor beobachtet in der Halle eines Berliner Hotels die neuen Herrschenden – darunter Philipp Scheidemann, den gewesenen Ministerpräsidenten (Februar–Juni 1919).[60] Vielleicht kam ein innerer Grund dazu – die Diskrepanz zwischen der ins Gegenteil umgeschlagenen Meinung über Schuld und Schicksal der Deutschen und der (jahrelang bedachten) Konzeption des Romans. Die anfänglichen Parallelen könnten dessen Ausarbeitung gefördert, das Auseinandergehen der gedanklichen Grundlinien könnte sie behindert haben.

Dies ist vorerst nur zu vermuten. Aber belegen lässt sich eine Übereinstimmung von *Anzeiger*-Artikel und Schluss und Grundansicht des »Ruepp«.

Am 18. April heißt es im Brief an Maidi von Liebermann: »Der Miesbacher Anzeiger macht in Norddeutschland immer mehr Aufsehen, wozu ich schmunzle. Schnauf aber nie was davon!!« Vielleicht spricht auch dies für einen vorausgehenden Berlin-Aufenthalt.[61] Jedenfalls glaubte Thoma seine Anonymität gewahrt. Vier Tage später, am 22. April 1921, war der Roman fertig – als Exempel für die Notwendigkeit, eine heruntergekommene Wirtschaft durch unerbittliche Arbeit zu retten und dadurch die vorausgehende Schuld zu tilgen und aus der Welt zu schaffen. Oft genug hatte der Autor dies als Sentenz in die Erzählung eingefügt.

Diese seine Überzeugung, den Kern seiner Moral, hatte er auch hier zum gedanklichen und ethischen Gerüst einer Geschichte gemacht – wie in allen Bauerndichtungen seit dem »Agricola«.[62]

In dem Artikel, der am Tag vor dem Romanabschluss, am 21. April 1921, im *Miesbacher Anzeiger* erschien (er ist ebenfalls unmittelbar zuvor geschrieben), trägt Thoma seine zentrale These mit Leidenschaft vor. Erregt fragt er wieder nach der Schuld an der nationalen Katastrophe. Der Titel bezeichnet die Stimmung: »Bergab«.[63]

Thoma entsetzt sich über den wirtschaftlichen Niedergang und die Inflation; an beidem sei die unentschlossene sozialdemokratische Regierung in Berlin schuld. Wer das hinnehme, mache sich mitschuldig.

»Wir machen zerknirscht zu unserer Entschuldigung geltend, dass wir leider mit in der Kutsche sitzen und darum schreien, wenn wir sehen, daß wir abrutschen und in den Abgrund sausen. Der Deutsche ... will nicht sehen, daß dies der Ruin des Landes ist, in den jeder Einzelne hinein gezogen wird«.

Zweifellos befürchtet Thoma, dass die Honorare, von denen er lebte, wertlos würden. Aber er argumentierte auch hier moralisch, und seine Moral ist das, was der Bauer vom Ruepp-Hof nicht mehr aufbrachte – den Willen zur Arbeit. Sie wäre »Sinn« und »Recht« und Abwendung des Untergangs, ja Wert und neues Glück für ihn gewesen. Wer dies umkehrt, wer Arbeit als Ausbeutung, als negativ ansehe, plane den Abstieg, das »Bergab«.

Eben dies wirft Thoma in seinem Artikel der von Karl Marx geprägten Sozialdemokratie in Deutschland und der russischen Revolution vor:

»Wer tiefer nachzudenken vermag, der kann sich schon Rechenschaft darüber ablegen, daß diese Entsittlichung die naturnotwendigste Folge der furchtbaren sozialdemokratischen Unmoral ist, die den einzigen, großen Sinn des menschlichen Lebens, die *Arbeit* leugnet, die das *älteste und weiseste göttliche Wort:* ›Im Schweiße deines Angesichtes solltest du dein Brot verdienen‹ durch *die Verbrecherlehre des Marx ersetzen will, durch die giftige Lüge, daß Arbeit ein Unglück ist.* Alles, was heute in Rußland geschieht, die Zerstörung der Familie, der Gemeinde, des Staates, die furchtbare Vertierung eines großen Volkes, das ist in erster wie in letzter Linie nichts als die Folge der Marxistischen Lehre, als das Ausdenken seiner Gedanken und ihre Umwandlung in die Tat.

Die Entwertung aller Werte, die Entwertung der Arbeit, die Entsittlichung der Gesellschaft.«

Das ist Thomas – sachlich fragwürdige – Kritik an der damaligen Politik und Volkswirtschaft, im Grunde an der Moral der »großen« Welt. Die »kleine Welt«, die er in den Bauerngeschichten und zuletzt im »Ruepp« entworfen hat, ist die in sich geschlossene Parabel dafür.

Stoff und Motiv

Ludwig Anzengrubers »Meineidbauer« als Stoffquelle

So eng also ist hier die politische mit der poetischen Produktion verflochten. Umso erstaunlicher ist, dass im Roman von Politik nicht gesprochen wird. Das hängt mit der Stoffquelle sowie mit Zeit und Kontext der ersten Entwürfe zum »Ruepp« zusammen. Der andere Grund ist die scheinbare Distanz, die Thoma durchweg zwischen sich und dem poetischen Werk schafft; davon soll später die Rede sein.

Zunächst geht es darum, die Stoffquelle zu finden. Wir erinnern an Thomas einschlägige Äußerung, die für alle Schaffensperioden gilt: Stoffe solle man finden, nicht erfinden. Als Thoma im Sommer 1920 am »Jagerloisl« arbeitete, las er zur Anregung in der dreibändigen, 1895/96 erschienenen Shakespeare-Darstellung von Georg Brandes, jenem dänischen Literarhistoriker, der unter dem Einfluss Nietzsches vom Milieugläubigen zum Heldenverehrer geworden war; analog bevorzugte Thoma den herausragenden Charakter als literarisches Sujet.

»Ich lese z. Zt. viel in Brandes: Shakespeare. Das Werkstattgeheimnis dieses Großen ist auch zu ergründen. Es liegt nicht zuletzt in einer gewissen Erleichterung der Arbeit. Shakespeare hat sich nie damit geplagt, eine ›Handlung‹ zu erfinden, was nämlich die größte Schinderei ist. Er hat alle Stoffe übernommen, aus älteren Stücken, aus englischen und italienischen Novellen. Kein einziges seiner Dramen ist von ihm ›erfunden‹. Sein ganzes wundervolles Genie richtete er auf Komponieren und Charakterisieren. Da strömte er freilich über von Fülle und Können. Unsere Kritiker verlangten immer, daß ein Stoff ›neu‹ sei. Besonders die Berliner waren darin groß. ›Es is nich neu‹, war schon eine Verurteilung. Goethe, Keller, Storm, vielleicht alle, die was waren, haben immer betont, daß dies ganz nebensächlich, ja unmöglich sei; denn alle behandelnswerten Konflikte, Vorwürfe etc. waren da und sind gar nicht zahlreich. Alles Natürliche ist von jeder Generation durchlebt worden. Die Suche nach der Neuheit führt zur Unnatur, zum willkürlich Erfundenen.«[64]

Der früheste Entwurf zum »Ruepp« von Ende 1913 (»Der Gerolts Hof«)[65] begann mit den Worten: »Geschichte eines Bauernhofes. Der ansehnliche Besitz seit langer Zeit bei einer Familie. [Martin] Mathäus Setzer zum Gerolt« (S. 10^{r}). Aus dessen Familiengeschichte und Charakter wurde der Konflikt entwickelt: »Woher hat der aus einer tüchtigen Familie Stammende diese Fehler? Er war eigentlich nicht zum Bauer bestimmt, sollte auf Geistlich studieren aber da sein älterer Bruder Jakob früh wegstarb, wurde er aus der Studi genommen.

Übrigens hatte er es darin noch zu keinen entscheidenden Erfolgen gebracht, sondern war nur bis zur 3. Lateinklasse gekommen ...

Er spricht gerne davon, daß er nun dies und jenes auch sein könne, wenn nicht ... und dann kommen Anklagen gegen die grausame Weltregierung, die ihm das Fortschreiten auf der gelehrten Bahn verwehrte.« (L 245 5, S. 11^{r}f.)

Das wurde im übernächsten Entwurf – »Der Bucherbauer« (L 2434 a, S. 5) – auf den Bauern und den Sohn Girgl verteilt; dieser soll Geistlicher werden, hat aber »nicht das Zeug dazu«.[66] Die dazwischenliegende, vorerst noch nicht zu datierende Textstufe »Der Strumpf« (L 2467/69) berichtete schon eine Unterschlagung und deren Aufdeckung vor Gericht: »Und jetzt heiße es auf einmal, es sei gar nichts dagewesen. – Nachlaßverhandlung in Dachau. Der Monteur verlangt den Offenbarungseid vom Hofbauern und von seiner Frau.« (S. 16f.)

Die folgende, zeitlich eng an den »Bucherbauern« anzuschließende, von Richard Lemp auf »Ende Mai« 1918 angesetzte Textstufe »Die Bucherbauern« (L 2434 b)[67] setzte das Motiv fort, dass das Bauern-Ehepaar wegen des Erbes aufs »Amtsgericht« muss (S. 33). Aber von einem eigentlichen Meineid ist auch hier noch nicht die Rede.

Die am 4. Januar 1921 beginnende vollständige Niederschrift wurde bald nach Beginn auf einen Meineid hin angelegt und hieß deshalb zunächst »Der Bucherbauer«, dann »Der kalte Eid« und erst gegen Schluss – im April 1921 – »Der Ruepp«.[68]

»ein junger Mann, der seiner Mutter zulieb Pfarrer geworden ist«

Die Fassung »Der kalte Eid« beziehungsweise »Der Ruepp« enthält Vieles und Wesentliches, was Thoma aus Ludwig Anzengrubers Drama »Der Meineidbauer« (von 1871/72) gegenwärtig war. Der Wiener Dramatiker hatte die Gattung »Volksstück« sozialgeschichtlich und kulturpolitisch angereichert und zur aufklärenden Kritik an Staat und Kirche gebraucht. Mit Anzengruber verglich Thoma sich früh – erst kritisch (1901), dann (ab

1908) bewunderte und empfahl er ihn und nahm ihn zum Vorbild für die Umsetzung des »recht Persönlichen« in ein ernstes Theaterstück:

»Ich las heuer und sah viel Anzengruber. Da fand ich, daß wir ein Volksstück wieder einmal brauchen könnten, und ich trau' mir die Kraft zu, eins zu dichten. Ich möchte auch einmal etwas recht Persönliches geben … Mir schwebt schon etwas vor. Ein junger Mann, der seiner Mutter zulieb Pfarrer geworden ist, und nun viele Leiden leidet.«[69] Anzengrubers Stücke, darunter wohl auch der »Meineidbauer«, hatte Thoma vermutlich 1901 schon gelesen. Die erneute Lektüre von 1908 wirkte sich auf seine Bauerntragödie »Magdalena« aus, die zunächst »Martin Heiß« benannt war und das Drama jenes jungen Mannes, der gegen seinen Willen Theologie studierte, werden sollte.[70] Damit kam Thoma nicht weiter. »Der Wittiber« schob sich dazwischen. Doch gleichzeitig ging ihm »ein ernstes und saftiges Volksstück« durch den Kopf – etwas »mit Motiven aus dem Vöst vermischt«.[71] Im »Andreas Vöst« war es der Gymnasiast Sylvester Mang, den die Mutter als Geistlichen sehen wollte, der aber – im Einverständnis mit dem Pfarrer – sich von diesem Zwang befreite. In den Entwürfen zur »Magdalena« wie zum »Ruepp« und in dessen endgültiger Fassung kehrt dies Motiv wieder. Es ist auf der ersten Textstufe »Der Gerolts Hof« bereits angelegt und rückt diese in die Nähe zur »Magdalena«, zum »Andreas Vöst« und eben damit zu Ludwig Anzengrubers »Meineidbauer«.[72]

»weniger fromm, aber immer ehrlich«

In diesem Stück geht es um ein bäuerliches Anwesen, den Kreuzweghof, der einer Erbin vermacht werden soll, aber nicht übergeben werden kann, da das Testament unterschlagen und das Fehlen durch einen falschen Eid bekräftigt worden ist. Der »Meineidbauer« ist der Bruder des Erblassers; er hat seinen Sohn Franz zum Theologiestudium geschickt. »Es war der Wunsch deiner Großmutter und deiner Mutter … und es war mein größter Stolz und mein' größte Freud, wann du nur möchtst geistlich werden!«[73] Franz soll den von Gewissensbissen gepeinigten, bigott gewordenen Vater, der den Hof seinen Kindern hatte sichern und sich nicht hatte bloßstellen wollen, als Priester lossprechen. Aber der Sohn hat nicht die Theologische Fakultät, sondern die landwirtschaftliche Schule besucht und setzt nun, da alles zur Sprache kommt, dem Vater kühn zu: »Es wäre uns beiden wohler, alter Mann, wärst du dein Leben lang weniger, was du fromm nennst, gewesen, aber immer ehrlich geblieben!«[74] Franz schlägt sich auf die Seite der um das Erbe betrogenen Vroni, die die uneheliche Tochter des Erblassers (und seine Base) ist. Er weiß, dass ein Brief vorhanden war, in dem der Vater das Vorhandensein eines Testaments bestätigt hatte. Als der Vater dies erfährt und seine Lage als ausweglos erkennt, erliegt er einem Herzschlag. Vroni aber verbrennt den wiedergefundenen Brief, weil Franz sie auch ohne Hof heiraten würde. So wird der Hof ihr gemeinsames Erbe.

Anzengrubers Stück endet glücklich, wenn auch die Hauptperson untergeht. Dies übernimmt Thoma, aber die Familie des Ruepp kommt ins Unglück. Andere Übernahmen sind deutlich, so das zentrale Thema »Meineid« und dessen Begründung, das Erbe den eigenen Kindern erhalten zu wollen. Aus dem Unterschlagen eines Testaments macht Thoma eine Verhinderung.[75] Die Geschwisterkinder Vroni und Franz verwandelt er in die Kinder verfeindeter Nachbarn, in das Romeo-und-Julia-Motiv Gottfried Kellerscher Prägung. Anzengruber motiviert des Vaters Wunsch, dass der Sohn Geistlicher werden solle, psychologisch und religiös. Thoma lässt den Grund, weshalb der Geroltshof-Sohn hätte geistlich werden sollen, offen und berichtet das Missverhältnis des ehemaligen Lateinschülers zu Familie, Dorf und Staat, das heißt er übersetzt das religiöse Motiv in ein familiäres und soziales, jedenfalls profanes Problem. Die Gewissensbisse des Kreuzweghofbauern und des Ruepp sowie die Ansätze dazu, die Bloßstellung zu ertragen und zum Recht zurückzukehren, sind gleich, ebenso die Szenen vor dem Nachlassrichter.

Insgesamt bezieht Thoma alles auf den unglücklichen Ausgang. Er vereinheitlicht und vermeidet so die »starken Effekte«, die er 1901 schon an Anzengruber und Rosegger bemängelt hatte.[76] Die Straffung schließt auch die angedeutete »Profanierung« ein. Sie gehört jedoch nicht immer dazu, wenn Thoma von Anzengruber kommt. In den Entwürfen zur »Magdalena« hatte er alles gestrichen, was den in Anzengrubers Sinne entwickelten Konflikt zwischen Amtskirche und bäuerlicher Frömmigkeit hätte mildern können.[77] Für den »Ruepp« dagegen änderte er die Vorarbeiten umgekehrt. Im »Gerolts Hof« war die Rolle des Dorfpfarrers eindeutig positiv; so warmherzig hatte Thoma kaum noch über einen katholischen Geistlichen geschrieben. Dessen ausführliche Polemik gegen das »Politisieren« wurde ebenso wie das ergreifende seelsorgerliche Gespräch mit der bedrängten Bäuerin gestrichen, und in der Schlussfassung hat der Pfarrer nur noch wenig Anteil an der Handlung Ruepp-Afra; seine positive Bedeutung für den Sohn, der lieber auf die Landwirtschaftsschule als in die Theologische Fakultät will, bleibt. Dies erinnert an den Sohn des »Meineidbauern«.

Der Autor

»Und alles, was ich so liebte, ist im Untergang«

»Jetzt sitz' ich wieder allein in der Stube und korrigiere den ›Ruepp‹ und denk' daran, wie nett und lieb es war, als Du daneben saßest und über die Lonimuatta lachtest ... Ich denke so viel an Dich und immer lieb, aber auch da mischt sich dann die Trauer um die Vergangenheit ein, die so anders hätte sein können ... Ich war immer heißblütig dabei für unser Deutschland ... Und jetzt ist alles, was ich meiner Lebtag haßte, obenauf. Die Hundsfranzosen, die Sozi, das Gesindel, die Schwätzer. Und alles, was ich so liebte, ist im Untergang. Da ists schwer fröhlich sein.«[78] Das ist am 27. April 1921 geschrieben, als Thoma die letzte Hand an den »Ruepp« legte. Die »düstere Stimmung«, die er um den Selbstmord des Bauern planvoll aufgebaut hatte, hellte sich mit der Vollendung des Romans nicht auf. Thoma kannte die Ursachen. Dass das alte Deutschland untergegangen schien, war die eine. »Eine Welt ist für mich versunken, die ich schildern wollte, in der alles Kleine für mich bedeutend war.«[79]

Der andere Grund war eben die Übereinstimmung der »kleinen« und privaten Welt mit der »großen«. Um ihretwillen hatte er geschrieben, aus ihr hatte er gelebt. Aber jetzt erwies sich diese Verkuppelung als schicksalhaft, ja verhängnisvoll.

In den Wochen, da Thoma den »Ruepp« überarbeitete, häufen sich die Klagen, dass Maidi von Liebermann sich ihm entziehe. »Es ist eine solche Ruhelosigkeit in mir, daß ich mich vor mir selber verstecken möchte. Du bist der einzige Mensch, der mir ein bißchen helfen könnte; wenn ich für Dich, das heißt für uns ein wenig klarer in die Zukunft sehen könnte, wäre dieses Ziel ein Mittel, mich aus den quälenden Sorgen um die Gesamtheit zu bringen. Aber auch da ist alles so ungewiß, so schwankend. Ich sehe bloß Jahr um Jahr vergehen und nichts besser werden ... Ich will, ganz gewiß ich will nicht verzagen, jammern, verzweifeln, aber schau, ... ich zapple mich ja auch in unserm persönlichen Schicksale umsonst ab. Reden wir denn noch von unserer gemeinsamen Zukunft? Ich horche oft ganz ängstlich, ob kein Wort von Dir kommt ... es ist schon sehr lang keines mehr zwischen uns gesprochen worden. Du bist heute gerade so wie am ersten Tag, ja eigentlich noch mehr mein ganzer und einziger Lebensinhalt. 2 1/2 Jahr – und kein Millimeter nähergerückt ist die Entscheidung. Du kannst heute so wenig, wie 1920, 1919 diese Feiertage bei mir sein und ich frage mich so ängstlich, ob Du überhaupt das noch *magst* ... ich fürchte, meine Kraft und Lust, die zum Erfolg und zur Arbeit für uns beide nötig sind, brechen auch zusammen.«[80]

Die Verstimmung und Niedergeschlagenheit nahmen zu, und die Krankheit quälte. Thoma hielt sie hartnäckig für einen »Magenkatarrh«, der durch Verzicht auf Kaffee und Tabak zu heilen sei. Ende Mai 1921 begann er eine Trinkkur mit »warmem Karlsbader Wasser«. Im Juli wurde die Operation unausweichlich.[81] Am Abend zuvor, am 5. August 1921, machte er sein Testament und setzte Maidi von Liebermann als »Haupterbin« ein.[82] Mit dem Testament schien die Liebe besiegelt zu sein. In Wirklichkeit bestätigte es abschließend, dass die ersehnte Ehe nicht zustande gekommen war. Darunter litt Thoma, und die Krankheit war das Symptom des Schmerzes darüber, dass die Geliebte sich nicht ganz und fest im gesetzlichen Sinne an seine Seite stellen wollte. Maidi von Liebermann war nicht bereit, sich scheiden zu lassen und Thoma zu ehelichen.[83]

Sein Ringen um die Geliebte begann mit dem Zusammenbruch des Kaiserreichs, und diese – scheinbar zufällige – Parallele zwischen dem Privaten und dem Politischen prägte seine Äußerungen bis zuletzt: »Ich suche Vergessen, muß es suchen, weil das, was jetzt geschieht, so an mir zehrt, wie eine Krankheit. Ich kann mich nicht mit Phrasen trösten, ich weiß, wie alles zum Schlimmen drängt.«[84]

»Es ist Bestimmung«

Dass diese Stimmung dem Abschluss des »Ruepp« zugute kam, ja als schöpferische Verfassung gepflegt wurde, ist das eine. Die Untergangsstimmung entsprang aber auch jener kreativen Schicht, in der sich seit 1913 der Roman gesammelt hatte. Es war auch Thomas und nicht nur Erzbergers »kalter Eid«, der die Niederschrift Ende 1920, Anfang 1921 mit auslöste. Das Problem des feierlich gegebenen Wortes spielte in dem Kampf um Maidi von Liebermann eine Rolle, die erst durch die Memoiren des damaligen Rivalen, des 1863 in Berlin geborenen Willy Edgar Salomon von Liebermann, sichtbar geworden ist.

Maidis Gatte hatte den Eingriff in seine Ehe zunächst als Ehrenhandel zu bereinigen versucht: Thoma habe ihm im Spätsommer 1918 versichert, er – Thoma – ›»kenne seine Pflichten vollkommen und sei sich voll bewußt, was er als Mann mir als solchem schuldig sei‹«. Tags darauf habe er erneut gebeten, »seinem Worte als Corpsstudent [...] und als Mitgründer der ›Deutschen Vaterlandspartei‹ (zu) trauen, daß er die Grenzen wahrer Freundschaft nie überschreiten würde ... Wir drückten uns lange die Hand, sahen einander lange in die Augen und – – – von diesem Augenblick an habe ich nicht nur erlaubt, daß Th. täglich zu uns kam, sondern sogar, daß wir nach einiger Zeit zu ihm ins Haus zogen; ja, ich habe, mich selbst mit den Kindern beschäftigend, sogar manchmal darauf geachtet, meine Frau bei ihm zu lassen. Denn ich hatte sein *Wort.*« Mitte November 1918 jedoch, »wenige Tage nach Kriegsschluss (in) Frankfurt, wo ich meine Frau traf«, habe diese ihm, dem Ehemann, »tieftraurig offen und ruhig« erklärt, »dass sie für mich verloren sei.« Dem ebenfalls im Hause Feist-Belmont anwesenden Thoma erklärte Willy von Liebermann daraufhin: »Sie haben mir Ihr Heiligstes, Ihr Wort gegeben, dass Sie mir mein Bestes auf der Welt, mein Eheglück, nicht anrühren werden und Sie haben es gebrochen. Nur durch Ihr Wort haben Sie mein Vertrauen erschlichen«. Es handle sich nicht um die »Verletzung ... des vom Richter aufgezwungenen Eides, der *nichts* ist, sondern des freien Manneswortes, das *alles* ist, und um den Bruch des schon seit Jahrtausenden geheiligten Gastrechtes«. Dem habe Thoma immer wieder entgegengehalten: »Es ist Bestimmung.«[85]

»Da hast Du meinen Roman«

Thomas trotzige Devise ist vielfach belegt: Sie sei sein »Schicksal« geworden, nachdem sie es »lange im Stillen gewesen«, schrieb er der Geliebten kurz nach jener Auseinandersetzung mit ihrem Gatten.[86] Die schicksalhafte Unfähigkeit von 1904, das Rechte zu tun und sich der damaligen Maidi Feist-Belmont erkennen zu geben, habe er bald als »Narrheit« und »Schuld« empfunden. Seinem Freund Conrad Haußmann, den er als Anwalt für Maidis Scheidung gewinnen wollte, gestand er, er habe sein »Glück verscherzt, verludert«; nun aber habe ihn »doch das Schicksal endlich beim Kragen« genommen. »Da hast Du meinen Roman. Mögen seine Schlusskapitel versöhnend werden!«[87]

Gewiss ist es eine geläufige Metapher, Lebens- und Liebesgeschichten als »Roman« zu bezeichnen. Die Geschichte des Ruepp, der in einem tiefen Missverhältnis zu sich selbst lebt und die öffentlich gewordene Zwangslange durch einen »kalten Eid« zu überwinden sucht, wurde erst ein gutes Jahr nach jenem Gespräch zwischen dem städtisch-gewandten Kaufmann und dem sich als trotzig-schlauen Bauern gebenden Thoma begonnen. Möglicherweise aber gehören die Entwürfe »Der Bucherbauer« und »Die Bucherbauern« (L 2434 a und b) in jene Zeit.

Vielleicht ist auch der Plan, das Schicksal des Reiches in einem einzelnen Geschick, nämlich dem Bismarcks, literarisch darzustellen, damals wieder aufgelebt. Zu der Empathie mit Bismarck würde die Pose passen, die Thoma in den Beiträgen zum *Miesbacher Anzeiger* annahm: der Anspruch eines »Cato von Miesbach«, als den die *Berliner Volkszeitung* im April 1921 den damals noch ungekannten Verfasser verhöhnte.[88] In seinem Haus auf der Tuften, mit der Nachkriegspresse politisch zerfallen, könnte Thoma sich als namenloser, aber allgegenwärtiger Praeceptor patriae gefühlt haben, so wie der entlassene Kanzler von Friedrichsruh aus »nach dem Verlust ... der bisherigen ... Pressekanäle ... ein förmliches Propagandanetz ... mit den *Hamburger Nachrichten* und deren leitendem politischen Redakteur Hermann Hofmann im Mittelpunkt« aufgebaut hatte. Die in Berlin regierenden adeligen, bürgerlichen und vor allem sozialdemokratischen Gegner hatte Bismarck hemmungslos und brutal mit indirekt lancierten Kommentaren, anonymen, selbstgeschriebenen Zeitungsartikeln oder außenpolitischen Indiskretionen größter Tragweite angegriffen und dies als »Notwehr« erklärt.[89] Bismarck jedenfalls wurde schon vor Kriegsende als Kronzeuge gegen »die verfluchte Tradition des Schwätzens und des Vergessens auf Pflichten« angeführt,[90] und »ein seit längerem geplantes ›Bismarckdrama‹ in Versen und Prosa«, wurde in den Briefen an Maidi von Liebermann ab Ende 1918, auch im Zusammenhang mit dem dritten Band der »Gedanken und Erinnerungen«, ins Gespräch gebracht.[91] Sollte Bismarck darin als der Mann dargestellt werden, der das Schicksal des Reiches hätte meistern können, dessen Vermächtnis aber durch Blindheit und Schuld »verscherzt und verludert« wurde? Wurde der »Ruepp« deshalb in die 80er- und 90er-Jahre des 19. Jahrhunderts, das heißt in die Zeit vor und nach Bismarcks Sturz verlegt? Und der Antisemitismus, der ab 1919 aus Thoma immer wieder hervorbrach – war er auch die öffentliche Rache für den privaten Schimpf, den ein Jude ihm mit dem Vorwurf, sein »Heiligstes«, sein gegebenes »Wort« gebrochen zu haben, angetan hatte? Übte Thoma im *Miesbacher Anzeiger*, also während er den »Ruepp« niederschrieb, Vergeltung an »den« Juden und meinte den jüdischen Nebenbuhler, den er nicht verdrängen konnte und der ihn wegen des gebrochenen Ehrenwortes in der Hand hatte? Das wäre verständlich, bleibt vorerst aber Vermutung. Doch dass das »Schicksal«, seine Altersliebe, ihn zwiespältig, ja ironisch heimsuchte, ist nicht zu übersehen, wenn auch Thoma meinte unterscheiden zu können. In einem seiner frühesten *Anzeiger*-Artikel[92] hatte er die »guten«, das heißt die bürgerlich-nationalen Juden von den »schlechten«, das heißt angeblich kommunistisch oder sozialistisch gesonnenen »Ostjuden« zu trennen und der jüdischen Geliebten klarzumachen versucht: »Ich bin wirklich kein Antisemit, so sehr ich die ostjüdische Kulturfeindlichkeit hasse. Außerdem hoffe ich ja der jüdischen Rasse mein Liebstes zu verdanken.«[93]

Weshalb dies nicht möglich war, bleibe offen. Die Briefe des letzten Lebensjahres zeigen, dass er in der zweiten Ehe die gleichen Vorbehalte wie in der ersten gemacht hätte: Er wäre an den Schreibtisch und Maidi – wie einst Marion – in Gesellschaft gegangen. »Ich bin kein Pedant, der Dir Vergnügen mißgönnt – aber mir erlaube ich nicht mehr, über inhaltlosen Vergnügungen mein Werk versäumen.«[94] Aber er fühlt sich nicht nur als Mann, nicht nur als Autor, sondern vor allem als Patriot alleingelassen. »Ihr, Du und Mama, Ihr nehmt das als sonderbare Launen, was nichts ist als Zorn und Schmerz, wenn ich das Liebste auf der Welt, die alte deutsche Heimat vernichten sehe. Warum verstehen wir uns darin nicht? Ich weiß es nicht, aber ich kann mich nicht ändern.«[95]

»Die großen Russen«

»Ich kann mich nicht ändern«. »Schicksal«. »Bestimmung«. Die Wiederholung zeigt das Problem an. Es geht nicht um Psychologie, sondern um den Zusammenhang von Leben und Dichtung – in Thomas Sinn:

»Das ist, daß alle Menschen wirklich leben müssen, nach ihrem Typus denken und handeln. Ich halte alle andere erzählende Literatur für minder wertvoll als eine, die auch den Nachlebenden Menschen von Fleisch und Blut aus unserer Zeit überliefert … Darin haben die großen Russen der Menschheit das Beste gegeben.«

Auch dies wird – mit fast schmerzlicher Hochachtung – wiederholt: »Ja, den großen Russen, wenn man ähnlich oder gleich wäre.«[96]

Hatte Thoma damals »die großen Russen« wieder studiert und vor allem Dostojewskijs »Raskolnikow« zu Ende gebracht? Wir können nur die Hinweise vom Frühjahr und Spätsommer 1919 und die damit gegebene, als Werbung um Maidi von Liebermann gemeinte Selbstdarstellung mit dem vergleichen, was er in den 1917/18 verfassten »Erinnerungen« über seine erste Dostojewskij-Lektüre von 1895/96 geschrieben hatte:

»›Anna Karenina‹ wurde und blieb ein Lieblingsbuch von mir; aber ›Raskolnikow‹ konnte ich nicht zu Ende lesen. Die unheimliche Schilderung jeder Regung einer Seele, die zum Verbrechen wie zu etwas Notwendigem und fast Selbstverständlichem hingedrängt wird, erschütterte mich so, daß ich das Buch immer wieder weglegte, so oft ich darnach griff.«[97]

Erinnern wir uns: Raskolnikow ist der Mensch, der darum bittet, von seinem »verfluchten Traum«, dem Zwang, planvoll zu morden, befreit zu werden. Thoma legte seinen »Ruepp« ähnlich an, motivierte dessen Lust zum Untergang jedoch profan, so wie er die Beweggründe von Anzengrubers »Meineidbauer«, der als erstes Vorbild gedient hatte, aus dem Religiösen herausnahm. Wie Raskolnikow immer wieder der Faszination des Mordes zu entkommen sucht, so möchte der Ruepp wiederholt Lonis Erbschaft anzeigen, betäubt aber sein Gewissen mit Phrasen und Alkohol, sodass sein und Afras Meineid als der Ausweg erscheint, der in sittlicher wie religiöser Hinsicht keiner sein kann.

Die zweite Parallele und vielleicht *einen* Grund jener Erschütterung Thomas könnte man darin erkennen: Der aus verarmter bürgerlicher Familie stammende Raskolnikow – sein von russisch »raskol«, »Abspaltung«, abgeleiteter Name deutet es an – ist »von den tragenden Kräften des menschlichen Seins« abgetrennt – vom Boden, der Erde, vom Volk und vom elementaren Grund menschlicher Existenz. Diese Abspaltung meint er durch einen lückenlos planenden Verstand, das heißt durch die Steigerung des Rationalen, Zweckhaften und für ihn Nützlichen, durch amoralische Selbstherrlichkeit überbrücken und unwirksam machen zu können. Daher glaubt er, die alte Wucherin töten und berauben zu dürfen, um Geld für sein Studium zu gewinnen.[98] Die Sühne besteht nicht nur in der sibirischen Verbannung, sondern in der Auflösung jenes dämonischen Zwanges. Und dies wird durch die dauerhafte Vereinigung Raskolnikows mit einer Frau erreicht.

Waren Thoma und Maidi von Liebermann nicht in einer ähnlichen Lage? Während der neuerlichen »Russen«-Lektüre gestand er der Geliebten seine Ausweglosigkeit:

»Etwas in mir ist viel stärker als ich. Ich habe es kommen sehen, dass die Leidenschaft über mir zusammenschlägt; jetzt ist es längst so weit und nun, ich bitte Dich, predige mir nicht Vernunft! Ich habe keine mehr; ich muß atmen können, aber es gibt nur die Luft, in der Du lebst. Ja, wärst Du hier!«[99]

Als er den »Ruepp« niederschrieb und überarbeitete, verzweifelte er an Maidis Bereitschaft, ihm in die Depression seines Lebens bedingungslos zu folgen, das heißt sich scheiden zu lassen und ihn zu heiraten. Davon versprach er sich die Wende und Erneuerung seines Lebens und die Befreiung von jener »Schuld«, als die er die unterlassene Werbung und das vermeintlich so »verscherzte« und »verluderte« Glück hingestellt hatte. Seine Ehe mit einer Jüdin wäre so außerordentlich wie Raskolnikows Verbindung mit der ehemaligen Prostituierten Sonja gewesen. Aber nicht dieser gesellschaftliche, sondern der poetologische Aspekt ist hier entscheidend. Jene frühe »Erschütterung« wirkte wie ein Thema, das sich durch zweieinhalb Jahrzehnte hindurch entfaltete – als persönliches Schicksal, als Anlass zur Aneignung von Literatur, vor allem aber als Anstoß zu eigener Produktivität. Die »kleine« private Welt ist auch in dieser Hinsicht zum Modell und zum Baugesetz der »großen« Welt und eines ganzen Lebens geworden.

»Es kommt nichts Fremdes und Städtisches dazwischen, keine Politik usw.«

»Der Ruepp« ist die Parabel dafür, ist die in sich geschlossene, für sich einen Sinn bildende Erzählung, die hier von allem anderen, vom Städtischen wie vom Politischen und Zeitgenössischen abgeschirmt zu sein scheint. Dass dem nicht so ist, sollte gezeigt werden. Die vermeintliche Trennung und Abspaltung ist *ex negativo* eine der Verbindungen zu Dostojewskijs »Raskolnikow«, der Geschichte einer elementaren Spaltung. Das am »Ruepp« zu beobachtende Verhältnis zwischen Bauernroman einerseits und Biographie und Zeitbezug des Autors Thoma andererseits ist weder Fehlleistung noch Zufall, sondern ein überlegt, wenn auch verschwiegen gehandhabtes Prinzip, das den Wert des Humanen für das Politische auf die Person und den Charakter konzentriert – so wie Gotthold Ephraim Lessing seine »Emilia Galotti« zunächst geplant hatte: als »die Geschichte der römischen Virginia von allem dem abgesondert, was sie für den ganzen Staat interessant machte; er (Lessing) hat geglaubt, daß das Schicksal einer Tochter, die von ihrem Vater umgebracht wird, dem ihre Tugend werter ist, als ihr Leben, für sich schon tragisch genug, und fähig genug sei, die ganze Seele zu erschüttern, wenn auch gleich kein Umsturz der ganzen Staatsverfassung darauf folgte.«[100]

In der fünfzehnjährigen Arbeit an der »Emilia Galotti« verdeutlichte Lessing jedoch die politische Komponente. Thoma dagegen drängte im »Ruepp« nicht nur die religiösen, sondern auch die politischen Motive zurück. Im ersten Entwurf von Ende 1913, dem »Gerolts Hof«,[101] hatte er die unguten Eigenschaften des Bauern als Missverhältnis zum Öffentlichen dargestellt. Mathäus Setzer spreche auch über Politik.

»Aber in der Art, daß er stets Gott und die Welt verantwortlich macht für einen von ihm vermeinten allgemeinen Rückgang, der aber nur sein eigener selbstverschuldeter ist. Die Gesetze sind schuld an diesem und jenem. Daß er seinen Schwestern mehr hinauszahlen mußte und Hypotheken aufnehmen mußte. Früherszeiten war dieß und jenes besser ... Es ist kein Verstand bei der Regierung.« (S. 10^{v})

Der vorbildliche Pfarrer Daisenberger hielt dem neuen, jungen Kooperator politisierende Geistliche als Schreckbild vor: »sie streit'n, sie hass'n und sin Richter, wo's net richtn solln und ermangeln der Liebe. Wenn i regiern thät, schaffet i morg'n oder heut no die geistliche Politik ab.« (S. 19^{r}) Die scheinbare Abspaltung des Parteipolitischen vom Menschlichen und Religiösen sollte beim »Ruepp« wie in anderen Bauerndichtungen die Spaltung in Parteien überwinden. Der »Ruepp« »ist sehr bäuerlich; um ein Gutes echter, als der Vöst. Es kommt nichts Fremdes und Städtisches dazwischen, keine Politik usw. Was dem Vöst doch die Geschlossenheit genommen hat.«[102]

Dem Vorwurf, den Josef Hofmiller 1906 gegen den »Andreas Vöst« erhoben hatte:[103] die Vermischung von Bauerntum und Tagespolitik, schien Thoma hier Rechung zu tragen. Freilich beschwichtigte er so auch Maidi von Liebermanns Vorhaltungen wegen seines »Politisierens« im *Miesbacher Anzeiger.* Doch Thoma ging es um das grundsätzliche Verhältnis von Dichtung und Politik, und dies hatte er seinem Freund Georg Heim, dem Bauernbundsführer und Zentrumsabgeordneten, mit Goethe klarzumachen versucht: »›Alles Oppositionelle ist negativ und das Negative ist nichts‹, sagte der alte Goethe zu Eckermann.«[104] Was er den Pfarrer Daisenberger im »Gerolts Hof« gegen die »geistliche Politik« sagen ließ, wandelte das Wort des alten Goethe ab:

»Sowie ein Dichter politisch wirken will, muss er sich einer Partei hingeben, und sowie er dieses tut, ist er als Poet verloren; er muß seinem freien Geiste, seinem unbefangenen Überblick Lebewohl sagen und dagegen die Kappe der Borniertheit und des wilden Hasses über die Ohren ziehen.«[105]

»Bekenntnisse, Erlebnisse, am Ende doch ein Spiegel«

Mit der »Kappe der Borniertheit und des wilden Hasses« schrieb Thoma für den *Miesbacher Anzeiger;* das war das »Oppositionelle« und »Negative«. Der »Ruepp« war das positive, das poetische Gegenstück. Beides war eng verflochten, und so wurde der Roman um einen Bauernhof im Dachauer Land zur Parabel des deutschen Schicksals seit Bismarck. Die Entsprechung zwischen der »großen« und »kleinen« Welt ist Thomas ständiges Prinzip; es diente dem Autor auch hier dazu, sich zu verbergen und zu entdecken. Was er über seine Lebenserinnerungen sagte, gilt auch für seine Dichtungen: »Das sind Bekenntnisse, Erlebnisse, am Ende doch ein Spiegel, in dem Du mich innerlich, Dinge, die man der Gesellschaft nicht preisgibt, sehen musstest.«[106]

Mittelbar gesagt und der Geliebten wie dem Leser »preisgegeben« werden sollte auch Thomas Verflechtung in die Katastrophe des Vaterlandes. Der Bauer Michael Umbricht, »zum Ruepp auf der Leiten«, ist zwar nach dem Vorbild der »großen« als Akteur der »kleinen« Welt entworfen. Er ist aber auch eine Figuration des Autors selbst. Thomas persönlicher Anteil an der Kriegsschuld, seine Zustimmung zu dem, was in den Abgrund führte, sein Gebanntsein vom Tod sind mit dargestellt und aus den gegen Schluss immer heftigeren Sentenzen des »Ruepp«-Erzählers herauszuhören. Jene »Erschütterung«, die er bei der Lektüre von »Schuld und Sühne« empfunden hatte, zeigte die Betroffenheit dessen, der in einer Romangestalt sich erkannte. In der bäuerlichen Parallelfigur des Ruepp, der gleich Raskolnikow »zum Verbrechen wie zu etwas Notwendigem und fast Selbstverständlichem hingedrängt wird«,[107] rang Thoma mit seiner eigenen Nähe zu Selbstaufgabe und Todessehnsucht. Das Zerbrechen der Ehe zwischen Ruepp und Afra deutete seine Befürchtung an, dass die Hilfe, die Raskolnikow von Sonja empfing, ihm versagt bliebe, dass die Frau, die er an sich binden wollte, das, was er als Schuld empfand, ahnte, aber nicht bedingungslos mit ihm zu sühnen bereit war.

»Jeder einzelne Mensch geht zu Grunde, wenn er kein Ziel, kein Vorwärtsstreben hat, und doch ist unserm ganzen Volk dieses Schicksal zugedacht.«[108]

In dieser Stimmung schloss Thoma den Roman ab. Das »Negative«, das er dem »Politisieren« zugeschrieben hatte, prägte den »Ruepp« – nicht als »Opposition«, sondern – wie im »Wittiber« oder der »Magdalena« – als poetisch verarbeitete Abgleichung zwischen Recht und Unrecht, Gut und Böse. In der Kunst ist dies das Kennzeichen des Tragischen. Der »Ruepp« hat diese Gattung um ein gültiges Beispiel bereichert. Die Fülle der Bedeutung, der zwischen dem Allgemeinen und Persönlichen, ja Intimen vermittelnde Weltgehalt und die erzählerische Meisterschaft machen den Rang dieser letzten Dichtung Ludwig Thomas aus.

Die endgültige Handschrift. Vorabdruck und erster Druck

Von der Arbeit an der Druckfassung sind wir durch die vollständige Handschrift und die Briefe Thomas gut unterrichtet.

Den endgültigen Text schrieb Thoma in zehn blaue Hefte auf insgesamt 387 Blatt.[109] Auf dem Innendeckel des ersten Heftes hielt Thoma den Anfang fest: »Begonnen: Dienstag 4. Januar 1921.« Im zehnten Heft setzte er unter das Wort »Ende«: »den 22. April 1921.«

In knapp vier Monaten vollendete er also diesen Roman. Wahrscheinlich hatte er die Vorarbeiten zur Hand. Als er diesmal zu schreiben begann, war der Titel noch unsicher. Das erste Heft trägt drei Formulierungen. Zunächst schrieb Thoma – mit Tinte – »Der Bucherbauer«; das strich er und ersetzte es – mit Blei – durch »Der kalte Eid«. Auch die Hefte 2–6, 8 und 9 sind mit »Der kalte Eid« überschrieben. Auf Heft 7 hatte Thoma zuerst »Der Bucherbauer« gesetzt, dies dann sorgfältig gestrichen und durch »Der kalte Eid« ersetzt. Erst das 10. und letzte Heft ist lediglich mit »Der Ruepp« betitelt. Das entspricht dem Entschluss, den Thoma am 12. April 1921 Maidi von Liebermann mitteilte.[110] Vom 10. Januar bis 10. April hatte er immer vom »Kalten Eid« gesprochen.[111]

Ähnlich hatte er Josef Hofmiller gegenüber die Titeländerung begründet.[112] Zu dieser Zeit oder unmittelbar nach dem Abschluss wurden offenbar auch die Titel auf den Heften 1 bis 9 geändert.

Der von unbekannter Hand gefertigte Entwurf der Titelei der ersten Buchausgabe bringt eine vierte Variante: Zweimal wurde dort – in Sütterlinschrift – am »19. Aug. 1921«, eine Woche vor Thomas Tod – der Titel »Verdorben« eingesetzt und wieder gestrichen.[113]

Die stilistische Überarbeitung dürfte im Mai abgeschlossen gewesen sein. Am 30. Mai 1921 teilte Thoma mit: »Coßmann will nächstens hierher kommen. Er möchte den Ruepp für seinen süddeutschen Konzern. So 12–15000 würde ich sicher kriegen.«[114]

Paul Nikolaus Cossmann, 1869 in Baden-Baden geboren, hatte die *Süddeutschen Monatshefte* mit gegründet und redigierte – als promovierter Philosoph und Naturwissenschaftler – deren wissenschaftlichen

Teil von 1904 bis 1933. Er »wurde 1934–35 inhaftiert und 1938 auf Grund seiner Abstammung in das KZ Theresienstadt verschleppt«. Dort starb er am 19. Oktober 1942.[115]

Nachdem Georg Hirth am 28. März 1916 gestorben war, pflegte Cossmann die Verbindung zwischen Thoma und den *Münchner Neuesten Nachrichten* – offenbar mit der Absicht, Thoma enger an sie zu binden. »Was mir recht ist, daß die M.N.N. wieder ganz für mich sind; noch mehr als zu Hirths Lebzeiten. Man dachte sogar mich zu bitten, daß ich als Herausgeber zeichne, um die Rückkehr zu einem stark nationalen und doch demokratischen Standpunkt vor dem ganzen Land zu betonen.«[116]

Cossmann hatte sich auch um den Fragment bleibenden, autobiografischen »Kaspar Lorinser« bemüht; an dessen Stelle brachten die *Münchner Neuesten Nachrichten* vom 1. Oktober 1920 an den »Jagerloisl«.[117]

Offenbar war es nicht nur eine geschäftliche, sondern eine freundschaftliche Verbindung. Ein Anfang Januar 1921 mit Cossmann und Josef Hofmiller geführtes Gespräch empfand Thoma als »Stahlbad«: »Da sehe ich, daß Wissen und Können noch zu was gut sind.«[118]

Der »Ruepp« erschien vom 30. Oktober 1921 im 74. Jahrgang der *Münchner Neuesten Nachrichten* – etwa zwei Monate nach Thomas Tod.[119] Die Buchausgabe folgte 1922 im Verlag Albert Langen in München.

»Der Ruepp« als Fernseh-, Bühnen- und Rundfunkstück

1) Der Ruepp. Fernsehspiel von Franz Peter Wirth.
Regie: Franz Peter Wirth (München 1919 – Berg 1999)
Zweites Deutsches Fernsehen (ZDF); schwarz-weiß, leicht gekürzt.
Erstsendung: 2. April 1965. Dauer: 103 Minuten.
Das Drehbuch von Leopold Ahlsen (geb. München 1927) beruht auf Thomas Roman, verlegt aber die Handlung in die 60er-Jahre des 20. Jahrhunderts und verwendet zum Teil entsprechende Namen.

In den Hauptrollen:
Ruepp (Alexander Golling), Afra/Anna (Nora Minor), Michi/Michl (Hans Limmer), Kaspar (Helmut Fischer), Leni/Resi (Ruth Drexel), Loni (Dora Altmann), Lukas (Karl Tischlinger), Gerichtsvollzieher (Fritz Straßner), Pfarrer (Hans Fitz), Anwalt (Hans Baur) und andere.
Der Verlegung der Handlung in die 1960er-Jahre entsprechen die Kleidung und Requisiten: Traktor, Fahrrad, Telefon, Autos. Thema und Problem bleiben: die Unvernunft, Maßlosigkeit, Monomanie und Hybris des Ruepp. Einzelne Handlungsstränge – die Ankunft Michis mit der Eisenbahn, seine Beziehung zu Stasi, die Mitarbeit bei der Ernte und sein misslingender Besuch am Kammerfenster der Rosl – fehlen. Ruepps letzter Versuch, Geld zu beschaffen, und die Sauferei mit dem Langgörgl (nicht in dessen Hütte, sondern im Wirtshaus) sind gegenüber dem Text gekürzt und entschärft. Der katastrophale Schluss wird angekündigt: Ruepp – betrunken und ohne Aussicht auf eine Lösung – sagt vor sich hin: »I häng mi auf« und vollzieht umgehend den Selbstmord in der eigenen Scheune.
In den handlungstreibenden Szenen: Eindrucksvolle Konzentration der Bildführung auf die Gesichter. – Bauern und Städter charakterisieren sich durch Kleidung und Mundart beziehungsweise Hochsprache; mitunter klingt die Hochsprache durch – so bei Alexander Golling als Ruepp.

2) In einer späteren Bühnenbearbeitung beließ Leopold Ahlsen die Handlung in der von Thoma vorgestellten Zeit. Ahlsen schrieb auch das Drehbuch zur Verfilmung von Thomas zweitem Bauernroman »Der Wittiber«. BR 1975. Regie: Franz Peter Wirth.

3) Kurt Wilhelm (München 1923 – Straßlach 2009)
Bayerischer Rundfunk (BR), Fernsehen.
Weitgehend text-, zeit- und milieugetreu.
Erstsendung: 2. Juni 1979. Dauer: 105 Minuten; farbig.
In den Hauptrollen:
Ruepp (Karl Obermayr), Afra (Gertrud Kückelmann), Michl (Michael Lerchenberg), Kaspar (Werner Rom), Leni (Traudl Bogenhauser), Loni (Franziska Liebing), Stasi (Resi Stuffer), Lukas (Alexander Golling), Pfarrer (Fritz Straßner) und andere mehr (einige Schauspieler der Verfilmung durch Franz Peter Wirth spielen hier andere Rollen, zum Beispiel Alexander Golling als Lukas-Bauer, Fritz Straßner als Pfarrer).

Text- und milieugetreue Umsetzung – übereinstimmend mit der Erzählten Zeit des Romans. Der unpersönlichen Perspektive des Erzählers entspricht der Abstand der Kamera. Mundart und Hochsprache dienen als Charakteristikum. Durch die Beibehaltung der Einleitung – Anreise Michls mit der Eisenbahn von Schwabhausen nach Indersdorf – und mit der Entwicklung seiner Liebe zur Lukas-Tochter Stasi werden Michls Leiden an der alten Feindschaft der Väter stärker als in Fr. P. Wirths Fassung deutlich. Der selbstsichere Lukas-Bauer wird – textgetreu – zur archaischen Gegenfigur zum Ruepp, der seinen Untergang inszeniert.
Franziska Liebing als Loni wirkt ebenso ergreifend wie Dora Altmann bei Fr. P. Wirth.
In anderen Thoma-Verfilmungen wirken Schauspieler dieser Verfilmungen von 1966 und 1979 ebenfalls mit.

4) Ludwig Thoma, Der Ruepp. Gelesen von Wolf Euba (Nürnberg 1934 – München 2013). Mit »Erläuterungen zum Verständnis des Buches« im Hinblick »auf Thomas publizistische Tätigkeit zur selben Zeit« von Reinhard Wittmann.
5 CDs. Gesamtspielzeit ca. 371 Minuten.
Produktion von pro arte tonlabor (2004). Bayerischer Rundfunk München.

Vollständige und wortgetreue Lesung.
Die intensiv erlebbare Erzählhaltung des Autors Thoma, der Fluss der Darstellung und die variationsreiche, aber immer beherrschte Anteilnahme des Sprechers zeichnen diese Lesung aus. Die Übergänge von scheinbar idyllischen Partien zu den immer bedrohlicheren und zuletzt sich überstürzenden Ereignissen gelingen Euba durchweg und auf hohem Niveau. Die indirekte Charakterisierung durch die – meist in Mundart gehaltenen – Dialoge ist einfühlsam und eindrucksvoll, und die Anbahnung der Katastrophe der Titelfigur wird tatsächlich hörbar. Eine nachhaltig zu empfehlende Produktion. Die an die Kapitel gebundene Unterteilung erleichtert das Anhören.

Zum Text dieser Ausgabe

Der Roman »Der Ruepp« wurde vorab gedruckt in: Münchner Neueste Nachrichten. Jahrgang 74, ab 30. Oktober 1921 (etwa zwei Monate nach Thomas Tod). Die erste Buchausgabe erschien im Verlag Albert Langen, München 1922.

Die erste Buchausgabe ist mit dem Vorabdruck gleich und dient hier als Satzvorlage. Druckfehler wurden berichtigt. Inkonsequenzen bei der Namengebung (der Pfarrer heißt anfangs »Staudacher« – wie in »Hochzeit«, vgl. GW III, 140 -, dann »Holderied«, vgl. hier S. 76, 134 und 138, ferner oben, S. 197), der Schreibung der Namen (zum Beispiel »Zotz'n Peter«, »Zotzen Peter«, »Zotzen-Peter«), der Zeichensetzung oder der Mundart wurden belassen. – Mundartformen mit »ß« oder »ss« werden dem heutigen Brauch entsprechend modernisiert – also zum Beispiel bairisch »muass« oder »hoaßt«, entsprechend hochsprachlich »muss« oder »heißt«.

Zusammenfassung:

Bernhard Gajek, Ludwig Thoma. In: Reclams Romanlexikon. Hrsg. von Frank Rainer Max und Christine Ruhrberg. Band 3., 20. Jahrhundert. RUB 18003, S. 135f.

Bibliografie

Werke

THOMA, LUDWIG: Gesammelte Werke. Band 1–7. München 1922. (Angeführt als: GW 1922)

THOMA, LUDWIG: Gesammelte Werke. Band 1–6. München 1968. (Angeführt als: GW)

THOMA, LUDWIG: Agricola. Bauerngeschichten. Textrevision und Nachwort von Bernhard Gajek. München 1986. (Angeführt als: Agricola)

THOMA, LUDWIG: Magdalena. Ein Volksstück in drei Aufzügen. Textrevision und Nachwort von Bernhard Gajek. München 1985 (Angeführt als: Magdalena)

PERFAHL, JOST (HRSG.):Ludwig Thoma. Unbekanntes. Verstecktes. Entdecktes, Teildruck der Dissertation. München 1992, S. 17–21. (Angeführt als: Perfahl)

Briefe und Lebenszeugnisse

GRITSCHENEDER, OTTO: Angeklagter Ludwig Thoma. Unveröffentlichte Akten. Rosenheim 1978, S. 111f. 2. überarbeitete und erweiterte Aufl. München 1992 und in ders.: Angeklagter Ludwig Thoma. Mosaiksteine zu einer Biographie aus unveröffentlichten Akten. S. 105ff.(Angeführt als: Gritschneder)

HOFGESANG, MICHAEL/HOFMILLER, JOSEF (HRSG.): Ludwig Thoma. Ausgewählte Briefe. München 1927. (Angeführt als: Hofmiller, Briefe)

KELLER, ANTON (HRSG.): Ludwig Thoma. Ein Leben in Briefen (1875–1921). München 1963. (Angeführt als: LB)

LEMP, RICHARD (HRSG.): Ludwig Thoma. Vom Advokaten zum Literaten. Unbekannte Briefe. Hrsg. und kommentiert von Richard Lemp. München 1979. (Angeführt als: AL)

LEMP, RICHARD (HRSG.): Ludwig Thoma - Ignatius Taschner: Eine Bayerische Freundschaft in Briefen. Hrsg. und kommentiert von Richard Lemp. München 1971. (Angeführt als: BF)

Gesamtdarstellungen

CLARK, CHRISTOPHER: Die Schlafwandler. Wie Europa in den Ersten Weltkrieg zog. Aus dem Englischen von Norbert Juraschitz. Stuttgart 2013. (Angeführt als: Clark)

CORNELIUS, EVA: Das epische und dramatische Schaffen Ludwig Thomas. Breslau 1939, S. 42–44. (Angeführt als: Cornelius)

DUROT, NICOLE: Ludwig Thoma et Munich. Une contribution à la vie sociale, politique et culturelle à Munich autour de 1900. Bern 2007. (Angeführt als: Durot)

Festschrift Ludwig Thoma zum 100. Geburtstag. Hrsg. von der Stadtbibliothek München. München 1967.

Gajek, Bernhard: Ludwig Thoma (1867–1921): Philosemitismus – Antisemismus. In: Freunde der Monacensia e. V., Jahrbuch 2012. München 2012, S. 132–165. (Angeführt als: Gajek, Antisemitismus)

Gajek, Bernhard: Maidi von Liebermann als Erbin der Verlagsrechte Ludwig Thomas. Ein Beitrag zur Geschichte des Urheberrechts und der Münchner Verlage Albert Langen, Albert Langen/Georg Müller und R. Piper & Co. (1921–1991). In: Romantik und Exil. Festschrift für Konrad Feilchenfeldt. Hrsg. von Claudia Christophersen und Ursula Hudson-Wiedenmann in Zusammenarbeit mit Brigitte Schillbach. Würzburg 2004. S. 480–495. (Angeführt als: Gajek, Verlagsrechte)

Kindlers Neues Literaturlexikon. Band. 1–20. München 1988-1992. (Angeführt als: KNLL)

Lemp, Richard: Ludwig Thoma. Bilder, Dokumente, Materialien zu Leben und Werk. München 1984. (Angeführt als: Lemp)

Liebermann von Wahlendorf, Willy, Ritter: Erinnerungen eines deutschen Juden 1863–1936. Hrsg. und mit einem Nachwort von Ernst Reinhard Piper. München 1988, S. 206– 216: »Der Roman meines Lebens«. (Angeführt als: Liebermann von Wahlendorf)

Nietsch, Eleonore: Frau und Gesellschaft im Werk Ludwig Thomas. Frankfurt am Main 1995. (Angeführt als: Nietsch)

Neue Deutsche Biographie. Band. 1ff. Berlin 1953ff. (Abgeführt als: NDB)

Porhansel, Anton: Ludwig Thoma und seine bäuerlichen Romane. Wien 1937. (Angeführt als: Porhansel)

Rabenstein, Karin: Ludwig Thomas Roman »Der Ruepp«. Textgenese und Interpretation. Magisterarbeit. Regensburg 1984. (Angeführt als: Rabenstein)

Rösch, Gertrud M.: Ludwig Thoma als Journalist. Ein Beitrag zur Publizistik des Kaiserreichs und der frühen Weimarer Republik. Frankfurt am Main 1989. (Angeführt als: Rösch, Journalist)

Rösch, Gertrud M.: Ludwig Thoma. Der zornige Literat. Regensburg 2012. (Angeführt als: Rösch, Literat)

Schad, Martha: Ludwig Thoma und die Frauen. Regensburg 1995. (Angeführt als: Schad)

Sommer, Frank: Bürgertumskritik und Antisemitismus im Werk von Ludwig Thoma. Saarbrücken 2010. (Angeführt als: Sommer)

[...]	Streichung durch den Autor
r	recto, das heißt Vorderseite
v	verso, das heißt Rückseite

Die im Nachlass erhaltenen Entwürfe wurden für die Textgeschichte und die Deutung ausgewertet. Für die Druckerlaubnis sei der Leiterin der Monacensia-Abteilung der Münchner Stadtbibliothek, Frau Dr. Elisabeth Tworek, gedankt.

Anmerkungen

1 LB, S. 331–462. – Vgl. Rabenstein, S. 7ff. – Cornelius, S. 42–44. – Porhansel, S. 196–200.

2 Lemp, S. 25 und Nr. 369.

3 Ebd., S. 25 und Nr. 378.

4 Ludwig Thoma, Magdalena. München: Piper 1985. Lemp Nr. 374. – Vgl. Magdalena, S. 106–109.

5 Lemp, S. 28 und Nr. 382.

6 »Gerold« war schon der Name des Halsen-Bauern gewesen; einer der beiden »Halsenbuben« hieß Blasius – so in Thomas Wilderergeschichte aus dem Jahre 1906. Vgl. die Neuausgabe in: Ludwig Thoma, Der Wilderer und andere Jägergeschichten. München1984 (Serie Piper 321), S. 58–65. – Richard Lemp machte darauf aufmerksam, dass Thoma im Juni 1902 zum Sixbauern in Finsterwald b. Gmund gezogen sei. Dieser hieß Josef Gerold, stammte aus dem Isarwinkel und hatte noch einige Jäger, die unter Vater Thoma gedient hatten, gekannt. Vgl. Lemp, S. 80.

7 GW 1, S. 65f.

8 Zu Daisenberger vgl. die Artikel in der Neuen Deutschen Biographie III, 1957, S. 487f., und in Koschs Deutschem Literaturlexikon II, 1969, Sp. 945f. – Auf Daisenbergers pädagogische Güte wie auf seine Bildung könnte auch die Erwähnung des »Hellenen« und des errötenden »Jünglings« (S. 136) zu beziehen sein; vgl. das Gespräch zwischen Sokrates und dem jungen Hippokrates: Platon, Protagoras, 312a. Für den Nachweis danke ich Hans Gärtner. – Vgl. ferner die Regensburger Zulassungsarbeit von Beate Seibold, Joseph Alois Daisenberger. 1987. – Der Priestertyp, den Thoma polemisch gegen den »politisierenden« Pfarrer pries, war allerdings nicht so intellektuell ausgeprägt. Vgl. die Glosse »Dorfpolitiker« von 1911. Lemp Nr. 1215 und 1386. GW I, S. 557ff.

9 An Josef Hofmiller, 5. Februar 1920. LB, S. 414.

10 Vgl. Magdalena. S. 88–91.

11 Vgl. AL 186 und das oben zu J.A. Daisenberger Gesagte. Thoma

hatte 1905–1907 schon einmal Kriegserinnerungen gesammelt; sie wurden erst 1971 gedruckt (Der Glasl und der Schaufimomichl schreiben für Ludwig Thoma.) Die Geschichte vom bayrischen Soldaten anno 1870/71. Eingeleitet und hrsg. von Richard Lemp. München 1971. – Vgl. oben »Zum Text dieser Ausgabe«.

12 Lemp Nr. 75, zum ersten Mal gedruckt GW S. 1922, VII, S. 311–323, ebenso GW III, S. 419–430. Vgl. die nicht datierte Liste von Namen (in L 2434 b, »Die Bucherbauern«), darunter auch »Ruepp von Schwaigen«.

13 Lemp Nr. 75.

14 GW III, S. 429 und GW 1922, VII, S. 322.

15 GW III, S. 423 und S. 429.

16 Bei Lemp Nr. 83: 2434.

17 Ebd.

18 »Der Gerolts Hof«. L 2455, vgl. hier S. 190–195.

19 Vgl. Agricola, S. 37–41, »Solide Köpfe«. – Vgl. auch hier S. 236.

20 Lemp, S. 28.

21 Vgl. Sieglinde Kirmayer, Der Miesbacher Anzeiger – Heimat- und Kampfblatt 1874–1950. Diss. München 1956. Zu Klaus Eck und Ludwig Thoma vgl. S. 116–128. Vgl. ferner Josef Hofmiller, Ludwig Thoma im Miesbacher Anzeiger. In: Süddeutsche Monatshefte 27, 1930, S. 723–727. Willi Winkler, Dreinhauen, daß die Fetzen fliegen. Kontinuität und Wandel im Weltbild Ludwig Thomas. In: Bayerische Staatszeitung, 12. September 1986. – Für freundliche Hinweise danke ich Ekkehard Schumann, Wilhelm Volkert und Christian Hartwig Wilke. – Zitiert wird nach: Ludwig Thoma, Sämtliche Beiträge aus dem »Miesbacher Anzeiger« 1920/21. Kritisch ediert und kommentiert von Wilhelm Volkert. München 1989. Im Folgenden: Volkert. – Vgl. ferner: Rösch, Journalist, S. 298–300, S. 304–318. Rösch, Literat, S. 119–127.

22 Lemp Nr. 407, 345 und 1456 sowie 1457 und 358.

23 Ebd. Nr. 1458f.

24 Lemp Nr. 1460-1629. Volkert Nr. 1–167.

25 Angeführt nach Lemp, S. 160. – Tatsächlich machte Thoma sich damals Notizen zu einer »Cato«-Komödie. Vgl. Lemp, S. 29. – Sommer, S. 99–116.

26 Lemp Nr. 1541. – Volkert Nr. 81.

27 An Maidi von Liebermann, 10. April 1921. LB, S. 449.

28 Lemp Nr. 1489–1629. Volkert Nr. 30–167.

29 Lemp Nr. 1460–1488. Volkert Nr. 1–29.

30 Vgl. hier S. 195.

31 Vgl. die in der Bibliografie aufgeführte Neuausgabe des »Agricola«.

32 Nr. 162, 15. Juli 1920, »Bayern unter französischem Protektorat«. Lemp Nr. 1460. Volkert Nr. 1.

33 Nr. 164, 17. Juli 1920, »Antisemitisches«. Lemp Nr. 1461. Volkert Nr. 2.

34 Nr. 200, 28. August 1920, »Nach Bayern-Brandenburg«. Lemp Nr. 1464. Volkert Nr. 5.

35 Vgl. Gritschneder, 1978, S. 111f. – 2. Aufl., S. 105ff. – Perfahl, S. 17f. – Das Manuskript der Dissertation L 2444, Lemp Nr. 10. – Teildruck in: Perfahl, S. 17–21.

36 Vgl. Magdalena, S. 105f. – Miesbacher Anzeiger Nr. 202, 31. August 1920, »Leggo!«. Lemp Nr. 1465. Nr. 217, 17. September 1920, »Der Brandstifter von Tegernsee«. Lemp Nr. 1466. Nr. 278, 28. November 1920, »Allerhand«. Lemp Nr. 1473. – Nr. 286, 8. Dezember 1920, »Allerhand«, Lemp Nr. 1477. Volkert Nr. 6, 7, 14, 18. – Durot, passim.

37 Nr. 231, 3. Oktober 1920, »Erzbergerei!«. Lemp Nr. 1468. Volkert Nr. 9. – Vgl. auch Nr. 269, 18. November 1920, »Erzberger und andere Gelbfüßler«. Lemp Nr. 1471. Volkert Nr. 12. – Vgl. auch den gleich wie in Nr. 231 betitelten Artikel in Nr. 287/288, 10. Dezember 1920, »Erzbergerei«. Lemp Nr. 1478. Volkert Nr. 19.

38 Nr. 284, 5. Dezember 1920, »Der Bund gegen die Einwohnerwehr«. Lemp Nr. 1476. Volkert Nr. 17. – Nr. 295, 18. Dezember 1920, »Karlchen Endres. Auch eine lachende Kritik.« Lemp Nr. 1480. Volkert Nr. 21.

39 Nr. 267, 16. November 1920, »Die erste Landesschützenfahne«. Lemp Nr. 1470. Volkert Nr. 11. Von Thoma stammt nur das Gedicht, vgl. Lemp, S. 159.

40 Nr. 295, 18. Dezember 1920, »Timm, Timmer, Am Timmsten!«. Lemp Nr. 1481. Volkert Nr. 22. – Nr. 294, 17. Dezember 1920, »Die Münchner Abstimmung«. Lemp Nr. 1479. Volkert Nr. 20.

41 Nr. 283, 4. Dezember 1920, »Der Unternehmer«. Lemp Nr. 1475. Volkert Nr. 16.

42 Vgl. Ludwig Thoma an Conrad Haußmann, 28. Februar 1905. LB, S. 169. – Vgl. auch Thomas Erzählung »Bismarck«, GW III, S. 500–507.

43 So die Darstellung von Gerhard Ritter und Rudolf Stadelmann in der Einleitung zur historisch-kritischen Ausgabe (HKA) in der Friedrichsruher Ausgabe: Bismarck, Die gesammelten Werke. Band 15. Erinnerung und Gedanke. Kritische Neuausgabe auf Grund des gesamten schriftlichen Nachlasses. Berlin 1932, S. VIII. – Für den Hinweis danke ich Dieter Albrecht.
44 Vgl. Lothar Gall, Bismarck. Der weiße Revolutionär. Frankfurt am Main 1980, S. 723.
45 An Maidi von Liebermann, 22. Oktober, 14. November und 29. November 1919. LB, S. 398, S. 403 und S. 405.
46 HKA, wie Anm. 43, S. XVI–XVIII.
47 Vgl. Erinnerung und Gedanke. Von Fürst Otto von Bismarck. Stuttgart 1919, S. 2.
48 Nr. 296, 19. Dezember 1920, »Das Testament Bismarcks«. Lemp Nr. 1482. Volkert Nr. 23.
49 Nr. 297, 21. Dezember 1920, »Demokratisch«. Lemp Nr. 1483. Volkert Nr. 24.
50 An Maidi von Liebermann, 14. November 1920. LB, 403.
51 An Maidi von Liebermann, 10. Januar 1921. LB, 441.
52 An Maidi von Lieberrmann, 15. März 1919. LB, 369.
53 Nr. 5, 8. januar 1921. Lemp Nr. 1491. Volkert Nr. 32.
54 Vgl. Werner Frauendienst, NDB II, S. 188–193.
55 Nr. 11, 15. Januar 1921, »Die Dokumente«. Lemp Nr. 1493. Volkert Nr. 34. – Clark, S. 427f.
56 Vgl. Stadelheimer Tagebuch, ab 21. Oktober 1906. GW I, S. 299ff.
57 Nr. 12, 16. Januar 1921, »Die Enthüllungen«. Lemp Nr. 1494. Volkert Nr. 35. – Clark, S. 428–434, S. 658–664.
58 Nr. 54, 6. März 1921, »Aktenstücke über die Schuld am Kriege. Zu der Anklage Lloyd Georges auf der Londoner Konferenz«. Lemp Nr. 1517. Volkert Nr. 57.
59 Nr. 58, 12. März 1921, »Demokratische Staatsmänner«. Lemp Nr. 1518. Volkert Nr. 58.
60 Nr. 60, 13. März 1921, »Ehrenmänner«. Lemp Nr. 1520. Volkert Nr. 60.
61 LB, S. 452.
62 Vgl. Agricola, S. 120–123, und Magdalena, S. 96–99.
63 Nr. 90, 21. April 1921, »Bergab«. Lemp Nr. 1550. Volkert Nr. 90.
64 An Maidi von Liebermann, 1. Juli 1920. LB, S. 428.

65 Vgl. hier S. 190–195.

66 Lemp Nr. 83, vgl. hier S. 199–203.

67 Lemp, S. 28, vgl. hier S. 203– 205.

68 Vgl. hier S. 238f., und die hier S. 213 wiedergegebene, aber nicht gedruckte Änderung des Titels in »Verdorben«.

69 An Albert Langen, 6. Februar 1901. LB, S. 113. – An Conrad Haußmann, 26. Oktober 1908. Hofmiller, S. 97.

70 Vgl. Magdalena, S. 73–76.

71 An Ignatius und Helene Taschner, 22. Januar 1911. BF S. 129.

72 Die »landwirtschaftliche Schul« in Weihenstephan, wo der Sohn des Ruepp sich zum »Verwalter« eines größeren Gutes heranbilden will (vgl. hier S. 35), ist die Weihenstephaner Landwirtschaftliche Zentralschule, die sich nach und nach einen soliden Ruf, auch im Ausland, erworben hatte. 1804 im ehemaligen Benediktinerkloster bei Freising gegründet, wurden sie 1822 in Schleißheim erneuert und 1852 wieder nach Weihenstephan verlegt. Schon damals befürchtete das Erzbischöfliche Ordinariat, »es möchte das ungebundene Benehmen der Weihenstephaner Hospitanten, die zumeist in Freising wohnten, auf die Studenten des Domberges wie auch sonst in Freising einen schlimmen Einfluss ausüben.« Doch der bayerische Ministerpräsident von der Pfordten nahm Zöglinge und Lehrer in Schutz. – Für den Besuch genügte ein »Absolutorial-Zeugnis einer vollständigen Landwirtschafts- und Gewerbeschule oder der Besuch zweier Klassen des Gymnasiums«. Der junge Michael Umbricht, der im gegenüberliegenden Freisinger Gymnasium bis zur VII. Klasse gekommen war, hätte also ohne weiteres auf die Schule seiner Wahl überwechseln können. – Vgl. Ludwig Steuer, Die Kgl. Bayerische Akademie Weihenstephan und ihre Vorgeschichte. Festschrift zur Jahrhundertfeier. Berlin 1905, bes. S. 167. – Für den freundlichen Hinweis danke ich Wilhelm Volkert.

73 Vgl. Ludwig Anzengruber, Ausgewählte Werke. Hrsg. von Erwin Heinzel. Band 2, Wien 1966, S. 96.

74 A. a. O., S. 102.

75 Das Motiv vom verhinderten Testament setzte der Jurist Thoma auf dem Hintergrund des bayerischen Landrechtes ein. Es galt bis zum 1. Januar 1900, das heißt bis zum Inkrafttreten des reichseinheitlichen Bürgerlichen Gesetzbuches. Da auf dem Hof des Ruepp die

Mindestzahl von sieben Zeugen (Frauen oder Unmündige konnten dies nicht sein) schwer oder nicht aufzutreiben war, musste das Testament öffentlich, das heißt vom Notar aufgenommen werden. Dies war durch das Notariatsgesetz 10/11 von 1861 geregelt worden. – Vgl. Paul Roth, Bayrisches Civilrecht. 3. Teil. Tübingen 1875, S. 194ff. und S. 244ff. – Für die freundliche Mitteilung danke ich Dieter Henrich.

76 An Albert Langen, 6. Februar 1901. LB, S. 113.

77 Vgl. Magdalena, S. 80–88.

78 An Maidi von Liebermann, 27. April 1921. LB, S. 454. – Schad, S. 132ff.

79 An Maidi von Liebermann, 10. Januar 1919. LB, S. 351.

80 An Maidi von Liebermann, 13. Mai 1921. LB, S. 456f. – Nietsch, S. 89f.

81 An Maidi von Liebermann, 16. April, 30. Mai und 28. Juli 1921. LB, S. 451, S. 458f.

82 Das Testament ist bei Lemp, S. 162f. wiedergegeben.

83 Vgl. Lemp, S. 153 ff.

84 An Maidi von Liebermann, 12. Mai 1921. LB, S. 455. – Schad, S. 132–186. Nietsch, S. 80–89.

85 Liebermann von Wahlendorf, S. 206–216: »Der Roman meines Lebens«; hier: S. 214. – Schad, S. 138–143.

86 An Maidi von Liebermann, 5. Januar 1919. LB, S. 349. – Rösch, Literat, S. 95–98, und S. 108–115.

87 An Conrad Haußmann, 1. Januar 1919. LB, S. 345 und S. 346f.

88 Vgl. Lemp, S. 160 und hier S. 206.

89 Vgl. Lothar Gall, Bismarck, a.a.O., S. 711, S. 715 und S. 719. – Manfred Hank, Kanzler ohne Amt. Fürst Bismarck nach seiner Entlassung 1890–1898. München 1977, S. 128f. – Zur Bismarck-Identifikation Thomas und dem Stichwort »Notwehr« – dem Thema seiner juristischen Dissertation –, vgl. hier S. 209–214. –Dass die »Fäden« zur Presse »abgerissen« seien, stellte Thoma im Brief an Conrad Haußmann vom 4. Februar 1917 fest. LB, S. 301f.

90 An Reinhold Geheeb, 18. März 1918, LB, S. 320.

91 An Maidi von Liebermann, 2. Januar 1919, LB, S. 348; vgl. LB 341, 398, 403.

92 Miesbacher Anzeiger Nr. 164, 17. Juli 1920, »Antisemitisches«. Lemp Nr. 1461. Vgl. hier S. 209.

93 An Maidi von Liebermann, 28. April 1920. LB, S. 423. – Gajek, Maidi von Liebermann, S. 483–492.

94 An Maidi von Liebermann, 11. Februar 1921. LB, S. 444. – Schad, S. 156.

95 An Maidi von Liebermann, 12. Mai 1921. LB, S. 455. – Rösch, Literat, S. 133ff.

96 An Maidi von Liebermann, 8. September 1919 und 29. August 1919. LB, S. 388f. und S. 385. – Unter dem Titel »Die großen Russen« hatte Hermann Hesse im »März« 1909/III, S. 495, die neueren Ausgaben russischer Erzähler, vor allem von Dostojewskij, Tolstoi, Gogol und Gontscharow, vorgestellt.

97 GW I, S. 162. – Zu »Anna Karenina« vgl. den Brief an Maidi von Liebermann, 15. März 1919. LB, S. 370.

98 Vgl. Ludolf Müller, Die Religion Dostojewskijs. In: Von Dostojewskij bis Grass. Schriftsteller vor der Gottesfrage. Hrsg. von Wolfgang Böhme. Karlsruhe 1986, S. 39–43. – Ders.: Schuld und Sühne. In: KLL IX, S. 7741f. – Vgl. auch Erwin Wedel, Dostojewskij als Mensch und Dichter. In: F. M. Dostojewskij, hrsg. von Erwin Wedel. Regensburg 1982, S. 61f.

99 An Maidi von Liebermann, 7./8. März 1919. LB, S. 368.

100 Gotthold Ephraim Lessing an Christoph Friedrich Nicolai, 21. Januar 1758. Angeführt nach: Lessings Werke, hrsg. von Julius Petersen. Band 2, hrsg. von Waldemar Oehlke. Berlin o. J., S. 96.

101 Vgl. hier S. 190–195.

102 An Maidi von Liebermann, 2. März 1921. Hofmiller, S. 241.

103 Vgl. Josef Hofmiller, Andreas Vöst. In: Süddeutsche Monatshefte 2, 1905/II, S. 570-574. – Ders.: Bauerngeschichten. A. a. O. 9, 1912/I, S. 544–551. Für den freundlichen Hinweis danke ich Gertrud M. Rösch.

104 An Georg Heim, 20. Dezember 1916. LB, S. 299.

105 Angeführt nach: Goethe-Handbuch, hrsg. von Julius Zeitler. Band 3. Stuttgart 1918, S. 144.

106 An Maidi von Liebermann, 25. August 1919. LB, S. 384.

107 GW I, S. 162. Vgl. hier S. 233.

108 An Maidi von Liebermann, 13. Mai 1921. LB, S. 456.

109 Lemp Nr. 83, L 2382.

110 LB, S. 450.

111 An Maidi von Liebermann. 10. Januar, 19. Januar., 24. Januar, 26. Februar und 10. April 1921. LB, S. 441, 442, 443, 447 und 449.
112 An Josef Hofmiller, 19. April 1921. LB, S. 452.
113 Lemp Nr. 83, L S. 2467/45. – Lemp schreibt irrtümlich »Unverdorben«.
114 An Maidi von Liebermann, 30. Mai 1921. LB, S. 458.
115 Vgl. Kosch II, 788. – Rösch, Journalist, S. 282–296 und S. 297–318.
116 An Maidi von Liebermann, 27. August 1920. LB, S. 434.
117 Vgl. LB, S. 428, S. 434f. und Festschrift, S. 31.
118 An Maidi von Liebermann, 8. Januar 1921. LB, S. 440.
119 Festschrift, S. 39.

Weitere Bücher von Ludwig Thoma

MORAL

Komödie in drei Akten

Hg. und mit einem Nachwort von
Bernhard Gajek

Ein Sittlichkeitsverein als Stammkunde einer Dame von zweifelhaftem Ruf: Diese groteske Situation steht im Mittelpunkt der von Ludwig Thoma im Gefängnis Stadelheim verfassten Komödie. Als die heimlichen Vergnügungen der Vereinsmitglieder aufzufliegen drohen, setzen die ehrenhaften Herren alles daran, ihren Statutenverrat zu vertuschen. Dieser Klassiker der bayerischen Theaterliteratur thematisiert die Pervertierung von Anstand, Sitte und Recht – und ist damit moderner denn je.

104 S., Paperback, ISBN 978-3-86906-552-6

MÜNCHNERINNEN

Roman

Hg. und mit einem Nachwort von
Bernhard Gajek

München um 1900: Paula wird von ihrem spießigen Ehemann Benno, der nichts als Geld und Spekulationsgeschäfte im Kopf hat, vernachlässigt. So flüchtet sie schließlich in die Arme von Franz, einem Studenten, und findet bei ihm die langersehnte Wärme und Liebe. Doch als ihrem Geliebten eine standesgemäße Heirat winkt, verlässt er Paula und sie bleibt verzweifelt, ohne Hoffnung und Glück zurück.

204 S., Paperback, ISBN 978-3-86906-598-4